“十四五”职业教育河南省规划教材

商务数据分析与应用

主审　杨俊峰

主编　张　璐　宋佳珍

镇　江

内 容 提 要

本书采用任务驱动型教学方式，全面系统地阐述了商务数据分析与应用的相关知识。全书共 7 个项目，内容包括商务数据分析基础、商务数据可视化、行业数据分析、客户数据分析、店铺运营数据分析、商品数据分析和商务数据分析报告。

本书内容全面、理实一体、知识新颖、实用性强，既可作为电子商务、市场营销、物流管理等专业的教材，也可供广大数据分析师、运营数据分析专员、市场数据分析专员、客户数据分析专员、产品数据分析专员等参考使用。

图书在版编目（CIP）数据

商务数据分析与应用 / 张璐，宋佳珍主编. -- 镇江：江苏大学出版社，2021.11（2024.8 重印）
ISBN 978-7-5684-1700-6

Ⅰ. ①商… Ⅱ. ①张… ②宋… Ⅲ. ①商业统计－统计数据－统计分析－职业教育－教材 Ⅳ. ①F712.3

中国版本图书馆 CIP 数据核字(2021)第 222166 号

商务数据分析与应用
Shangwu Shuju Fenxi Yu Yingyong

主　　编 / 张　璐　宋佳珍
责任编辑 / 李经晶
出版发行 / 江苏大学出版社
地　　址 / 江苏省镇江市京口区学府路 301 号（邮编：212013）
电　　话 / 0511-84446464（传真）
网　　址 / http://press.ujs.edu.cn
排　　版 / 北京时代华都印刷有限公司
印　　刷 / 北京时代华都印刷有限公司
开　　本 / 787 mm×1 092 mm　1/16
印　　张 / 13.5
字　　数 / 312 千字
版　　次 / 2021 年 11 月第 1 版
印　　次 / 2024 年 8 月第 3 次印刷
书　　号 / ISBN　978-7-5684-1700-6
定　　价 / 45.00 元

如有印装质量问题请与本社营销部联系（电话：0511-84440882）

前言

PREFACE

近年来，随着大数据、云计算、人工智能等新一代信息技术的高速发展，越来越多的商家乘着这股东风，由传统运营模式步入数据化运营模式。在这个过程中会产生大量商务数据，这些数据往往蕴藏着巨大的价值。通过对这些数据进行分析，商家可制定更加合理的运营决策，不断优化市场调研、客户管理、店铺运营和商品销售等诸多业务流程，从而在激烈的市场竞争中立于不败之地。

商务数据分析的作用得到越来越多商家的认可，尤其是在电子商务应用领域，数据分析甚至已成为店铺运营管理人员的基本工作内容，部分商家还会专门设置数据分析岗位，这使得数据分析人才供不应求。鉴于此，我们立足于商务数据分析岗位的实际需求，邀请业界专家编写了本书。

本书特色

一、素质教育，润物无声

党的二十大报告指出："育人的根本在于立德。"本书有机融入党的二十大精神，秉承能力教育与素质教育同向同行的理念，尽可能选取既对应相关知识点，又能够体现职业素养并与实际应用紧密相关的案例；同时在正文中穿插了"源远流长""大爱接力""薪火相传""明镜高悬"等栏目，将能力教育和素质教育完美融合，力求培养高素质、高水准的专业型人才。

二、校企合作，互补互融

本书邀请相关企业专家参与和指导编写，结合企业对商务数据分析相关人才的实际要求，将重心落在职业需要和岗位的实际应用上，充分发挥学校和企业各自在人才培养方面的优势，实现职业能力培养与企业岗位要求之间的无缝对接。

三、全新形态，全新理念

本书秉承"实例教学，讲练结合"的教学理念，采用"项目+任务"的体例形式，对标"1+X"电子商务数据分析职业技能等级标准，将重点知识内容按岗位需求模块化，突出职业能力培养目标，形成了集课、岗、赛、训一体化的新形态教材。

四、图解详细，实用性强

本书内容全面，既包含商务数据分析的完整知识体系，又包含常用数据分析工具的相关操作，并对实际应用中的操作步骤进行了详细图解。同时，本书还对案例实施过程中难以理解的概念和方法加以解释，让读者一目了然，有效提升读者的学习效率。

五、数字资源，丰富多样

本书紧跟时代步伐，配备多层次、立体化、线上线下一体化的教学资源。读者可通过扫描二维码随时访问和观看微课视频，辅助学习。此外，本书还配有课件、素材与实例等丰富的数字化教学资源和综合教育平台，读者可登录文旌综合教育平台“文旌课堂”（www.wenjingketang.com）查看并下载教学资源。如果读者在学习过程中有什么疑问，也可登录该网站寻求帮助。

此外，本书还提供了在线题库，支持“教学作业，一键发布”，教师只需通过微信或“文旌课堂”App 扫描扉页二维码，即可迅速选题、一键发布、智能批改，并查看学生的作业分析报告，提高教学效率、提升教学体验。学生可在线完成作业，巩固所学知识，提高学习效率。

本书创作队伍

本书由杨俊峰担任主审，张璐、宋佳珍担任主编，谢玲、王弥、张惠、刘英俊、李超、黄伟增、李扬担任副主编。

由于编者水平有限，书中存在的疏漏及不足之处，恳请各位专家、广大师生及同仁批评指正，以便再版时修订、完善。

本书编委会

主　审　杨俊峰

主　编　张　璐　宋佳珍

副主编　谢　玲　王　弥　张　惠

　　　　刘英俊　李　超　黄伟增

　　　　李　扬

CONTENTS 

项目一 商务数据分析基础 …… 1

任务一 了解商务数据分析 …… 2

任务导入 …… 2

相关知识 …… 2

一、商务数据分析的概念 …… 2

二、商务数据分析的意义 …… 2

三、商务数据分析流程 …… 4

任务实施——调研数据分析行业现状 …… 6

任务二 熟悉商务数据分析方法 …… 8

任务导入 …… 8

相关知识 …… 8

一、对比分析法 …… 8

二、分组分析法 …… 10

二、漏斗分析法 …… 10

四、关联分析法 …… 11

五、矩阵分析法 …… 11

任务实施——采用商务数据分析方法分析数据 …… 12

任务三 熟悉商务数据分析工具 …… 14

任务导入 …… 14

相关知识 …… 14

一、本地数据分析工具 …… 14

二、在线数据分析工具 …… 17

任务实施——体验生意参谋 …… 18

项目实训——体验 Excel 的数据分析功能 …… 24

项目二 商务数据可视化……29
任务一 认识数据可视化……30
任务导入……30
相关知识……30
一、数据可视化的概念……30
二、数据可视化的优势……30
三、数据可视化的方法……32
任务实施——数据可视化方法分析与应用……35
任务二 熟悉数据可视化图表类型……36
任务导入……36
相关知识……37
一、折线图……37
二、条形图……38
三、饼图……40
四、散点图……41
五、气泡图……42
六、面积图……42
七、雷达图……43
任务实施——分析数据可视化场景并制作数据可视化图表……43
一、销售数据可视化……43
二、访问量统计数据可视化……46
三、各年营收数据可视化……49
任务三 了解商务数据可视化分析方法……51
任务导入……51
相关知识……51
一、图表的主要元素……51
二、常用的识图方法……52
任务实施——分析可视化图表……56
一、销售数据可视化图表分析……56
二、访问量统计数据可视化图表分析……58
三、各年营收数据可视化图表分析……58
项目实训——制作并分析 Excel 数据可视化图表……59

项目三 行业数据分析 …… 61

任务一 市场数据分析 …… 62

任务导入 …… 62

相关知识 …… 62

一、市场数据分析的意义 …… 62

二、市场数据采集 …… 63

三、市场数据分析方法 …… 65

任务实施——分析女装市场数据 …… 65

一、采集市场数据 …… 65

二、分析市场数据 …… 69

任务二 竞争对手分析 …… 79

任务导入 …… 79

相关知识 …… 79

一、竞争对手分析的概念 …… 79

二、竞争对手分析的步骤 …… 80

三、竞争对手分析的方法 …… 81

任务实施——分析女装店铺竞争对手 …… 83

一、确定竞争对手 …… 83

二、分析竞争对手 …… 84

项目实训——箱包行业数据分析 …… 87

项目四 客户数据分析 …… 91

任务一 构建客户画像 …… 92

任务导入 …… 92

相关知识 …… 92

一、客户画像的概念 …… 92

二、客户画像的作用 …… 93

三、构建客户画像的步骤 …… 94

任务实施——构建伊蔓坊女装店铺客户画像 …… 96

一、分析客户特征数据 …… 96

二、分析客户行为数据 …… 104

三、展现客户画像 …… 107

任务二　客户价值分析 …… 108
任务导入 …… 108
相关知识 …… 108
一、客户价值分析的概念 …… 108
二、客户价值分析的方法 …… 109
任务实施——分析伊蔓坊女装店铺客户价值 …… 111
一、新老客户分析 …… 111
二、客户 RFM 模型分析 …… 113
项目实训——体验生意参谋的“客群洞察”模块 …… 117

项目五　店铺运营数据分析 …… 123

任务一　店铺流量分析 …… 124
任务导入 …… 124
相关知识 …… 124
一、店铺流量的分类 …… 124
二、店铺流量分析指标 …… 126
任务实施——分析伊蔓坊女装店铺流量 …… 127
一、店铺流量结构分析 …… 127
二、店铺流量转化分析 …… 131
任务二　店铺销售数据分析 …… 135
任务导入 …… 135
相关知识 …… 135
一、店铺销售数据指标 …… 135
二、店铺销售数据分析方法 …… 135
任务实施——分析伊蔓坊女装店铺销售数据 …… 137
一、店铺品类分析 …… 137
二、店铺销售策略分析 …… 139
任务三　店铺营销推广分析 …… 142
任务导入 …… 142
相关知识 …… 142
一、店铺营销推广分析的意义 …… 142
二、店铺营销推广分析的方法 …… 143
任务实施——分析伊蔓坊女装店铺营销推广数据 …… 144
一、店铺获客分析 …… 144

二、店铺 ROI 分析 …… 146
项目实训——某箱包店铺流量及营销推广分析 …… 147

项目六 商品数据分析 …… 153

任务一 商品价格分析 …… 154
任务导入 …… 154
相关知识 …… 154
一、商品价格分析的意义 …… 154
二、商品价格分析的内容 …… 154
任务实施——分析伊蔓坊女装店铺商品价格 …… 157
一、商品价格与成交量关系分析 …… 157
二、商品价格与销售额、采购成本关系分析 …… 161
任务二 商品生命周期分析 …… 165
任务导入 …… 165
相关知识 …… 165
一、商品生命周期的概念 …… 165
二、商品生命周期的阶段 …… 166
三、商品生命周期各阶段的营销策略 …… 167
任务实施——分析伊蔓坊女装店铺商品生命周期 …… 169
任务三 商品库存分析 …… 171
任务导入 …… 171
相关知识 …… 171
一、商品库存统计与查询 …… 171
二、商品库存占比情况分析 …… 172
三、商品库存周转情况分析 …… 173
任务实施——分析伊蔓坊女装店铺商品库存 …… 174
一、商品库存统计与查询 …… 174
二、分析商品库存占比情况 …… 177
三、分析商品库存周转情况 …… 178
项目实训——箱包类商品价格与库存分析 …… 181

项目七 商务数据分析报告 …… 185

相关知识 …… 186
一、商务数据分析报告的含义 …… 186

二、商务数据分析报告的作用 …… 186
三、商务数据分析报告的类型 …… 187
四、商务数据分析报告的结构 …… 188
项目实战——为伊蔓坊女装店铺撰写商务数据分析报告 …… 192
一、实战背景 …… 192
二、实战目标 …… 192
三、实战步骤 …… 192
项目实训——为箱包类店铺撰写商务数据分析报告 …… 200
参考文献 …… 201

项目一

商务数据分析基础

项目导读

在信息社会中，任何商务活动都会产生大量数据，如果商家能仔细分析和充分利用这些数据，挖掘其背后的规律，就能找出影响商务活动发展的要素及其相互之间的逻辑关系。

因此，对如今的商务领域从业人员而言，分析与应用商务数据是其入行的必备技能之一。通过对商务数据进行分析，商家不仅可以弥补店铺经营、客户体验、商品营销手段等的不足，还可以深入了解客户的内在需求，规划未来的经营和销售策略。

学习目标

知识目标：理解商务数据分析的概念和意义；熟悉商务数据分析流程；了解常用的商务数据分析模型；熟悉常用的商务数据分析方法；熟悉常见的商务数据分析工具。

能力目标：能分辨各种商务数据分析方法适用的场景；能熟练使用一到两款常用的商务数据分析工具处理和分析商务数据。

素质目标：认同国家大数据战略，树立大数据思维和时代意识，自觉遵守职业道德和法律法规；树立远大理想和正确的职业观。

任务一　了解商务数据分析

任务导入

在信息化的时代背景下，商务数据呈爆炸式增长。这些数据蕴含着巨大的商业价值，可为经营者带来大市场、大利润和大发展。但是，这些数据规模庞大、种类多样、更新周期快、价值密度低，因此，必须对商务数据进行有效的整理和分析，从而最大限度地挖掘数据的价值。本任务就带领大家了解商务数据分析。

相关知识

一、商务数据分析的概念

商务数据分析是指有目的地对商务活动交易过程中产生的数据进行采集、处理、分析、可视化等一系列操作，从而提炼有价值的信息，帮助商家制定决策、改进经营策略、实现数据化运营与管理。

二、商务数据分析的意义

对于商家而言，在实际经营的过程中，无论是市场调研、客户管理，还是店铺运营、商品管理，都需要依靠商务数据分析的结果。因此，商务数据分析具有非常重要的意义，如图 1-1 所示。

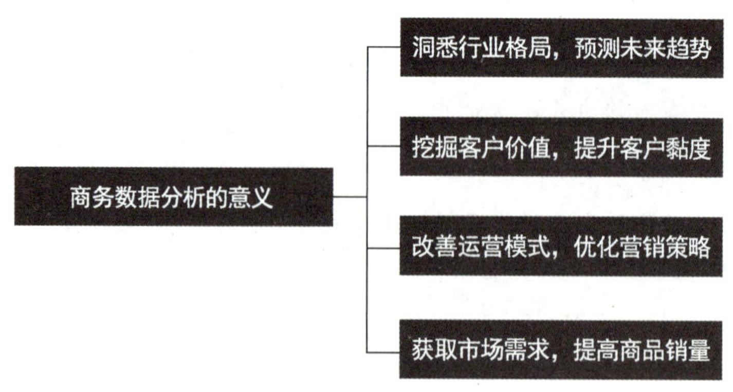

图 1-1　商务数据分析的意义

（一）洞悉行业格局，预测未来趋势

商家要想发展壮大，不仅要不断打磨商品、积累品牌口碑和扩大品牌影响力，还要善于把握机遇。但行业中的机遇稍纵即逝，对此，商家可对市场需求和竞争对手的相关数据进行分析，帮助洞悉当下的行业现状和竞争格局，并据此及时制定和调整经营与推广策略，从而在激烈的市场竞争中立于不败之地。此外，商务数据分析还可帮助商家预测市场未来的发展趋势，规划商家未来的发展战略，从而在瞬息万变的行业发展中占据先机。

（二）挖掘客户价值，提升客户黏度

客户是商家生存和发展的基石。只有充分了解客户，商家才能制定出合适的营销策略，提高客户的满意度和忠诚度。为此，可通过对客户基本特征、购买行为等数据进行分析，挖掘客户的消费偏好、消费能力等价值数据，并据此开展个性化营销和客户反馈活动，从而提升获客率和老客户忠诚度，改善客户关系。

明镜高悬

在分析客户数据时，商家不能只顾攫取商业利润，而对客户的隐私和信息安全不闻不问。也就是说，商家在分析客户数据时，绝不能侵犯客户的个人隐私，更不能滥用、误用和泄露这些数据。

我国高度重视和保护公民的隐私与信息安全。2021 年 8 月 20 日，第十三届全国人民代表大会常务委员会第三十次会议表决通过了《中华人民共和国个人信息保护法》，旨在保护个人信息权益，规范和促进个人信息的合理处理及利用。该法明确了个人信息处理和跨境提供的规则、个人信息处理者的义务等内容，规定任何组织、个人不得非法收集、使用、加工、传输他人个人信息，不得非法买卖、提供或公开他人个人信息。此外，该法还针对人们高度关注的“大数据杀熟”“App 过度收集信息”等问题作出了明确规定。

（三）改善运营模式，优化营销策略

商家的运营模式是指其在生产、销售、售后等环节中对资源、成本、销售渠道等的计划、组织、实施和控制。运营模式能够体现商家的管理水平和运行效率，对商家而言至关重要。为此，商家可对流量数据、销售数据和营销推广数据等运营数据进行分析，并据此改善运营模式，进行精细化、数据化运营。

此外，近年来电子商务日益兴起，各种电商林林总总、遍地开花，让消费者应接不暇，而营销推广的成功与否也成了电商能否做大做强的关键。为此，商家可通过商务数据分析探索更加有效、投入产出比更高的营销推广方案，进一步优化自身的营销推广策略。

（四）获取市场需求，提高商品销量

商品是商家的命脉和灵魂，只有真正的好商品才能在市场上众多同类型的商品中脱颖而出，获得口碑和销量。为此，商家可对自家商品的价格数据、生命周期数据和库存数据等进行分析，获取市场需求和消费者喜好，并据此设计和销售符合市场预期、能赢得消费者青睐的商品，从而打造高销量的爆款商品。

三、商务数据分析流程

一般来说，商务数据分析流程包括明确分析目标、数据采集、数据处理、数据分析、数据展现和撰写分析报告，如图 1-2 所示。

图 1-2　商务数据分析流程

（一）明确分析目标

不同的分析项目想要达到的目标不同，相应地，在分析过程中进行数据采集、处理、分析和展现时使用的方法、手段也就不同。因此，开始一个商务数据分析项目时，首先要做的就是明确分析目标，只有带着清晰的目标进行数据分析，才能确保最终得出的分析结果能为决策者提供具有建设性的指导意见。

常见的分析目标包括减少客户流失、优化活动效果、提高商品曝光度等。总的来说，明确分析目标就是明确数据对象、要解决的具体业务问题、委托方想要获悉的具体建议等。

（二）数据采集

数据采集是按照分析目标收集相关数据的过程，它为商务数据分析提供了素材和依据。要采集的数据通常分为一手数据和二手数据。其中，一手数据是指通过调查或科学实验直接获取的数据，二手数据则是指经过查阅资料、综合统计或加工整理（如将非结构化数据转换为结构化数据）后间接获取的数据。

拓展阅读

结构化数据也称作行数据，是用二维表结构来逻辑表达和实现的数据，它严格遵循数据格式与长度规范，主要通过关系型数据库进行存储和管理。

非结构化数据是与结构化数据相对的概念，它是指不适合用数据库二维表来表现的数据，包括所有格式的办公文档、HTML 文本、各类报表、图片和音频/视频信息等。

数据采集的渠道可分为内部渠道和外部渠道。其中，内部渠道包括商家内部数据库、内部员工和客户的调查及访谈等；外部渠道包括网络、书籍报刊、统计部门、行业协会、展会、专业调研机构等。常见的数据采集方法包括客户访问、问卷调查、上网搜集等。

（三）数据处理

数据处理是数据分析前不可或缺的重要步骤，它是从杂乱无章的、价值密度较低的、难以理解的海量数据中整理出对解决问题有帮助的价值数据。这是一个十分复杂的过程，因此数据处理通常是整个商务数据分析流程中最耗费时间的一项。

数据处理主要包括数据清洗、数据转化、数据提取和数据计算。

（1）数据清洗是指对采集到的原始数据进行规范化处理，消除数据的不一致性，让数据的结构更加合理、含义更加明确。

（2）数据转化是将数据从一种表示形式转变为另一种表示形式的过程，即将原始数据转换成为适合数据分析的形式。

（3）数据提取是从原始数据中提取所需数据的过程。

（4）数据计算是指对数据进行有目的的计算，从而最大化地挖掘数据价值。

（四）数据分析

数据分析是指通过适当的分析方法及工具提取数据中有价值的信息，形成有效结论的过程。数据分析是商务数据分析流程中最重要的环节，它可发现数据之间的因果关系、内部联系和规律，帮助商家对数据形成整体、全面的认识，从而为其后期制定恰当的分析策略提供参考。

常用的数据分析方法包括对比分析法、分组分析法、漏斗分析法、关联分析法、矩阵分析法等。常用的数据分析工具包括 Excel、SPSS、Python、R 语言、生意参谋、京东商智、百度指数等。

（五）数据展现

数据展现就是将数据分析的结果通过图、表、动画、交互界面等直观形象的方式呈现出来的过程。数据展现常用的图表包括折线图、条形图、饼图、散点图、气泡图、面积图、雷达图等。

一般来说，制作图表的步骤主要包括确定图表主题、选择图表类型、选择数据制作图表、美化图表、检查图表等。

提　示

图表的检查指标通常包括两方面，即是否真实反映数据、是否完整表达观点。

（六）撰写分析报告

商务数据分析报告是数据分析结果的展现，也是支持决策的依托。撰写商务数据分析报告时，应该把数据分析的目的、思路、过程、结论、解决方案与建议等内容完整呈现出来，供决策者参考。

一份出色的商务数据分析报告应当满足下列要求：

（1）结构清晰，主次分明，一目了然，能使阅读者正确理解报告内容。

（2）图文并茂，形象直观，生动活泼，能使阅读者快速理解数据分析结论，并产生相应思考。

（3）不仅通过科学严谨的过程找到问题所在，还“对症下药”，针对问题提出合理的解决方案，使结论兼具科学性和实用性。

任务实施——调研数据分析行业现状

本任务实施通过调查数据分析行业的发展现状、人才缺口、薪资待遇、职业方向等信息，帮助读者了解数据分析行业的就业前景，从而建立清醒的职业认知和合理的职业规划。

数据分析行业发展前景

步骤 1▶ 访问百度（https://www.baidu.com）、360 搜索（https://www.so.com）、搜狗搜索（https://www.sogou.com）等搜索引擎，在搜索框中输入“全球”“数据分析行业”“发展现状”“人才缺口”等关键词，在搜索结果中搜集世界各国数据分析行业的发展现状和人才缺口信息。例如：

> 互联网诞生以来，全球数据量处于飞速增长的阶段。根据国际权威机构 Statista 的预测，到 2035 年，全球数据总量预计将达到惊人的 2 142 ZB（1 ZB = 2^{40} GB）。这些数据规模庞大，价值密度低，要挖掘其中蕴含的丰富价值，必须借助数据分析。如今，越来越多的企业意识到数据分析对自身发展的重要意义，纷纷利用数据分析进行市场预测和经营决策。
>
> 然而，全球数据分析行业始终呈现人才供不应求的趋势，且需求缺口越来越大。以美国为例，国际知名的管理咨询机构麦肯锡公司发布的一项报告显示，2018 年，美国的大数据分析人才和高级分析专家的人数仅能满足市场需求的 50%左右，相关人才缺口高达 20 万。该报告还预测，在未来的若干年内，美国市场对商业数据分析人才的需求只增不减。

步骤 2▶ 访问各大搜索引擎，在搜索框中输入“中国”“数据分析行业”“发展现状”“人才缺口”等关键词，在搜索结果中搜集我国数据分析行业的发展现状和人才缺口

信息。例如：

2014 年，“大数据”一词首次写入我国政府工作报告，大数据开始成为社会各界讨论的热点；2015 年，《促进大数据发展行动纲要》发布；2016 年，《大数据产业发展规划（2016—2020 年）》发布，2021 年，《“十四五”大数据产业发展规划》发布……

在国家的大力倡导与政策的推动下，各地方政府部门机构组织、企事业单位、大中小企业都开始朝着数字化、智能化的方向转型。如今，各个行业都不再只沿用以往的技术经验与管理模式，而开始“用数据说话”，数据分析愈发受到企业的重视，数据分析职位受到了大量企业的追捧，数据分析人才的需求量与日俱增。此外，大数据与数据分析领域的相关企业也如雨后春笋般涌现。中国信通院发布的《大数据白皮书（2020 年）》显示，截至 2019 年，我国大数据领域的企业已超 3 000 家，而在 2013 年，这类企业尚不足 300 家。

与数据分析行业的高速发展相对应的，是国内数据分析人才储备的严重不足。2019 年，知名招聘网站猎聘发布的一项报告显示，尽管平均月薪高达 22 322 元，但中国的大数据分析人才缺口仍高达 150 万，整个行业出现了严重的人才荒。

步骤 3▶　访问智联招聘（https://www.zhaopin.com）、猎聘（https://www.liepin.com）、BOSS 直聘（https://www.zhipin.com）、前程无忧（https://www.51job.com）等线上招聘网站，在搜索框中输入“数据分析”关键词，在搜索结果中搜集不同领域企业招聘启事中数据分析岗位的薪资待遇、职位描述等信息，如图 1-3 所示。

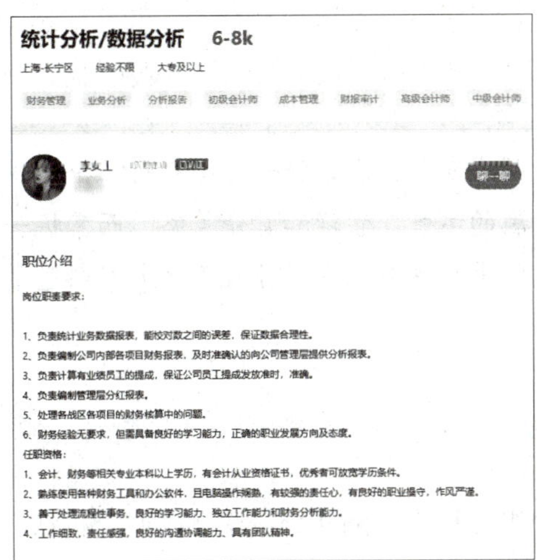

统计分析/数据分析　6-8k
上海-长宁区　经验不限　大专及以上
财务管理　业务分析　分析报告　初级会计师　成本管理　财报审计　高级会计师　中级会计师

职位介绍

岗位职责要求：

1、负责统计业务数据报表，能校对数之间的误差，保证数据合理性。
2、负责编制公司内部各项目财务报表，及时准确认的向公司管理层提供分析报表。
3、负责计算有业绩员工的提成，保证公司员工提成发放准时，准确。
4、负责编制管理层分红报表。
5、处理各战区各项目的财务核算中的问题。
6、财务经验无要求，但需具备良好的学习能力，正确的职业发展方向及态度。

任职资格：
1、会计、财务等相关专业本科以上学历，有会计从业资格证书，优秀者可放宽学历条件。
2、熟练使用各种财务工具和办公软件，且电脑操作娴熟，有较强的责任心，有良好的职业操守，作风严谨。
3、善于处理流程性事务，良好的学习能力、独立工作能力和财务分析能力。
4、工作细致，责任感强，良好的沟通协调能力、具有团队精神。

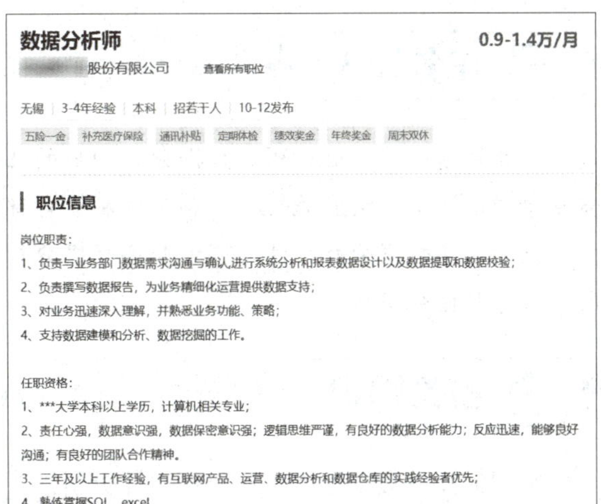

数据分析师　0.9-1.4万/月
股份有限公司　查看所有职位
无锡 | 3-4年经验 | 本科 | 招若干人 | 10-12发布
五险一金　补充医疗保险　通讯补贴　定期体检　绩效奖金　年终奖金　周末双休

职位信息

岗位职责：
1、负责与业务部门数据需求沟通与确认,进行系统分析和报表数据设计以及数据提取和数据校验；
2、负责撰写数据报告，为业务精细化运营提供数据支持；
3、对业务迅速深入理解，并熟悉业务功能、策略；
4、支持数据建模和分析、数据挖掘的工作。

任职资格：
1、***大学本科以上学历，计算机相关专业；
2、责任心强，数据意识强，数据保密意识强；逻辑思维严谨，有良好的数据分析能力；反应迅速，能够良好沟通；有良好的团队合作精神。
3、三年及以上工作经验，有互联网产品、运营、数据分析和数据仓库的实践经验者优先；
4、熟练掌握SQL，excel。

图 1-3　招聘网站上的数据分析相关职位描述

步骤 4▶　对查到的数据分析相关职位描述进行整理总结，并将结果填入表 1-1 中，以进一步了解数据分析行业现状。根据表中内容，充分审视自己，并为自己树立一个清晰的职业目标。

表 1-1　数据分析相关职位描述总结

项　目	个　数	自我评价（1～10 分）
查看的招聘启事总数（不少于 10 条）		
职位描述中与大数据相关的		
职位描述中要求必须是数学、统计或计算机相关专业的		
职位描述中要求掌握一到两种数据分析工具的		
职位描述中要求具有工作经验的		
职位描述中要求具有一定编程能力的		
职位描述中要求具有数据可视化能力的		
职位描述中要求具有数据保密意识的		
职位描述中要求能独立完成数据分析报告撰写的		
职位描述中要求对某行业或领域十分精通的		

任务二　熟悉商务数据分析方法

任务导入

对于商家而言，进行商务数据分析的目的在于解决实际问题，提升自身在行业中的核心竞争力，洞悉市场发展规律，制定有利于自身发展的运营、管理和营销策略。而掌握一些常见的商务数据分析方法，可使商务数据分析工作更加高效。本任务就带领大家熟悉常用的商务数据分析方法。

相关知识

常用的商务数据分析方法包括对比分析法、分组分析法、漏斗分析法、关联分析法、矩阵分析法，下面一一进行介绍。

一、对比分析法

对比分析法是最基本、最常用的数据分析方法，也是数据分析方法的基础。它要求分析对象至少为两组数据，通过对比分析对象的差异，揭示这些数据所代表的事物的发展情

况和变化规律。通过对比分析法可以非常直观地发现研究对象的变化，且可以准确地对变化进行量化处理。

对比分析法主要分为动态对比和静态对比两种。

（一）动态对比

动态对比是指同一事物在不同时间维度下产生的数据间的对比，主要对比方式包括同比、环比和定基比，下面举例说明。

（1）同比是指将现有数据与过去同一时间段内产生的数据进行对比，其计算公式如下：

同比增长速度 ＝（本期值－同期值）÷ 同期值 × 100%

例如，2021 年“双 11”期间，某服装店的销售额为 270 万元，而该店铺 2020 年同时期的销售额为 180 万元，故该店铺 2021 年“双 11”期间的销售额同比上年增长 50%。

（2）环比是指将现有数据与相邻时间段内产生的数据进行对比，其计算公式如下：

环比增长速度 ＝（本期值－上期值）÷ 上期值 × 100%

例如，某文体用品店 2021 年 9 月的销售额为 15 万元，而该店铺 2021 年 8 月的销售额仅为 6 000 元，故该店铺 2021 年 9 月的销售额环比 8 月增长 2 400%。

（3）定基比是指将现有数据与某个固定时间段内产生的数据进行对比，其计算公式如下：

定基比发展速度 ＝ 本期值 ÷ 定期值 × 100%

例如，受新冠疫情影响，某工艺品公司 2020 年 2 月的出货量仅 12 万件，该公司及时寻求更多的供销渠道，出货量不断提升，到 2020 年 6 月，出货量就翻了一番达到 24 万件，2020 年 10 月的出货量更是达到了 60 万件，故该公司 2020 年 6 月出货量相比 2 月出货量的定基比为 200%，2020 年 10 月出货量相比 2 月出货量的定基比为 500%。

提　示

与同比、环比不同，定基比计算的并不是增长率，而是本期值与定期值的比值。

（二）静态对比

静态对比是指在相同时间维度下不同指标数据间的对比，主要指标包括目标、行业和区域等，下面举例说明。

（1）目标对比是指将现有数据与预先制定的目标数据进行对比。例如，某化妆品公司在 2021 年年初制定了年度目标，要求 2021 年的总销售额不低于 180 万元。那么，该公司可将总销售额目标细分为月销售额不低于 15 万元，并按月进行目标对比。

（2）行业对比是指将现有数据与行业数据进行对比。例如，淘宝上某家居用品店铺的床上四件套当日下单量为 1 300 单，而生意参谋（淘宝官方商务数据分析平台）给出的平台所有商铺的日均下单量为 275 单，这说明该店铺销量远高于行业平均水平。

（3）区域对比是指将现有数据在不同区域（如国家、省份、地区等）中进行对比，如某跨国公司 2021 年在各个国家和地区的销售额及市场占有率对比。此外，区域对比还常常将某个局部地区与整个地区进行对比，如某连锁超市的知春路分店与其他分店的客流量对比。

二、分组分析法

分组分析法是一种十分常见的数据分析方法，适用于各个领域。它是将总数据（称为“数据集”）按照不同的特征或指标分为若干组数据（称为“数据系列”），每个数据系列中的数据均特征相同或相似。这样，就保持了各数据系列内部属性的一致性，放大了各数据系列之间属性的差异，然后通过对比不同数据系列，深入了解数据之间的内在规律。

分组分析法采用的特征或指标较为灵活，经营者可根据需要对同一数据集进行多指标分组。例如，某电商店铺统计了自家近期的销售数据，并打算从客户维度对这些数据进行分组分析。那么，可供选择的数据分组指标包括年龄、性别等基本客户信息特征，首次购买、回购等消费信息特征，下单时间段、所在地区等时空信息特征……

事实上，分组的目的就是为了便于对比。因此，分组分析法常常与对比分析法结合使用。

三、漏斗分析法

漏斗分析法是一种常见且有效的商务数据分析方法，主要用于分析商品的成交转化率、店铺的获客率等数据。客户从浏览商品到最终下单会经历一系列运作，漏斗分析法可以完整地反映和量化出消费活动各环节中客户的流失和存留，帮助商家有效定位损耗和流失较高的节点，从而采取具有针对性的营销策略。

漏斗分析法常常搭配漏斗图使用。例如，某店铺某款商品的漏斗图如图 1-4 所示。由图 1-4 可知，该商品的曝光量为 20 000 人次，访问量为 15 000 人次，咨询量为 8 000 人次，收藏量为 2 500 人次，成交量为 500 单，成交转化率为 2.5%。

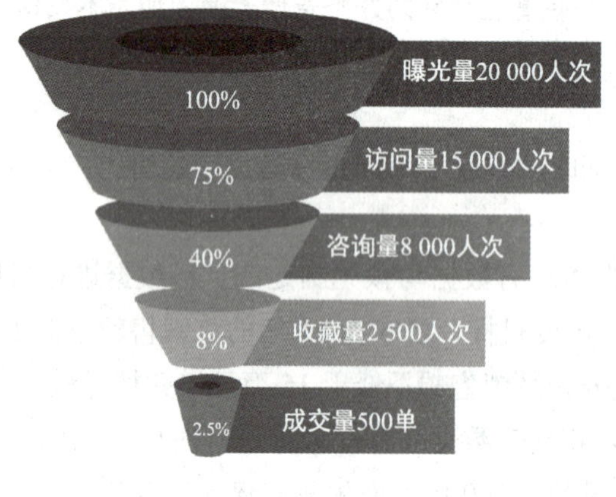

图 1-4　漏斗图

四、关联分析法

关联分析法是一种简单、实用的数据分析方法，它的功能是从大量数据中发现某些数据之间的关联性。通常情况下，若两个或多个数据之间存在某种规律性，就称两者关联。关联可分为简单关联、时序关联、因果关联等。

关联分析法的一个典型案例是“啤酒和尿不湿”。某大型连锁超市通过分析顾客的购物单数据发现，67%的顾客在购买啤酒的同时也会购买尿不湿。虽然这种现象一时令人捉摸不透，但超市却根据关联分析结果将啤酒和尿不湿放在了相邻的货架上，这一营销举动果然大获成功，啤酒和尿不湿的销量得到了进一步的提升。

源远流长

早在我国古代，就有祖先懂得利用关联分析法分析事物，从而获得商业上的成功。

子贡是孔子的得意门生，他不仅善于雄辩，办事通达，还擅长经商，具有敏锐的商业嗅觉。有一年冬天，子贡获知吴国军队将远征北方作战，他料定用于御寒的丝绵在吴国必然供不应求，价格必然上涨。于是子贡迅速组织人马，到鲁国各地采购丝绵，然后快马加鞭运往吴国。果然不出子贡所料，啼饥号寒的吴国百姓很快将丝绵抢购一空，而子贡通过对天气与丝绵的关联分析大赚了一笔。

五、矩阵分析法

矩阵分析法也称象限分析法，它是一种以事物的两个重要属性为分析依据，将各个比较主体划分到 4 个象限中进行分组分析与关联分析的方法。

例如，某公司以商品的市场占有率为横坐标、以销售增长率为纵坐标建立了分析矩阵，如图 1-5 所示。由图 1-5 可知，商品 A 位于市场占有率和销售增长率双高的象限；商品 B 和商品 C 位于市场占有率低但销售增长率高的象限；商品 E 和商品 F 位于市场占有率高但销售增长率低的象限；商品 D 和商品 G 位于市场占有率和销售增长率双低的象限。

利用矩阵分析法得到的分析结果可为决策者在解决问题和分配资源时提供重要参考依据。这是因为，矩阵分析法解决问题的思路是利用象限将遇到的问题进行排序，总结出主要矛盾和次要矛盾，决策者通过优化资源配置，先解决主要矛盾，再解决次要矛盾，从而有效提高资源配置效率。

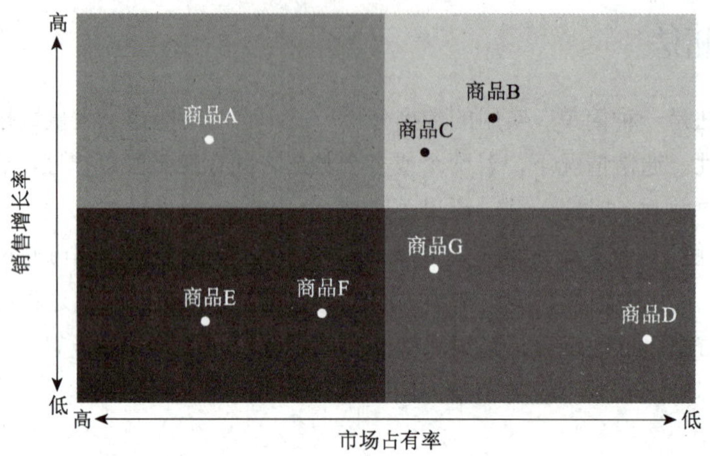

图 1-5　分析矩阵

例如，图 1-5 中的商品 A 市场占有率高、销售增速快，属于明星商品，公司应积极采取措施进一步扩大该商品的市场规模，增强其竞争地位；商品 B 和商品 C 所处市场的机遇大、前景好，但可能在市场营销方面存在问题，属于存在问题的商品，公司应对这两种商品采取选择性投资战略，将对这两种商品的改进与扶持方案列入公司的长期计划中；商品 E 和商品 F 的市场占有率高，可为公司提供大量现金流，但由于销售增速缓慢，公司无须对其做进一步投资，而可将其作为明星商品的资金后盾；商品 D 和商品 G 的市场占有率低、销售增速慢，属于保本或亏损型商品，公司应对这两种商品采取逐渐减量甚至淘汰战略。

课堂互动

请分别以重要程度和紧急程度为坐标轴建立矩阵，将自己学习中待解决的问题分别填入对应的象限中，利用矩阵分析法决定解决问题的先后顺序，并谈谈你利用矩阵分析法进行学习管理的心得体会。

任务实施——采用商务数据分析方法分析数据

某新书出版后，发行商在多个销售渠道上架了该书，并统计了其 2021 年第三季度的销量，如表 1-2 所示。本任务实施将采用合适的商务数据分析方法对这些数据进行分析，从而为发行商制定后续的新书营销策略提供参考。

表 1-2　某图书 2021 年第三季度销量统计

（单位：册）

销售渠道	7 月销量	8 月销量	9 月销量
当当网	1 722	2 251	2 175
京东商城	709	868	797
天猫商城	1 343	1 696	1 425
实体书店	744	691	333
直销渠道	1 178	1 453	1 259

步骤 1▶ 明确分析目的。本次商务数据分析任务是帮助发行商制定更有效的新书营销策略，从而提高图书销量。影响图书销量的因素是多方面的，如发布日期、推广力度、定价及折扣、内容适用范围、作者知名度等。由表 1-2 可知，当前要分析的数据集仅包括销售渠道和推广时间两个方面，因此本次商务数据分析的目的就是得出图书销量与销售渠道及推广时间之间的关系。

步骤 2▶ 分析图书销量与销售渠道之间的关系。采用分组分析法，将“销售渠道”列中的“当当网”“京东商城”“天猫商城”归为“线上渠道”，将“实体书店”“直销渠道”归为“线下渠道”，然后计算这两大渠道 2021 年第三季度的销量及占比，结果如表 1-3 所示。

表 1-3　数据分组结果

销售渠道	季度销量（册）	占　比
线上渠道	12 986	69.7%
线下渠道	5 658	30.3%

步骤 3▶ 由表 1-3 可知，该图书线上渠道的销量占总销量的七成左右，因此发行商可在后续新书营销时重点布局线上渠道，如进一步增加线上渠道推广的预算，以获得更好的销量。

步骤 4▶ 分析图书销量与推广时间之间的关系。采用对比分析法中的动态对比方式，对比各个销售渠道各月之间的销量变化，结果如表 1-4 所示。

表 1-4　数据对比结果

销售渠道	8 月环比增长速度	9 月环比增长速度	9 月定基比发展速度（以 7 月为基准）
当当网	30.7%	-3.4%	126.3%
京东商城	22.4%	-8.2%	112.4%
天猫商城	26.3%	-16.0%	106.1%
实体书店	-7.1%	-51.8%	44.8%
直销渠道	23.3%	-13.4%	106.9%

步骤 5▶ 由表 1-4 可知，除“实体书店”这一销售渠道外，该图书其他销售渠道 8 月的销量和销量的增长速度均为最高；而“实体书店”这一销售渠道在 7 月达到最高销量，之后呈现下滑趋势，这可能与书店的暑期推广活动有关。因此，发行商可在每年的 7 月在实体书店渠道及 8 月在其他渠道推广新书，从而提高其销量。

任务三　熟悉商务数据分析工具

任务导入

常言道：“工欲善其事，必先利其器。”要进行高效的商务数据分析，就需要借助一些专业的商务数据分析工具。目前市面上的商务数据分析工具有很多，本任务带领大家熟悉常用的商务数据分析工具。

相关知识

根据运行方式的不同，可将市面上的商务数据分析工具分为本地数据分析工具和在线数据分析工具两种，下面一一进行介绍。

一、本地数据分析工具

本地数据分析工具即安装和运行在本地，无须联网也能使用的数据分析工具。常见的本地数据分析工具包括 Excel、SPSS、Python、R 语言等，如图 1-6 所示。这些工具都具有丰富强大的数据分析功能，能满足大多数商务数据统计和分析需求，但不同工具在功能偏向、易用性、扩展性等方面又各具特色，下面分别进行介绍。

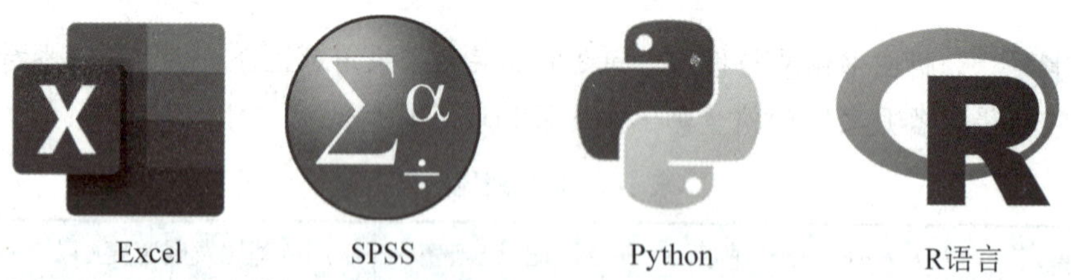

图 1-6　常见的本地数据分析工具

（一）Excel

Excel 是微软公司经典办公软件 Microsoft Office 中的重要组件之一，被广泛地应用于管理、统计、金融等众多领域。它具有交互友好的图形化界面和易于理解的操作逻辑，是

最为大众所熟知和欢迎的本地数据分析工具。

Excel 几乎可以胜任所有的数据处理和分析工作。例如，利用 Excel 中丰富的公式和函数，用户可轻松完成求和、计数、条件判断、求平均值等数据处理工作；利用 Excel 的排序、筛选、分类汇总、分列、删除重复值、数据验证、透视表等功能，用户可轻松完成数据分析工作，如图 1-7 所示。此外，用户还可在 Excel 中加载“分析工具库”，从而激活 Excel 的专业统计分析功能，它可以覆盖统计学的大部分基础领域，如描述统计、假设检验、方差分析、相关分析、傅里叶分析、回归分析等。

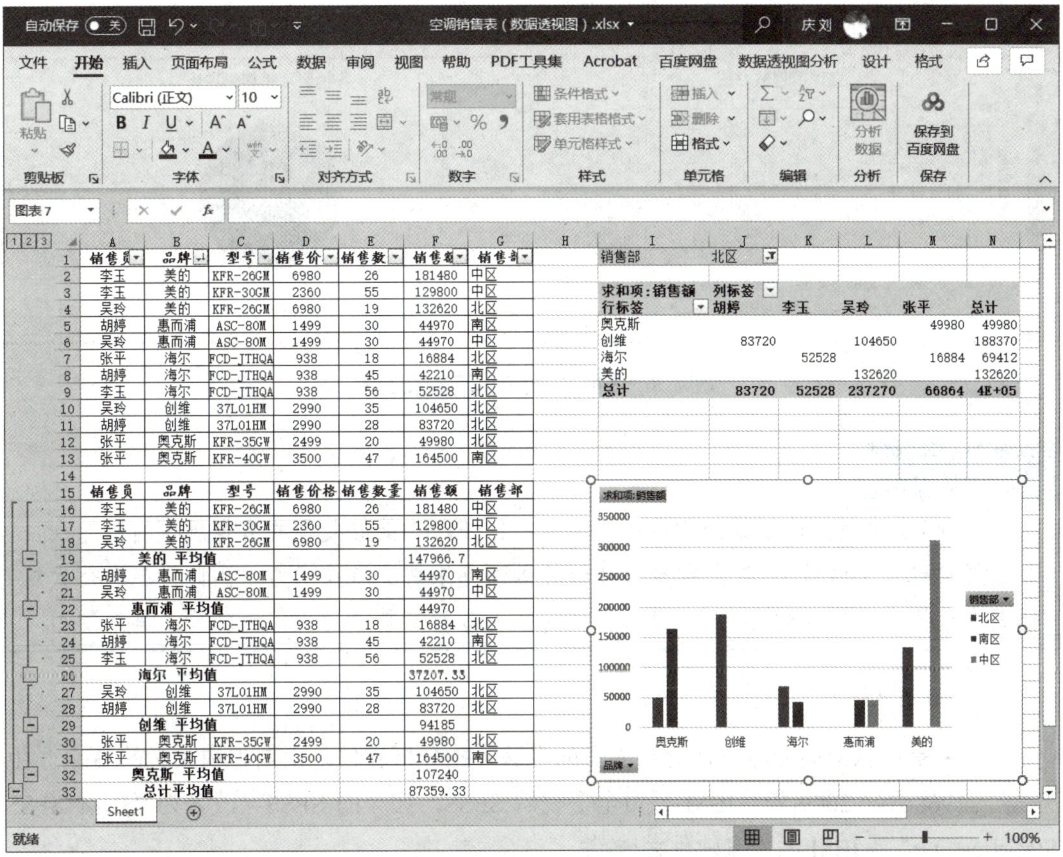

图 1-7　利用 Excel 进行数据分析

在数据可视化方面，Excel 同样表现出色。它支持将数据绘制成可视化图表进行展现，如折线图、条形图、饼图、散点图、气泡图、面积图、雷达图等。绘制好的图表不仅精致美观，还会随数据的变化实时呈现，如图 1-8 所示。

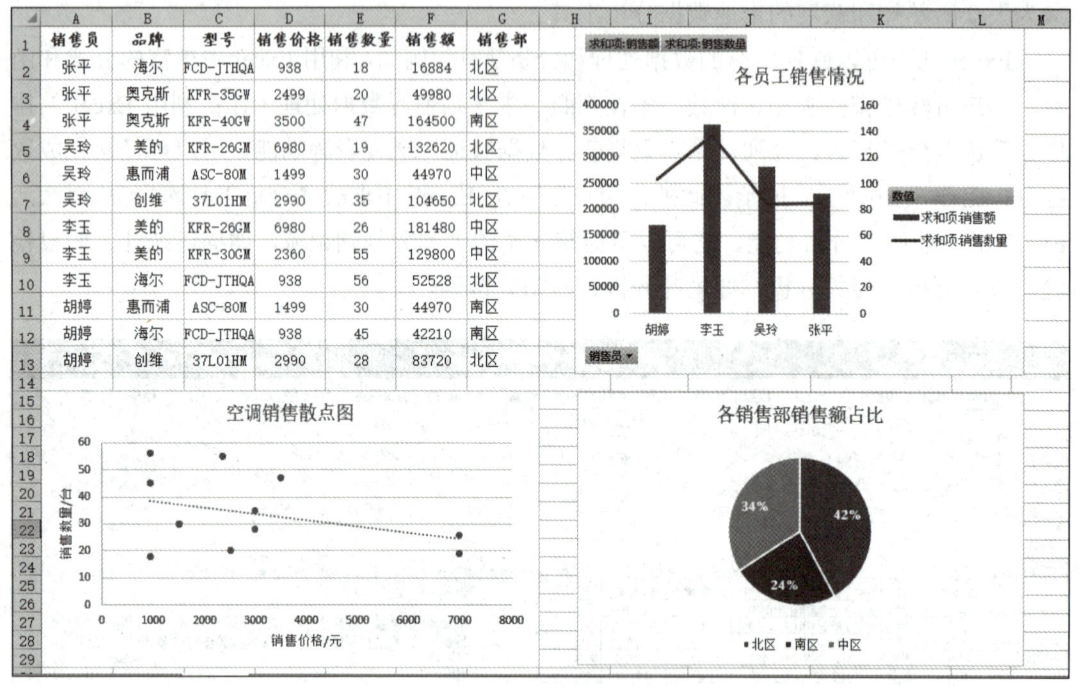

销售员	品牌	型号	销售价格	销售数量	销售额	销售部
张平	海尔	FCD-JTHQA	938	18	16884	北区
张平	奥克斯	KFR-35GW	2499	20	49980	北区
张平	奥克斯	KFR-40GW	3500	47	164500	南区
吴玲	美的	KFR-26GM	6980	19	132620	北区
吴玲	惠而浦	ASC-80M	1499	30	44970	中区
吴玲	创维	37L01HM	2990	35	104650	北区
李玉	美的	KFR-26GM	6980	26	181480	中区
李玉	美的	KFR-30GM	2360	55	129800	中区
李玉	海尔	FCD-JTHQA	938	56	52528	北区
胡婷	惠而浦	ASC-80M	1499	30	44970	南区
胡婷	海尔	FCD-JTHQA	938	45	42210	南区
胡婷	创维	37L01HM	2990	28	83720	北区

图 1-8　使用 Excel 绘制可视化图表

提　示

Excel 是进行快速数据分析的理想工具，但 Excel 能够处理的数据规模有限，一旦数据规模过大（如超 10 万条数据），Excel 处理起来将会有些吃力。因此，在进行大规模商务数据分析时，通常不会将 Excel 作为主力分析工具，而只作为辅助工具来使用。

（二）SPSS

SPSS 是一款面向专业统计分析人员的老牌数据分析软件，由斯坦福大学的 3 名学生开发于 1968 年。2009 年，IBM 公司全资收购 SPSS，如今的 SPSS（改名为“IBM SPSS Statistics”）已是 IBM 的当家软件之一。

SPSS 集数据录入、数据处理、数据分析、数据可视化等功能于一身，统计分析功能完整、齐全，几乎无所不包。如今，SPSS 已广泛应用于通信、医疗、银行、科研、教育等领域，是世界上用户规模最大的专业数据分析工具之一。

SPSS 的大部分功能都可以通过简单的窗口菜单操作实现，用户只需运用鼠标选择相应操作即可。这种方式比较简单，适合初学者和一般的统计分析人员。SPSS 也支持编程的操作方式，用户可以手动编写 SPSS 命令语句，并提交给 SPSS 执行，进而得到数据分析的结果。此外，SPSS 还具有强大的制图功能，可以输出多种类型、高质量的数据可视化图表，且允许用户对这些图表方便地进行编辑。

（三）Python

Python 是一种面向对象的解释型编程语言，它具有简单易学、语法简洁清晰、免费开源、功能丰富、可扩展性强、解释性强、可移植和可嵌入等特点，近年来受到越来越多程序开发人员的青睐。在 2021 年 8 月发布的 TIOBE 世界编程语言排行榜上，Python 牢牢占据第二名的位置，仅次于 C 语言，成为最受软件工程师欢迎的编程语言之一。

在数据分析领域，Python 近年来可谓大放异彩，这主要得益于 Python 的 NumPy、pandas、Matplotlib、SciPy、scikit-learn、IPython 等数据分析类库，这些类库功能完善，调用方便，可大大提高数据分析的效率。

（四）R 语言

R 语言是专为数据统计、分析和可视化而开发的数据统计与分析语言。作为数据分析的有效工具，它广泛应用于数据挖掘、数据管理、数据统计和数据分析等方面。

R 语言提供了大量的统计分析、数据挖掘方面的算法包，不仅可以方便地表示数学概念中的实数、向量、矩阵等概念，还可快速完成大规模数据统计和分析，包括线性和非线性建模，经典的统计测试，时间序列分析、分类、收集等。此外，R 语言还具有跨平台、自由、免费、源代码开放、绘图表现和计算能力突出等一系列优点，受到了越来越多数据分析人员的喜爱。

二、在线数据分析工具

在线数据分析工具通常基于云计算技术，用户使用这些工具进行数据分析时，往往需要在联网设备上操作。常见的在线数据分析工具包括生意参谋、京东商智、百度指数等，如图 1-9 所示。这些工具大多只针对某个电子商务平台，适用范围较小，但操作简单，自动化和可视化程度高，因此受到大量电商平台卖家的欢迎，下面一一进行介绍。

图 1-9　常见的在线数据分析工具

（一）生意参谋

生意参谋是阿里巴巴集团推出的在线商务数据分析工具，它秉承着“数据，让生意更简单”的使命，致力于为入驻其平台的卖家提供精准且实时的数据统计、多维的数据分析和权威的数据解决方案。生意参谋全面统计了淘宝店铺经营各链路的全部核心数据并给出分析结果。利用生意参谋，卖家可以了解自家店铺的经营情况（包括流量分析、销售分析、客户分析及推广效果）、商品销售情况、客户付费情况和装修效果等，并由此完善经营策略，提升销量。

（二）京东商智

京东商智是京东商城面向该平台商家研发的一站式运营数据开放平台，它提供全方位、全链路的数据分析方案，可多维度地展示运营数据及行业现状。与其他同类型的在线数据分析工具相比，京东商智具有实时数据，即刻洞察；流量明细，深度解析；商品表现，全面分析；交易转化，深度挖掘；行业态势，多维解读；竞争对手，全程跟踪等特色。

（三）百度指数

百度指数是以海量百度网民的行为数据（主要为搜索数据和资讯浏览数据）为基础的数据统计与分析平台，它能够展示某个关键词在互联网中一段时间内的整体趋势、需求图谱、人群画像等数据。此外，商家还可在百度指数查看各行业的关键词排行榜，进而优化自身营销活动方案的内容和数据。

百度指数的关键词覆盖范围比商务领域更加宽泛，从这个角度来说，将其归为商务数据分析工具似乎不太妥当。但很多时候，关键词的搜索热度可以真实反映出与之相关的商品热度，商家若能利用百度指数对行业和商品的关键词进行分析，就可能从中发现商机（如销售爆款同款、制定相应营销活动），获得丰厚的回报。因此，百度指数仍然可以作为商家进行营销决策和制定运营策略的一个重要依据。

课堂互动

请使用百度指数比较以下几组关键词的搜索热度。

（1）苹果手机　华为手机　小米手机

（2）鸿星尔克　361°　李宁

（3）天猫商城　京东商城　拼多多

任务实施——体验生意参谋

体验生意参谋

与本地数据分析工具相比，在线数据分析工具往往具有友好简洁的交互界面，且通常会直接包揽数据的采集、处理和分析工作，并将数据分析的结果直接以可视化图表的形式展现给用户，为用户节约大量时间。这使得在线数据分析工具深受广大零基础用户的欢迎。本任务实施就带领大家来体验生意参谋这一在线数据分析工具。

步骤 1▶ 访问生意参谋的官方网站（https://sycm.taobao.com/），打开登录界面，在右侧的登录框中输入登录名和密码，然后单击“登录”按钮，如图 1-10 所示。

提　示

生意参谋支持任意淘宝账户登录，但普通买家登录生意参谋后并不会显示任何内容，要体验生意参谋的完整功能，需要使用淘宝卖家（即在天猫商城或淘宝网开设店铺的商家）的账户登录。

生意参谋

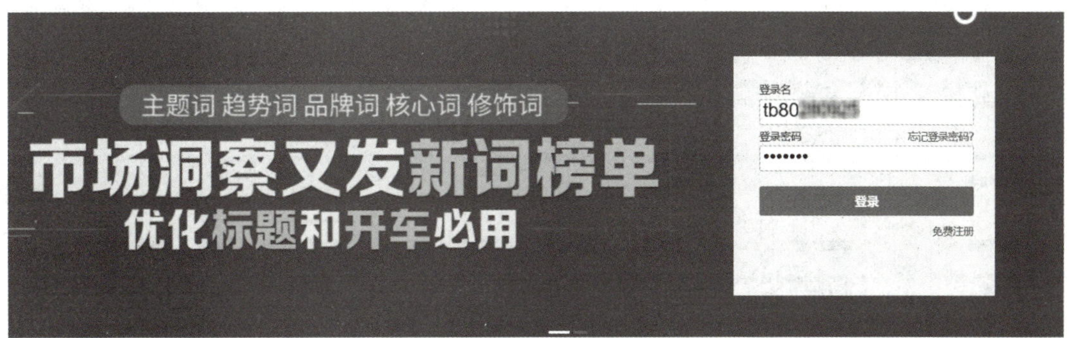

图 1-10　生意参谋的登录界面

提　示

除官方网站外，淘宝卖家还可通过阿里巴巴提供的店铺管理工具——“千牛”工作台的“数据”模块进入生意参谋。

步骤 2▶　进入生意参谋首页，占据显眼位置的是“实时概况”面板，在该面板中可查看店铺的实时数据，如当日支付金额、行业排名、访客数、支付买家数、浏览量、支付子订单数等，如图 1-11 所示。

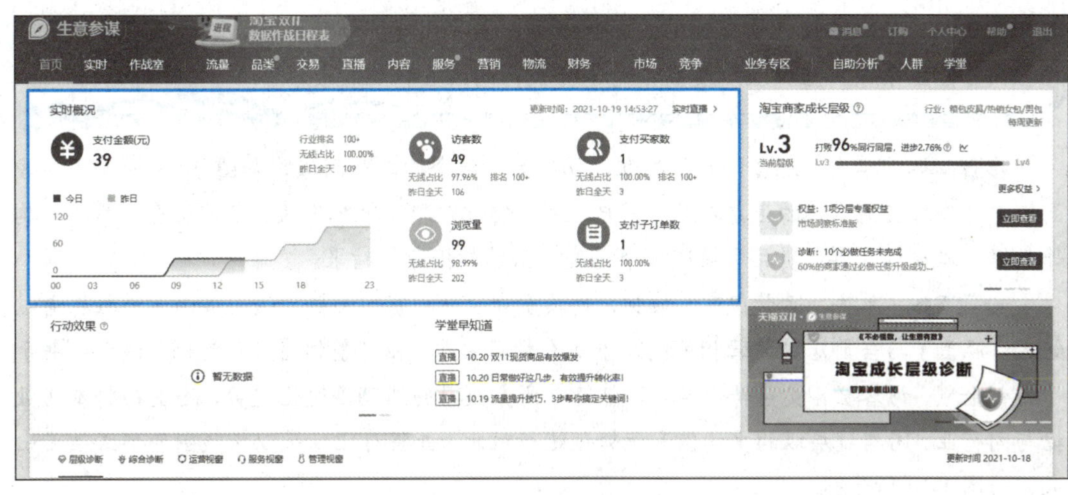

图 1-11　“实时概况”面板

步骤 3▶ 向下拖动页面右侧的滚动条，在页面下方查看“层级诊断”面板，如图 1-12 所示。该面板中包括店铺层级、店铺层级诊断等信息。其中，店铺层级诊断会针对店铺各方面（如成交力、营销力、商品力、粉丝力）的表现数据进行分析，从中总结出店铺目前可能存在的问题，并提出解决方案供商家参考。

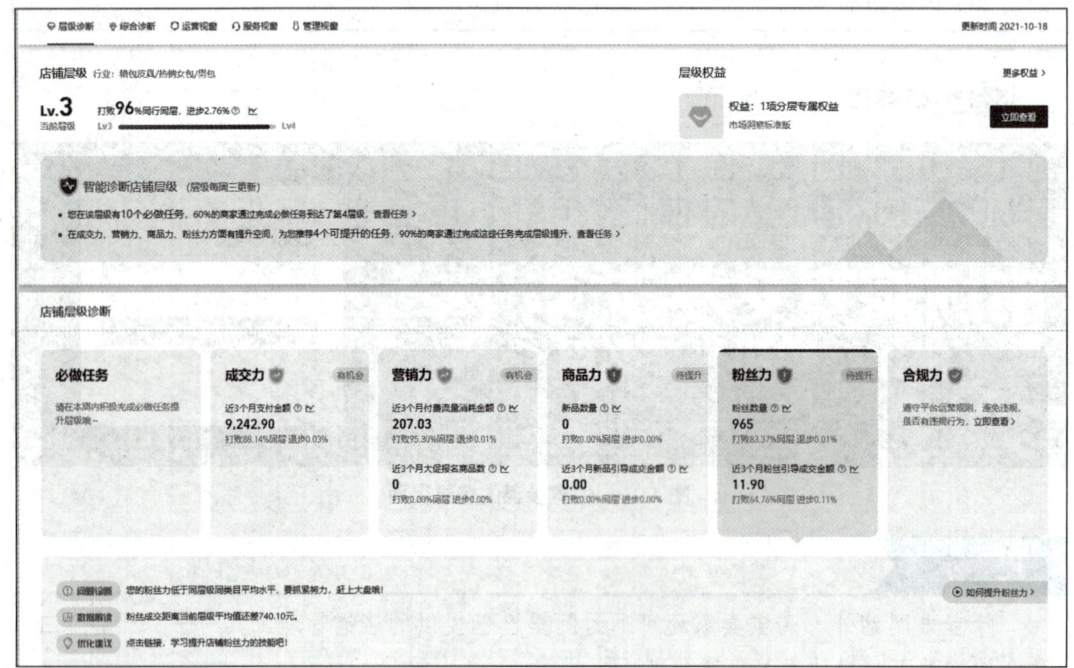

图 1-12　“层级诊断”面板

拓展阅读

店铺层级是指淘宝商家成长层级，它是淘宝网官方提供的评级体系。店铺层级共分为 7 级，评级依据包括店铺站内经营水平、差异化货品销售水平、粉丝运营水平、营销推广水平等，店铺层级越高，商家可获得的经营权益就越多。

步骤 4▶ 单击“综合诊断”按钮，切换至“综合诊断”面板，如图 1-13 所示。在该面板中可查看当前店铺的生意增长、客户规模、转化效率、单客价值、复购留存、商品结构等数据，以及从人群、货品和渠道 3 个角度给出的数据分析结果。

步骤 5▶ 单击“运营视窗”按钮，切换至“运营视窗”面板。该面板由多个数据看板组成，涵盖了与当前店铺运营相关的几乎所有数据主题。以“整体看板”为例，该看板展示了支付金额、访客数、支付转化率、客单价等商务数据的周期性变化趋势，还支持将本店数据与同行业、同店铺层级的平均值和优秀值进行对比，并将对比结果以折线图的形式展示出来，如图 1-14 所示。

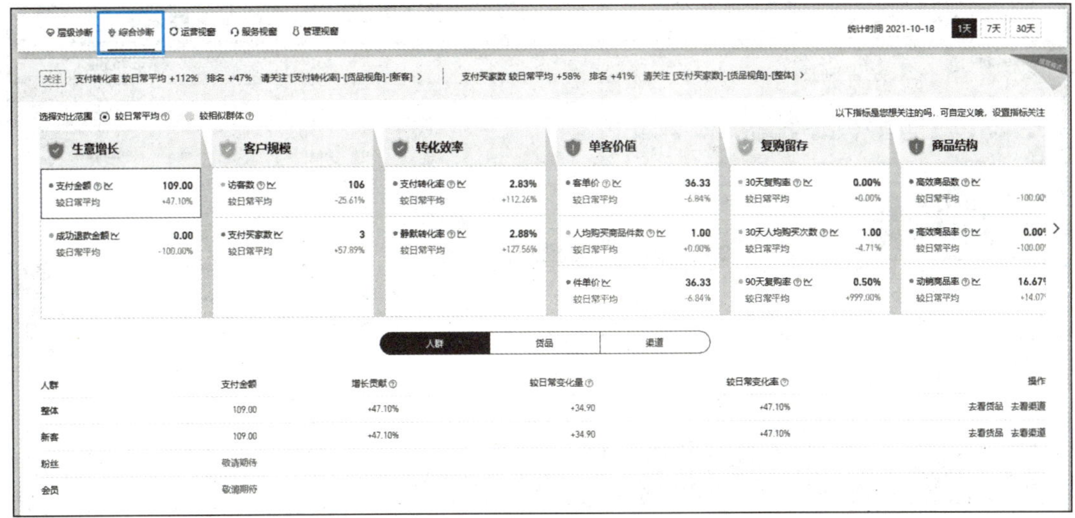

图 1-13　“综合诊断”面板

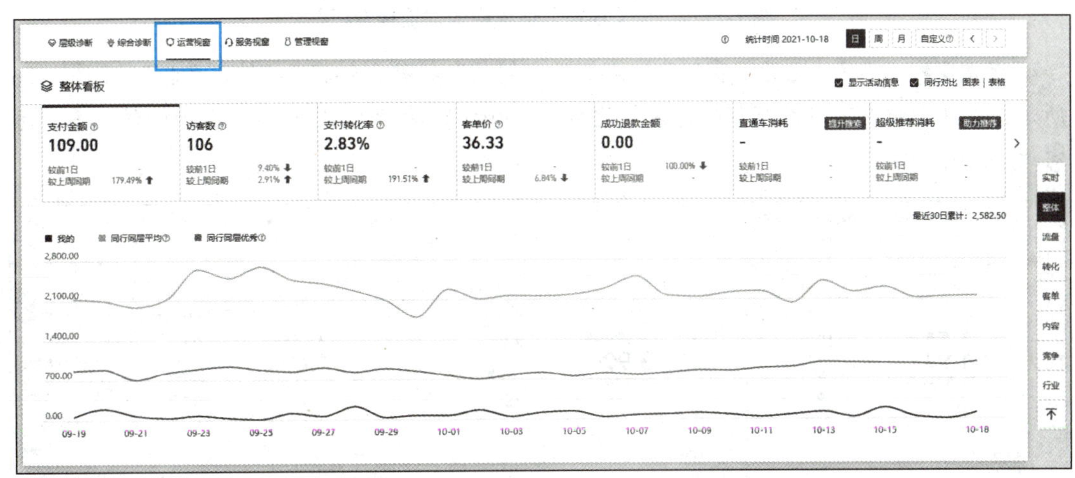

图 1-14　“运营视窗”面板中的“整体看板”

提　示

“运营视窗”面板中各看板均支持设置不同的数据展示周期，如 10 天、12 周和 12 个月等，用户可单击看板右上方的“日”“周”“月”“自定义”等按钮进行切换和设置。

步骤 6▶　单击“运营视窗”面板右侧的“流量”按钮，切换至“流量看板”，如图 1-15 所示。在此看板中可查看店铺的流量数据，如一级流量走向、二级流量来源、跳失率、人均浏览量、平均停留时长、搜索词排行等。

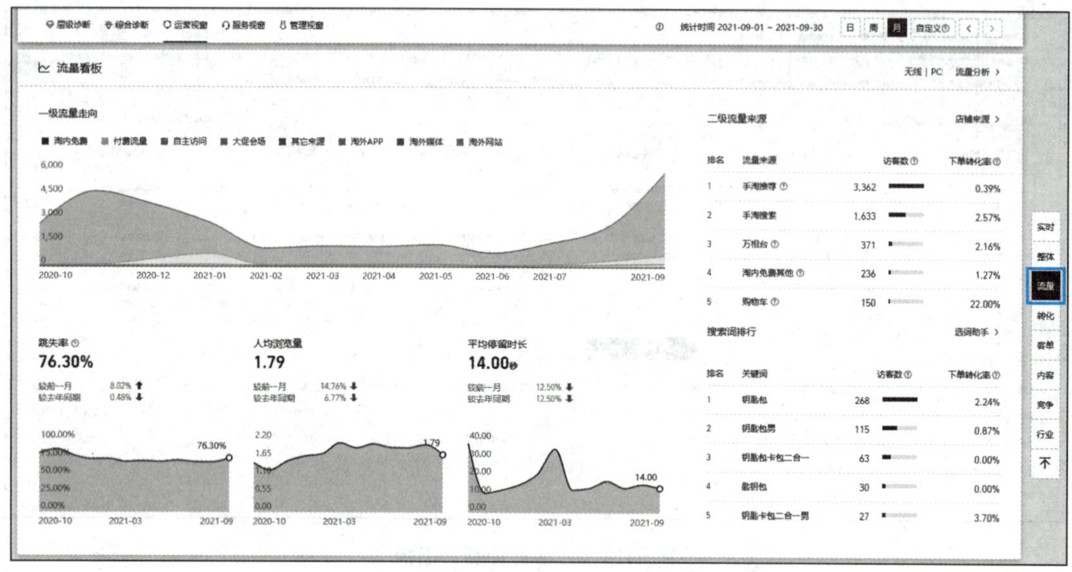

图 1-15　“运营视窗”面板中的“流量看板”

步骤 7▶ 单击“运营视窗”面板右侧的“转化”按钮，切换至“转化看板”，如图 1-16 所示。在此看板中可查看店铺的访客转化数据，如访客-收藏转化率、访客-加购转化率、访客-支付转化率等。

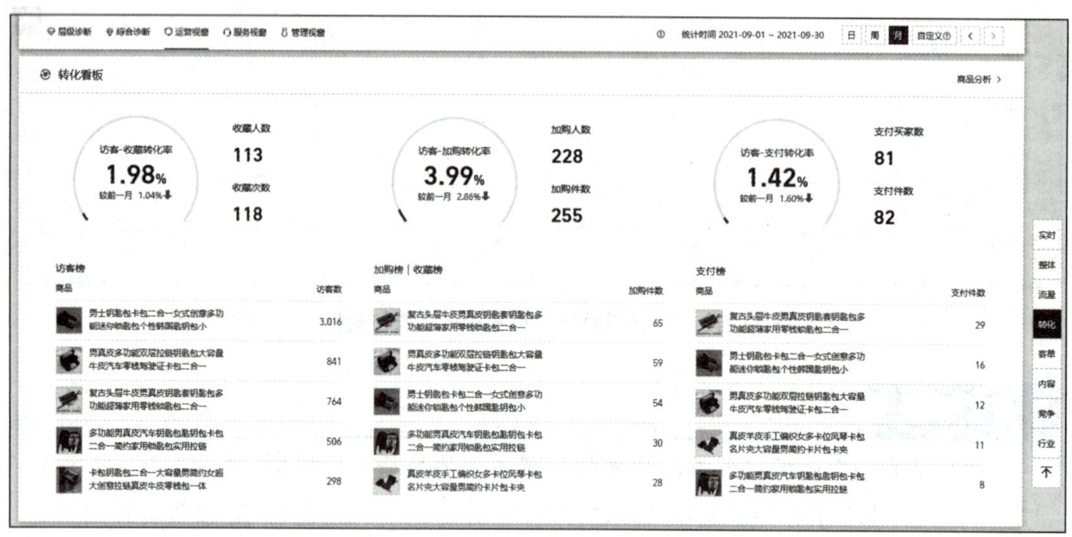

图 1-16　“运营视窗”面板中的“转化看板”

提　示

在“运营视窗”面板中，“客单看板”中的客单数据在“综合诊断”面板中已有展示，而“内容看板”则主要展示商品的直播营销、短视频的流量数据，限于篇幅，本任务实施不对这两个看板的内容进行展示，感兴趣的读者可在生意参谋中自行体验。

步骤 8▶　单击“运营视窗”面板右侧的“竞争”按钮，切换至“竞争看板”，如图 1-17 所示。在此看板中可查看店铺的竞争数据，如流失金额、流失人数、引起本店流失店铺数、流失竞店等。

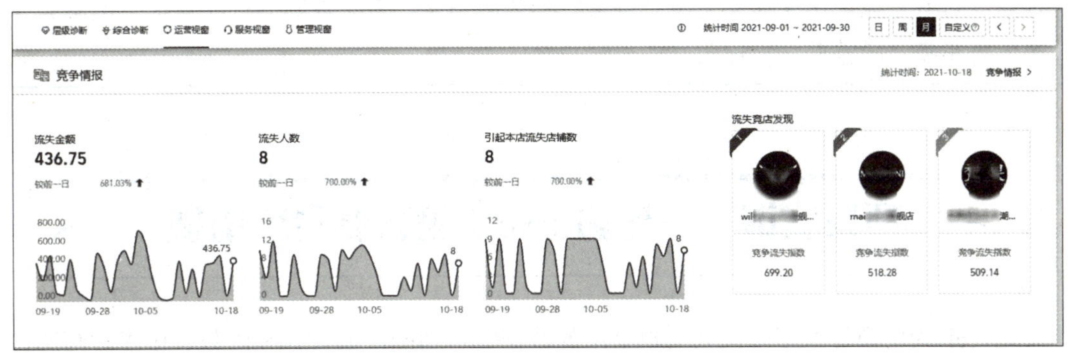

图 1-17　“运营视窗”面板中的“竞争看板”

步骤 9▶　单击“运营视窗”面板右侧的“行业”按钮，切换至“行业看板”，如图 1-18 所示。在此看板中可查看店铺所处行业的最新数据，如行业排名前 10 的店铺、商品、搜索词等。

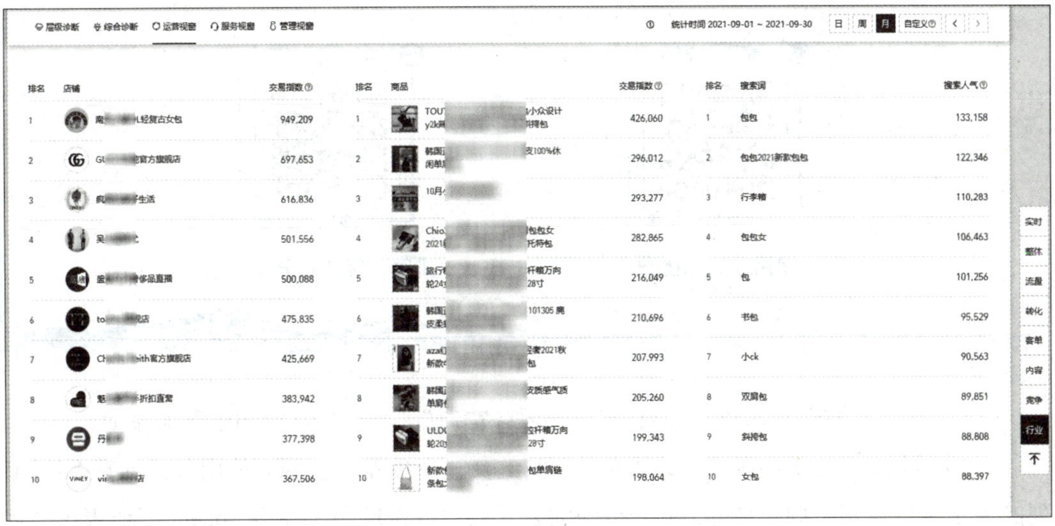

层级诊断　综合诊断　运营视窗　服务视窗　管理视窗　　统计时间 2021-09-01 ~ 2021-09-30　日　周　月　自定义

排名	店铺	交易指数	排名	商品	交易指数	排名	搜索词	搜索人气
1	南[illegible]L轻复古女包	949,209	1	TOU[illegible]小众设计 y2k[illegible]斜挎包	426,060	1	包包	133,158
2	GU[illegible]官方旗舰店	697,653	2	韩国[illegible]皮100%休闲单[illegible]	296,012	2	包包2021新款包包	122,346
3	疯[illegible]生活	616,836	3	10月[illegible]	293,277	3	行李箱	110,283
4	吴[illegible]	501,556	4	Chio[illegible]包包女 2021[illegible]托特包	282,865	4	包包女	106,463
5	盛[illegible]侈品直播	500,088	5	旅行[illegible]杆箱万向轮24[illegible]28寸	216,049	5	包	101,256
6	to[illegible]店	475,835	6	韩国[illegible]101305 腕 皮柔[illegible]	210,696	6	书包	95,529
7	Ch[illegible]官方旗舰店	425,669	7	aza[illegible]2021秋 新款[illegible]包	207,993	7	小ck	90,563
8	魅[illegible]折扣直营	383,942	8	韩国[illegible]皮质感气质 单肩[illegible]	205,260	8	双肩包	89,851
9	丹[illegible]	377,398	9	ULD[illegible]拉杆箱万向轮20[illegible]28寸	199,343	9	斜挎包	88,808
10	vi[illegible]店	367,506	10	新款[illegible]包单肩链条包[illegible]	198,064	10	女包	88,397

实时　整体　流量　转化　客单　内容　竞争　行业

图 1-18　“运营视窗”面板中的“行业看板”

提　示

“服务视窗”面板和“管理视窗”面板同样由多个数据看板构成，其布局与“运营视窗”面板类似，因此这里不再赘述，感兴趣的读者可自行探索。

此外，生意参谋首页的各个面板和看板都有与之对应的模块和产品，如与“运营视窗”面板中的“行业看板”对应的“行业”模块，与“竞争看板”对应的“竞争”模块等。与面板和看板相比，这些模块和产品的数据更加详细、功能更加强大，但往往需要付费才能使用（如要使用“市场”模块的功能，需先订购“行业洞察”产品），商家可根据实际需要自行订购。

项目实训——体验 Excel 的数据分析功能

Excel 为用户提供了一系列简单易用的数据分析功能，如公式和函数、排序、筛选、分类汇总等。请在计算机上安装 Excel 2016，通过分析某公司优秀员工销售业绩表中的数据，体验 Excel 强大的数据分析功能。

拓展阅读

若读者需要学习 Excel 的基本操作，可扫码查看下方的教学视频。

使用公式和函数

排序、筛选和分类汇总

（1）打开本书配套素材“项目一”/“项目实训”/“数据分析.xlsx”工作簿。

（2）使用 SUM 求和函数计算“总计”列的员工年度销售金额，使用公式计算“月均”列的员工月均销售金额（如 Q3 单元格中的公式为“=P3/12”），并将 Sheet1 工作表重命名为“公式和函数”，效果如图 1-19 所示。

P3　=SUM(D3:O3)

2021年公司优秀员工销售业绩表

单位：元

姓名	性别	部门	1月	2月	3月	4月	5月	6月	7月	8月	9月	10月	11月	12月	总计	月均
尹祥	男	徐州分部	32600	37300	38200	25900	39000	28200	31400	35100	38800	36600	29900	27700	400700	33392
江兰	女	成都分部	32800	38800	25500	31000	36700	35800	25400	25100	21200	35400	30100	33000	370800	30900
刘思瑶	女	北京总部	20800	26700	25400	30600	22000	21000	34800	24100	37900	36200	35400	29100	344000	28667
曾小青	女	上海分部	30800	28500	37600	38500	33700	25200	33500	32900	27300	27300	36000	39300	390600	32550
常玉刚	男	北京总部	30700	39900	36500	34200	20900	30100	32000	39200	33100	24900	33900	39900	395300	32942
蔡天慧	女	武汉分部	23800	38000	20700	34300	25300	36300	22000	28100	31900	27800	23200	23900	335300	27942
毛展志	男	上海分部	21500	22500	38700	34500	33100	34900	26500	24900	27200	27400	33200	34000	358400	29867
龙丹	女	北京总部	24900	35300	21000	32900	34100	31800	20700	33200	38700	33600	24200	21800	352200	29350
刘佳妹	女	徐州分部	29400	35100	35600	32700	39000	31800	31300	35900	37300	28500	26100	37700	400400	33367
刘芳	女	杭州分部	29700	32500	39700	33600	38300	35000	35200	34900	31700	28000	35000	20500	394100	32842
赵安敏	女	青岛分部	27300	38500	30700	26200	26100	20500	22300	35300	31200	27500	36900	25300	347800	28983
蔡孟庭	男	徐州分部	26300	34000	39800	39100	21900	39900	28100	35700	34200	32900	36000	23800	391700	32642
张兴建	男	青岛分部	33500	25800	27000	28600	24000	38400	36800	36700	25000	21100	31900	25300	354100	29508
王小军	男	成都分部	29600	32000	24200	29100	37000	36200	20500	29400	20300	25200	27800	30700	342000	28500
袁玉琳	女	武汉分部	32600	28600	36800	23200	32200	38500	22300	35100	32600	22300	38500	28100	370800	30900
罗平	男	杭州分部	20100	32600	39100	29800	22700	26700	39700	23700	39800	23300	33600	37300	368400	30700
黄楠	女	上海分部	38100	22700	37000	25600	39100	33400	34400	27100	39700	22800	24500	38600	383000	31917
邓东生	男	成都分部	38500	24000	28100	39600	38000	22400	29900	33600	21000	31100	22500	33500	362200	30183
李亮海	男	杭州分部	28400	35600	33500	26900	38500	21500	39300	20800	39900	22600	36900	38500	382400	31867
郑开基	男	青岛分部	22300	29000	35700	21900	28600	36500	38000	23700	27700	28100	22600	23100	337200	28100
刘虹翎	女	武汉分部	27800	24000	33400	35700	26900	21500	29000	31300	39600	32400	38500	24900	365000	30417

公式和函数

图 1-19　计算“总计”列和“月均”列的数据

（3）复制一份“公式和函数”工作表，并将复制的工作表重命名为“简单排序”。然后将员工销售数据按“总计”列降序排列，设置方法和效果如图 1-20 所示。

2021年公司优秀员工销售业绩表

姓名	性别	部门	1月	2月	3月	4月	5月	6月	7月	8月	9月	10月	11月	12月	总计	月均
尹祥	男	徐州分部	32600	37300	38200	25900	39000	28200	31400	35100	38800	36600	29900	27700	400700	33392
刘佳妹	女	徐州分部	29400	35100	35600	32700	39000	31800	31300	35900	37300	28500	26100	37700	400400	33367
常玉刚	男	北京总部	30700	39900	36500	34200	20900	30100	32000	39200	33100	24900	33900	39900	395300	32942
刘芳	女	杭州分部	29700	32500	39700	33600	38300	35000	35200	34900	31700	28000	35000	20500	394100	32842
蔡孟庭	男	徐州分部	26300	34000	39800	39100	21900	39900	28100	35700	34200	32900	36000	23800	391700	32642
曾小青	女	上海分部	30800	28500	37600	38500	33700	25200	33500	32900	27300	27300	36000	39300	390600	32550
黄楠	女	上海分部	38100	22700	37000	25600	39100	33400	34400	27100	39700	22800	24500	38600	383000	31917
李亮海	男	杭州分部	28400	35600	33500	26900	38500	21500	39300	20800	39900	22600	36900	38500	382400	31867
江兰	女	成都分部	32800	38800	25500	31000	36700	35800	25400	25100	21200	35400	30100	33000	370800	30900
袁玉琳	女	武汉分部	32600	28600	36800	23200	32200	38500	22300	35100	32600	22300	38500	28100	370800	30900
罗平	男	杭州分部	20100	32600	39100	29800	22700	26700	39700	23700	39800	23300	33600	37300	368400	30700
刘虹翎	女	武汉分部	27800	24000	33400	35700	26900	21500	29000	31300	39600	32400	38500	24900	365000	30417
邓东生	男	成都分部	38500	24000	28100	39600	38000	22400	29900	33600	21000	31100	22500	33500	362200	30183
毛展志	男	上海分部	21500	22500	38700	34500	33100	34900	26500	24900	27200	27400	33200	34000	358400	29867
张兴建	男	青岛分部	33500	25800	27000	28600	24000	38400	36800	36700	25000	21100	31900	25300	354100	29508
龙丹	女	北京总部	24900	35300	21000	32900	34100	31800	20700	33200	38700	33600	24200	21800	352200	29350
赵安敏	女	青岛分部	27300	38500	30700	26200	26100	20500	22300	35300	31200	27500	36900	25300	347800	28983
刘思瑶	女	北京总部	20800	26700	25400	30600	22000	21000	34800	24100	37900	36200	35400	29100	344000	28667
王小军	男	成都分部	29600	32000	24200	29100	37000	36200	20500	29400	20300	25200	27800	30700	342000	28500
郑开基	男	青岛分部	22300	29000	35700	21900	28600	36500	38000	23700	27700	28100	22600	23100	337200	28100
蔡天慧	女	武汉分部	23800	38000	20700	34300	25300	36300	22000	28100	31900	27800	23200	23900	335300	27942

图 1-20　简单排序数据的方法和效果

（4）复制一份“公式和函数”工作表，并将复制的工作表重命名为“自定义排序”。然后利用 Excel 的自定义排序功能，将员工销售数据按“部门”列升序排列，如果部门相同，则按“总计”列降序排列，设置方法如图 1-21 所示，效果如图 1-22 所示。

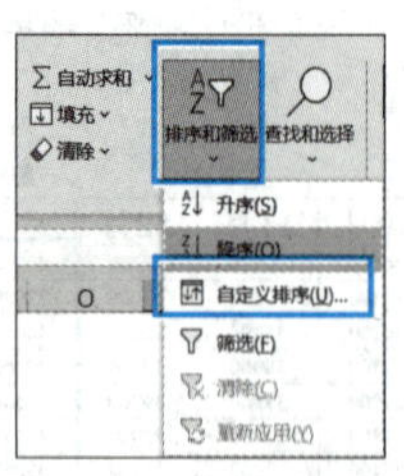

(a) 选择“自定义排序”选项

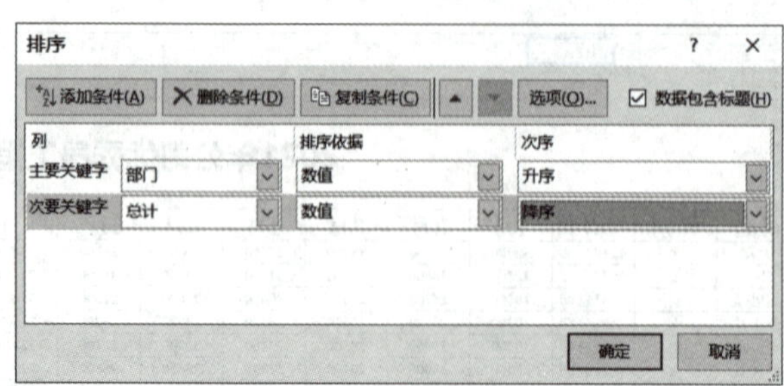

(b) 设置自定义排序的条件

图 1-21 自定义排序数据的方法

2021年公司优秀员工销售业绩表

单位：元

姓名	性别	部门	1月	2月	3月	4月	5月	6月	7月	8月	9月	10月	11月	12月	总计	月均
常玉刚	男	北京总部	30700	39900	36500	34200	20900	30100	32000	39200	33100	24900	33900	39900	395300	32942
龙丹	女	北京总部	24900	35300	21000	32900	34100	31800	20700	33200	38700	33600	24200	21800	352200	29350
刘思瑶	女	北京总部	20800	26700	25400	30600	22000	21000	34800	24100	37900	36200	35400	29100	344000	28667
江兰	女	成都分部	32800	38800	25500	31000	36700	35800	25400	25100	21200	35400	30100	33000	370800	30900
邓东生	男	成都分部	38500	24000	28100	39600	38000	22400	29900	33600	21000	31100	22500	33500	362200	30183
王小军	男	成都分部	29600	32000	24200	29100	37000	36200	20500	29400	20300	25200	27800	30700	342000	28500
刘芳	女	杭州分部	29700	32500	39700	33600	38300	35000	35200	34900	31700	28000	35000	20500	394100	32842
李亮海	男	杭州分部	28400	35600	33500	26900	38500	21500	39300	20800	39900	22600	36900	38500	382400	31867
罗平	男	杭州分部	20100	32600	39100	29800	22700	26700	39700	23700	39800	23300	33600	37300	368400	30700
张兴建	男	青岛分部	33500	25800	27000	28600	24000	38400	36800	36700	25000	21100	31900	25300	354100	29508
赵安敏	女	青岛分部	27300	38500	30700	26200	26100	20500	22300	35300	31200	27500	36900	25300	347800	28983
郑开基	男	青岛分部	22300	29000	35700	21900	28600	36500	38000	23700	27700	28100	22600	23100	337200	28100
曾小青	女	上海分部	30800	28500	37600	38500	33700	25200	33500	32900	27300	27300	36000	39300	390600	32550
黄楠	女	上海分部	38100	22700	37000	25600	39100	33400	34400	27100	39700	22800	24500	38600	383000	31917
毛展志	男	上海分部	21500	22500	38700	34500	33100	34900	26500	24900	27200	27400	33200	34000	358400	29867
袁玉琳	女	武汉分部	32600	28600	36800	23200	32200	38500	22300	35100	32600	22300	38500	28100	370800	30900
刘虹翎	女	武汉分部	27800	24000	33400	35700	26900	21500	29000	31300	39600	32400	38500	24900	365000	30417
蔡天慧	女	武汉分部	23800	38000	20700	34300	25300	36300	22000	28100	31900	27800	23200	23900	335300	27942
尹祥	男	徐州分部	32600	37300	38200	25900	39000	28200	31400	35100	38800	36600	29900	27700	400700	33392
刘佳姝	女	徐州分部	29400	35100	35600	32700	39000	31800	31300	35900	37300	28500	26100	37700	400400	33367
蔡孟庭	男	徐州分部	26300	34000	39800	39100	21900	39900	28100	35700	34200	32900	36000	23800	391700	32642

图 1-22 自定义排序数据的效果

（5）复制一份“公式和函数”工作表，并将复制的工作表重命名为“自动筛选”。然后利用 Excel 的自动筛选功能，将该公司月均销售额大于 3 万元的员工筛选出来，设置方法如图 1-23 所示，效果如图 1-24 所示。

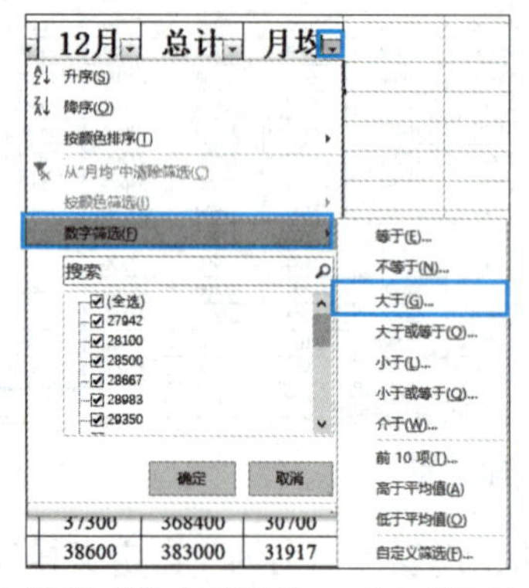

(a) 选择“数字筛选”—“大于”选项

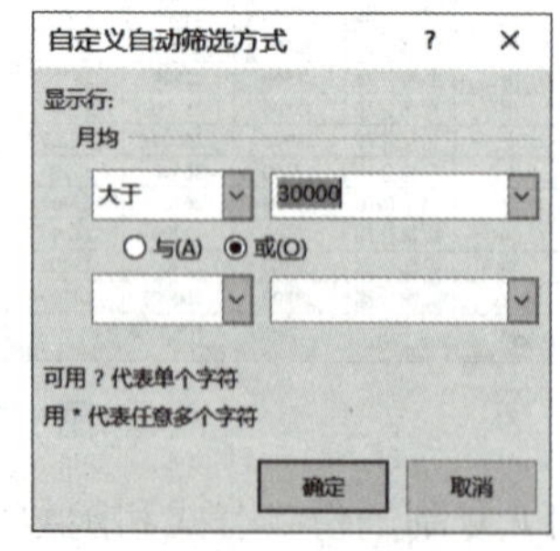

(b) 设置筛选条件

图 1-23 自动筛选数据的方法

	A	B	C	D	E	F	G	H	I	J	K	L	M	N	O	P	Q
1	2021年公司优秀员工销售业绩表																单位：元
2	姓名	性别	部门	1月	2月	3月	4月	5月	6月	7月	8月	9月	10月	11月	12月	总计	月均
3	尹祥	男	徐州分部	32600	37300	38200	25900	39000	28200	31400	35100	38800	36600	29900	27700	400700	33392
4	江兰	女	成都分部	32800	38800	25500	31000	36700	35800	25400	25100	21200	35400	30100	33000	370800	30900
6	曾小青	女	上海分部	30800	28500	37600	38500	33700	25200	33500	32900	27300	27300	36000	39300	390600	32550
7	常玉刚	男	北京总部	30700	39900	36500	34200	20900	30100	32000	39200	33100	24900	33900	39900	395300	32942
11	刘佳妹	女	徐州分部	29400	35100	35600	32700	39000	31800	31300	35900	37300	28500	26100	37700	400400	33367
12	刘芳	女	杭州分部	29700	32500	39700	33600	38300	35000	35200	34900	31700	28000	35000	20500	394100	32842
14	蔡孟庭	男	徐州分部	26300	34000	39800	39100	21900	39900	28100	35700	34200	32900	36000	23800	391700	32642
17	袁玉琳	女	武汉分部	32600	28600	36800	23200	32200	38500	22300	35100	32600	22300	38500	28100	370800	30900
18	罗平	男	杭州分部	20100	32600	39100	29800	22700	26700	39700	23700	39800	23300	33600	37300	368400	30700
19	黄楠	女	上海分部	38100	22700	37000	25600	39100	33400	34400	27100	39700	22800	24500	38600	383000	31917
20	邓东生	男	成都分部	38500	24000	28100	39600	38000	22400	29900	33600	21000	31100	22500	33500	362200	30183
21	李亮海	男	杭州分部	28400	35600	33500	26900	38500	21500	39300	20800	39900	22600	36900	38500	382400	31867
23	刘虹翎	女	武汉分部	27800	24000	33400	35700	26900	21500	29000	31300	39600	32400	38500	24900	365000	30417

图 1-24　自动筛选数据的效果

（6）复制一份“公式和函数”工作表，并将复制的工作表重命名为“高级筛选”。然后利用 Excel 的高级筛选功能，将该公司年度销售额大于 35 万元的女性员工筛选出来，设置方法如图 1-25 所示，效果如图 1-26 所示。

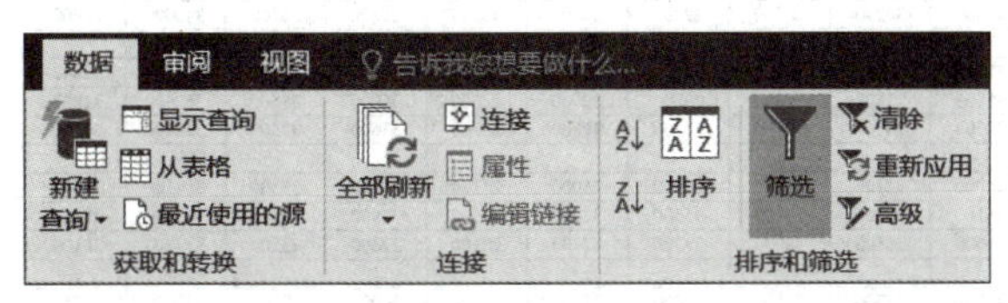

（a）单击“筛选”按钮

S	T	U
	性别	总计
	女	>350000

（b）设置筛选条件

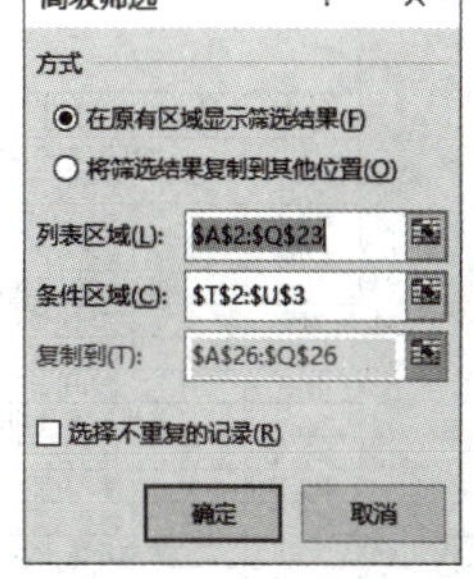

（c）“高级筛选”对话框

图 1-25　高级筛选数据的方法

26	姓名	性别	部门	1月	2月	3月	4月	5月	6月	7月	8月	9月	10月	11月	12月	总计	月均
27	江兰	女	成都分部	32800	38800	25500	31000	36700	35800	25400	25100	21200	35400	30100	33000	370800	30900
28	曾小青	女	上海分部	30800	28500	37600	38500	33700	25200	33500	32900	27300	27300	36000	39300	390600	32550
29	龙丹	女	北京总部	24900	35300	21000	32900	34100	31800	20700	33200	38700	33600	24200	21800	352200	29350
30	刘佳妹	女	徐州分部	29400	35100	35600	32700	39000	31800	31300	35900	37300	28500	26100	37700	400400	33367
31	刘芳	女	杭州分部	29700	32500	39700	33600	38300	35000	35200	34900	31700	28000	35000	20500	394100	32842
32	袁玉琳	女	武汉分部	32600	28600	36800	23200	32200	38500	22300	35100	32600	22300	38500	28100	370800	30900
33	黄楠	女	上海分部	38100	22700	37000	25600	39100	33400	34400	27100	39700	22800	24500	38600	383000	31917
34	刘虹翎	女	武汉分部	27800	24000	33400	35700	26900	21500	29000	31300	39600	32400	38500	24900	365000	30417

图 1-26　高级筛选数据的效果

（7）复制一份“自定义排序”工作表，并将复制的工作表重命名为“分类汇总”。利用 Excel 的分类汇总功能，将员工销售数据以“部门”作为分类字段，对各部门年销售数据求平均值汇总，设置方法如图 1-27 所示，效果如图 1-28 所示。

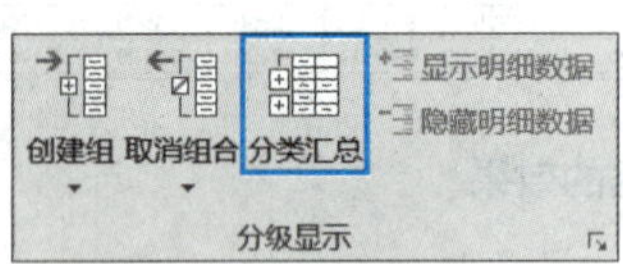

（a）选择“分类汇总”选项

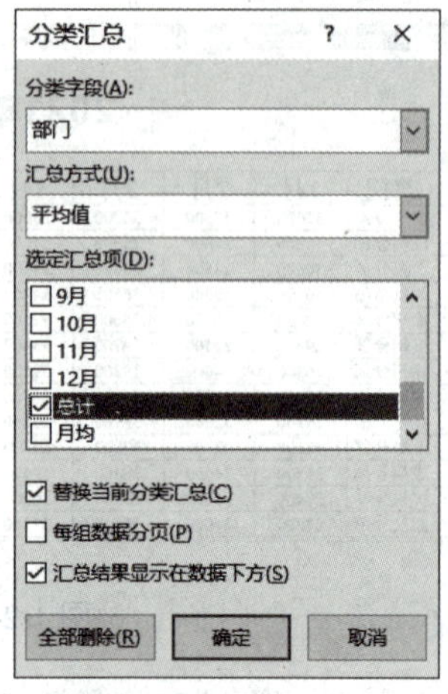

（b）设置分类字段、汇总方式和汇总项

图 1-27　分类汇总数据的方法

2021年公司优秀员工销售业绩表

单位：元

行	姓名	性别	部门	1月	2月	3月	4月	5月	6月	7月	8月	9月	10月	11月	12月	总计	月均
6	北京总部 平均值															363833.33	
7	江兰	女	成都分部	32800	38800	25500	31000	36700	35800	25400	25100	21200	35400	30100	33000	370800	30900
8	邓东生	男	成都分部	38500	24000	28100	39600	38000	22400	29900	33600	21000	31100	22500	33500	362200	30183
9	王小军	男	成都分部	29600	32000	24200	29100	37000	36200	20500	29400	20300	25200	27800	30700	342000	28500
10	成都分部 平均值															358333.33	
11	刘芳	女	杭州分部	29700	32500	39700	33600	38300	35000	35200	34900	31700	28000	35000	20500	394100	32842
12	李亮海	男	杭州分部	28400	35600	33500	26900	38500	21500	39300	20800	39900	22600	36900	38500	382400	31867
13	罗平	男	杭州分部	20100	32600	39100	29800	22700	26700	39700	23700	39800	23300	33600	37300	368400	30700
14	杭州分部 平均值															381633.33	
15	张兴建	男	青岛分部	33500	25800	27000	28600	24000	38400	36800	36700	25000	21100	31900	25300	354100	29508
16	赵安敏	女	青岛分部	27300	38500	30700	26200	26100	20500	22300	35300	31200	27500	36900	25300	347800	28983
17	郑开基	男	青岛分部	22300	29000	35700	21900	28600	36500	38000	23700	27700	28100	22600	23100	337200	28100
18	青岛分部 平均值															346366.67	
19	曾小青	女	上海分部	30800	28500	37600	38500	33700	25200	33500	32900	27300	27300	36000	39300	390600	32550
20	黄楠	女	上海分部	38100	22700	37000	25600	39100	33400	34400	27100	39700	22800	24500	38600	383000	31917
21	毛展志	男	上海分部	21500	22500	38700	34500	33100	34900	26500	24900	27200	27400	33200	34000	358400	29867
22	上海分部 平均值															377333.33	
23	袁玉琳	女	武汉分部	32600	28600	36800	23200	32200	38500	22300	35100	32600	22300	38500	28100	370800	30900
24	刘虹翎	女	武汉分部	27800	24000	33400	35700	26900	21500	29000	31300	39600	32400	38500	24900	365000	30417
25	蔡天慧	女	武汉分部	23800	38000	20700	34300	25300	36300	22000	28100	31900	27800	23200	23900	335300	27942
26	武汉分部 平均值															357033.33	
27	尹祥	男	徐州分部	32600	37300	38200	25900	39000	28200	31400	35100	38800	36600	29900	27700	400700	33392
28	刘佳妹	女	徐州分部	29400	35100	35600	32700	39000	31800	31300	35900	37300	28500	26100	37700	400400	33367
29	蔡孟庭	男	徐州分部	26300	34000	39800	39100	21900	39900	28100	35700	34200	32900	36000	23800	391700	32642
30	徐州分部 平均值															397600	
31	总计平均值															368876.19	

图 1-28　分类汇总数据的效果

项目二

商务数据可视化

项目导读

在日常工作和学习中，人们常常利用表格、图形、动画等形式描述复杂抽象的数据，以使数据更加形象直观。

这一过程称为数据可视化，它可以帮助使用者在短时间内了解数据集的核心特征，因此在数据分析领域有着广泛的应用。掌握数据可视化的方法是行业对数据分析人才的基本要求之一。

学习目标

知识目标：理解数据可视化的概念、优势和方法；熟悉数据可视化的常用图表类型；了解商务数据可视化的分析方法。

能力目标：能恰当使用颜色可视化、图形可视化等方法进行数据可视化；能正确判断不同的数据分析场景应采用的数据可视化图表类型；能根据数据可视化需求制作简单的数据可视化图表。

素质目标：树立严谨务实的作风；培养多维度思考能力和具象思维能力；弘扬精益求精和实事求是的精神。

任务一　认识数据可视化

任务导入

在分析商务数据时，直接观察密密麻麻、毫无章法的数据，很容易让人眼花缭乱、无从下手。为此，可借助数据可视化技术来优化数据的展现形式，提高数据的可读性和易懂性。那么，什么是数据可视化呢？数据可视化有什么优势呢？如何进行数据可视化呢？本任务就带领大家认识数据可视化。

相关知识

一、数据可视化的概念

数据可视化是一种数据展现方法与分析手段，在各个领域都有着广泛的应用。它主要利用图、表、动画、交互界面等形式将离散复杂的抽象数据形象直观地展现出来，不仅能给读者带来良好的视觉体验，还能帮助读者读懂数据的外在特征和内在规律，以便挖掘数据潜在的商业价值。

二、数据可视化的优势

正所谓“文不如表，表不如图”，利用数据可视化对多维度、多类型的数据进行直观性展现，可以降低读者的理解难度，从而帮助读者更快速、准确地理解数据信息。

下面通过一个例子具体说明数据可视化的优势。首先请阅读某公司 2021 年的财务数据，具体如下。

2021 年，本公司全年总收入为 7 489 万元，同比上年增长 6.6%。其中，一季度同比增长 5.8%，二季度同比增长 7.7%，三季度同比增长 7.5%，四季度同比增长 5.4%。从收入类别来看，主营业务收入为 6 613 万元，占比 88.3%，同比增长 6.8%；固定资产租金收入为 524 万元，占比 7.0%，同比增长 6.3%；投资收益为 352 万元，占比 4.7%，同比增长 3.5%。

虽然上述文字描述已相当简练，但由于数据抽象、复杂，读者想通过这段文字快速理解和记忆数据信息仍然较为困难。为此，可采用表格对数据进行梳理，如表 2-1 和表 2-2 所示。

表 2-1 某公司 2021 年各季度财务数据

时间范围	较 2020 年同比增长
2021 年一季度	5.8%
2021 年二季度	7.7%
2021 年三季度	7.5%
2021 年四季度	5.4%
2021 年全年	6.6%

表 2-2 某公司 2021 年各收入类别财务数据

收入类别	收入金额（万元）	收入占比	较 2020 年同比增长
主营业务收入	6 613	88.3%	6.8%
固定资产租金收入	524	7.0%	6.3%
投资收益	352	4.7%	3.5%
总计	7 489	100%	6.6%

与文字描述相比，表 2-1 和表 2-2 最大化地减少了重复，将数据展现得十分简洁明了。但读者仍然无法直观地从表格中观察出各类数据间的关联和变化规律。为此，可利用图形对上述数据进行可视化处理，如图 2-1 所示。

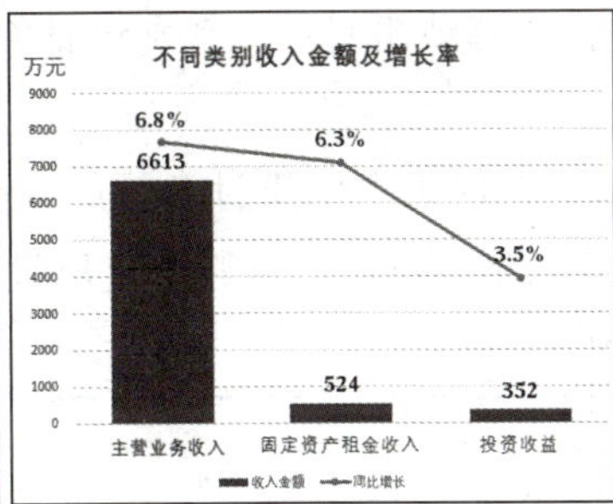

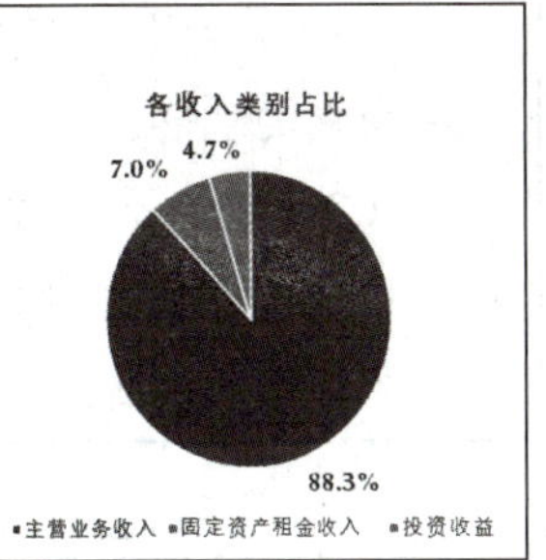

图 2-1 某公司 2021 年财务数据的可视化效果

图 2-1 清晰美观，可带给读者十分直观的视觉体验。通过浏览其中的图形，读者可轻松了解该公司 2021 年财务数据中的重要数值、各季度增长趋势、各类别收入金额大小及占比等特征，从而做出更好、更明智的决策。

三、数据可视化的方法

常用的数据可视化方法包括颜色可视化、图形可视化、概念可视化、尺寸可视化和空间可视化等。这些方法可以更好地展现数据的特征、规律和变化趋势，使数据可视化的主题更加鲜明，效果更加突出。

（一）颜色可视化

颜色可视化是最常用的数据可视化方法之一，常常和其他可视化方法搭配使用。它可以利用不同的颜色来区分各数据系列，还可利用颜色的深浅来展现数据的强弱、高低、疏密等特征。例如，某电商网站统计了七日内销量前六的箱包品牌的成交单数，并使用颜色可视化的方法对各品牌进行了区分（见图 2-2），效果十分直观。

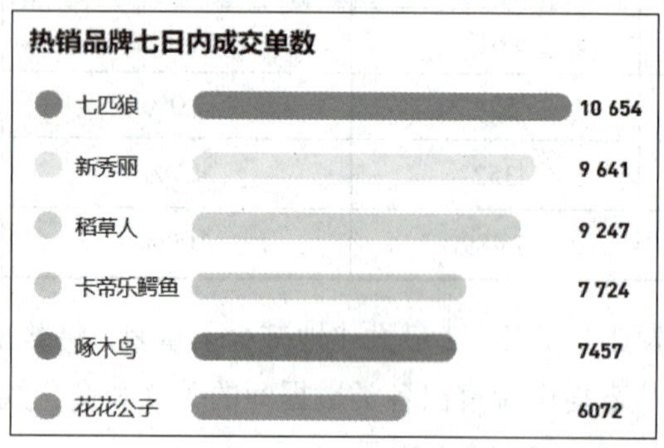

图 2-2　颜色可视化

提　示

在使用颜色可视化方法时，有以下两点需要注意：

（1）注意色系搭配。合理使用同一色系或相邻色系进行颜色可视化处理，可带给读者协调的观感。

（2）颜色不宜过多。在图表中使用过多的颜色会使读者眼花缭乱，产生视觉疲劳。因此，在使用颜色可视化方法时，应避免使用过多颜色。一般来说，一张图表中的颜色控制在 6 种以内为佳。

（二）图形可视化

图形可视化是指利用图形图像表示数据的值、数据系列和数据主题等元素，使展现的数据更加生动有趣。例如，某电商网站根据网站用户的购物数据得出了不同性别用户的消费习惯及占比，并使用图形可视化的方法展现了“性别”这一数据系列，最终效果极具表现力，如图 2-3 所示。

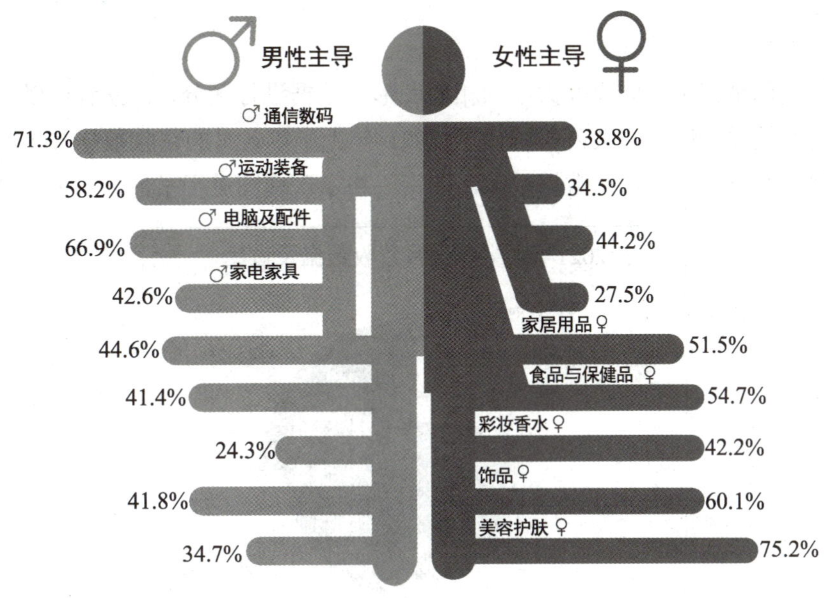

图 2-3 图形可视化

（三）概念可视化

概念可视化是指将一些较为抽象的数据类比或等量代换为具体的事物，以帮助读者更容易地理解数据特征和通过数据展示的现象。例如，2020 年天猫“双 11”全球狂欢季当日成交额高达 4 982 亿元，某资讯媒体采用概念可视化的方法对这一数字进行了展现，让读者对“4 982 亿元”这一概念产生了直观的认识，如图 2-4 所示。

图 2-4 概念可视化

（四）尺寸可视化

尺寸可视化是指用不同尺寸大小的相同图形对数据进行区分，让读者可以一目了然地读懂数据间的差异。例如，某公司统计了 2021 年上半年各月的营收数据及占比，并使用了尺寸可视化的方法，将这些数据用著名的南丁格尔玫瑰图进行了展现，如图 2-5 所示。

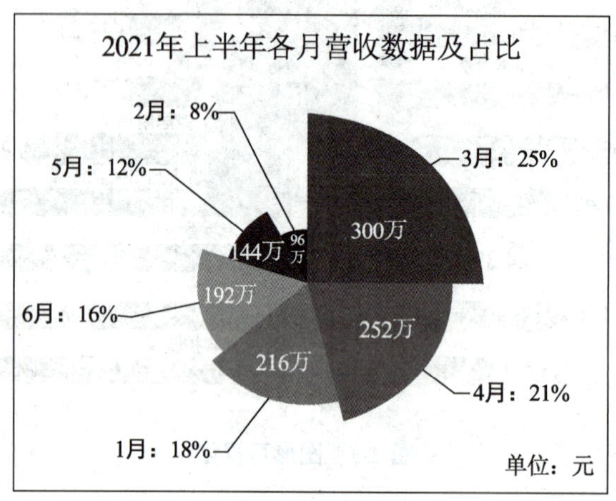

图 2-5　尺寸可视化

值得一提的是，在使用尺寸可视化方法时，应确保图形尺寸的尺度和比例与数据的精确度相匹配，避免展现的可视化图表对读者产生误导。

知识链接

南丁格尔玫瑰图是近代护理事业的创始人弗洛伦斯·南丁格尔发明的一种十分实用的可视化图表，它结合了饼图和直方图的优点，用扇形的角度来表示占比，用扇形的半径来反映数值大小，是尺寸可视化的典型代表。

（五）空间可视化

这种数据可视化方法主要针对存在地域空间数据系列的数据集，一般会搭配地图使用。通过空间可视化，可让读者对空间和数据之间的关系有直观的了解，从而帮助读者在宏观层面建立对数据的整体认识。

辉煌中国

2020 年 12 月 9 日，时值我国“十三五”规划圆满收官之际，共青团中央的官方微信公众号发布了一篇名为《一个五年接一个五年，中国奇迹这样实现!》的文章，其中用一个长达 4 分钟的视频历数了中国的“五年规划史”。

该视频综合利用多种数据可视化方法，向观众全方位地展现了我国人民在中国共产党的领导下，从筚路蓝缕的艰辛奋斗到铸就一个又一个辉煌的“中国奇迹”的传奇历程，营造出极为震撼的观感，令每个观众都热血沸腾，发自内心地为祖国感到骄傲和自豪。

扫码观看视频

任务实施——数据可视化方法分析与应用

某机构在全国范围内对小卖部、小超市、杂货铺等零售小店进行抽样调研，并整理了一份研究报告。报告中给出了本次调研对象的整体画像数据，其文字描述如下。

从店主性别分布来看，男性店主占 64.3%，女性店主占 35.7%；从店主从业经历来看，从业 3 年以上的店主占 72.5%，从业 3 年以内的店主占 27.5%；从店主年龄分布来看，70 后店主占 15.5%，80 后店主占 36.9%，90 后店主占 42.9%，00 后店主占 4.7%。

从店铺城市分布来看，位于一线城市的店铺占 37.3%，位于二线城市的店铺占 25.4%，位于三线城市的店铺占 37.3%；从店铺区域分布来看，位于居民区的店铺占 66.2%，位于学校的店铺占 22.1%，位于办公商务区的店铺占 7.8%，位于车站的店铺占 2.6%，位于其他位置的店铺占 1.3%；从店铺月租金分布来看，租金在 8 000 元以上的占 17.9%，租金为 6 000～8 000 元的占 7.1%，租金为 4 000～6 000 元的占 16.7%，租金为 2 000～4 000 元的占 31.0%，租金小于 2 000 元或店铺为自有房产的占 27.3%。

本任务实施通过分析这些数据适合应用的可视化方法，最终通过综合运用多种可视化方法对数据进行可视化处理，帮助读者明确各数据可视化方法的适用场景和使用方法。

步骤 1▶ 分析数据类型。从上述文字描述可知，这些数据分别以店主和店铺作为描述对象。因此，可将这些数据分为两个数据系列。对于这两个数据系列，采用颜色可视化方法，可以更好地区分它们。

步骤 2▶ 分析数据主题。从上述文字描述可知，每个数据系列中都包含若干个数据主题。例如，描述店主的数据主题包含店主的性别、从业经历、年龄，而描述店铺的数据主题包含店铺的城市分布、区域分布、月租金分布。对这些数据主题采用图形可视化方法（如用小图标表示数据主题），可以为这些数据主题的展现提供更加生动有趣的观感。

步骤 3▶ 分析数据项。从上述文字描述可知，每个数据主题都有若干个数据项，这些数据项之间存在差异。对同一数据主题的各个数据项采用尺寸可视化方法，可以使数据差异更加明显。

步骤 4▶ 综合使用数据可视化方法对上述文字描述中的数据进行可视化处理，最终效果示例如图 2-6 所示。

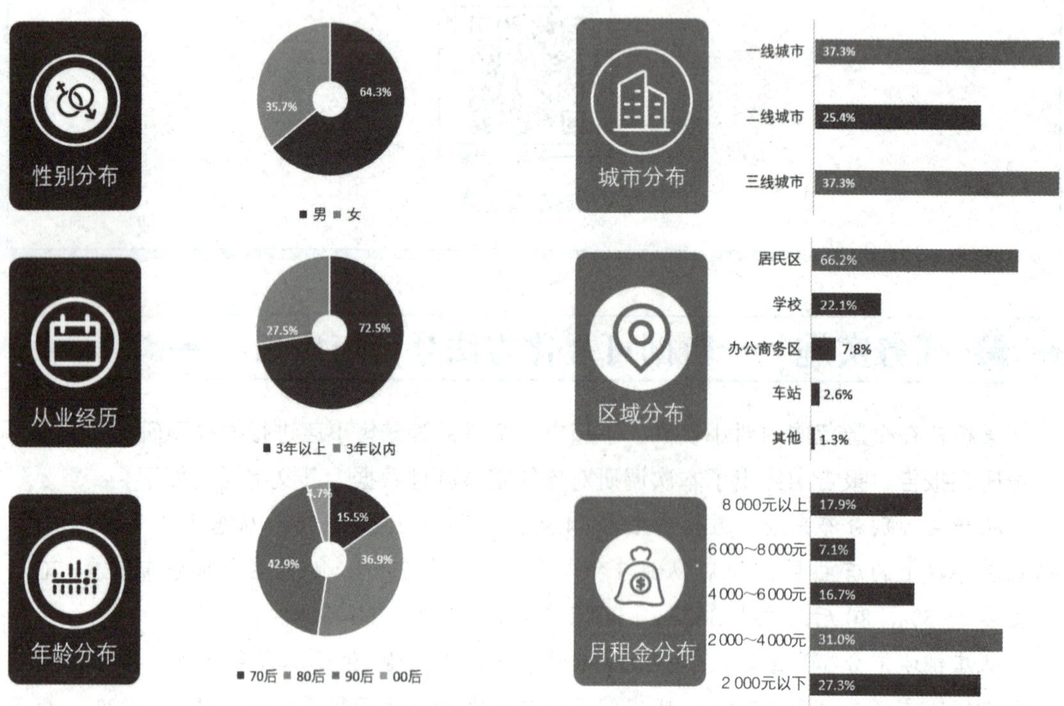

图 2-6 数据可视化效果示例

任务二 熟悉数据可视化图表类型

任务导入

近年来，随着信息技术的不断更新，数据可视化形式越发多样。除常见的图表外，动画、视频、交互界面等新形态层出不穷。但归根结底，这些新形态仍然是以各种图表为框架来展现数据的。因此，要全面掌握数据可视化，首先必须熟悉数据可视化图表。本任务就带领大家了解几种常用的数据可视化图表类型及其适用场景。

相关知识

常用的数据可视化图表有折线图、条形图、饼图、散点图、气泡图、面积图、雷达图等，这些图表都能对数据进行直观的可视化展现，但它们的表现形式不同，所能表现的数据特征不同，因此适用场景也不尽相同。下面一一进行介绍。

一、折线图

折线图是一种用线段将坐标轴上数值不同、均匀分布（通常沿水平坐标轴分布）的同类数据点依次连接，以表示数据整体变化趋势的可视化图表。折线图不仅能以数据点的位置表示数据的大小，还能以折线的上升或下降来表示数据的增减变化，并以折线的倾斜度来表示数据的变化幅度。

折线图可分为单式折线图和复式折线图两种类型，下面分别举例说明。

（1）单式折线图主要用于展现单个数据系列的变化趋势。例如，某电商个护品牌在新品上架后的第 3 天与某知名网络营销师合作推广了该商品。事后，为了分析该商品的销售情况，该商家统计了新品上架 7 日内的日成交量数据，并使用单式折线图对数据进行了可视化处理，如图 2-7 所示。

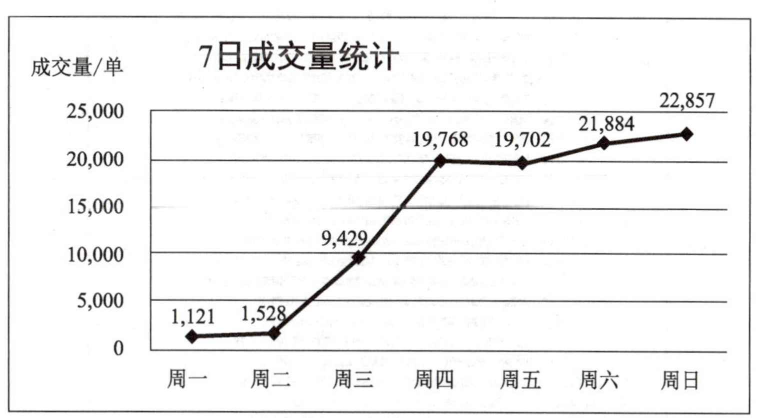

图 2-7　单式折线图

（2）复式折线图不仅可以展现多个数据系列的变化趋势，还能将多个数据系列进行对比。例如，某箱包店铺为了分析一周内店铺中的旅行箱、双肩背包和卡包的成单量，使用复式折线图对这三项数据进行了可视化处理，如图 2-8 所示。

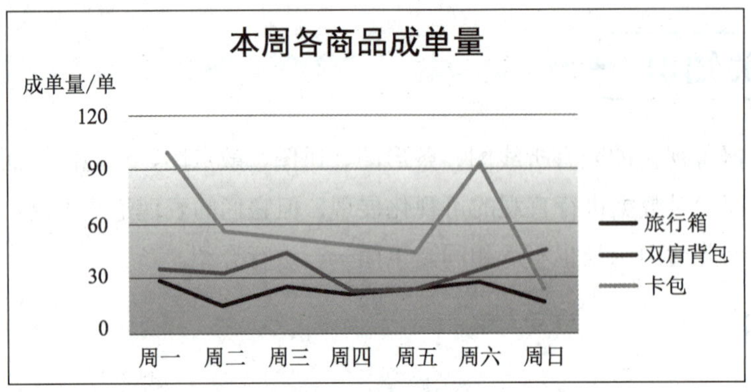

图 2-8　复式折线图

二、条形图

条形图是一种用宽度相同、长短不一的条形表示数据的可视化图表。条形图可以横置或纵置，适用于展现和比较并列关系的数据间的差异。

（1）横置条形图可较直观地反映并列关系的数据间的差异。因此，当某个数据集并不强调数据间的先后顺序时，就可使用横置条形图对其进行可视化处理。例如，某购物网站为了展现当日网站访客的来源，使用了横置条形图展示数据，如图 2-9 所示。

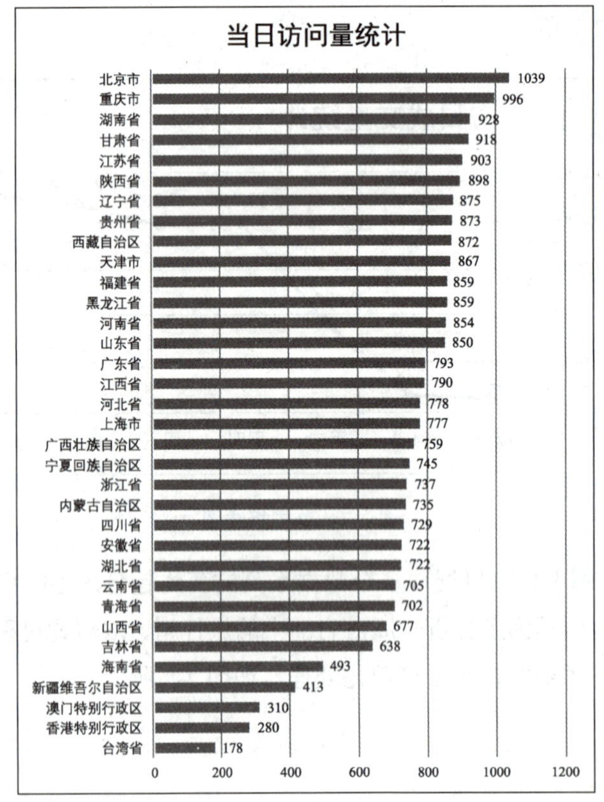

图 2-9　横置条形图

（2）当某个数据集中的多个并列关系的数据系列间有明显逻辑关系（如时间顺序）时，应使用纵置条形图（又称柱形图），并用其横坐标轴将逻辑关系标识出来，以在此基础上对数据进行可视化处理。例如，某商家统计了各年龄段员工的年龄和性别信息，并使用复式柱形图（即描述多个数据系列关系的柱形图）对这些数据进行了可视化，如图 2-10 所示。

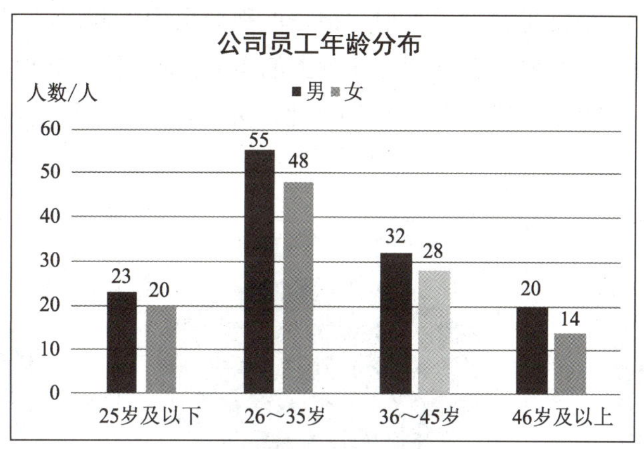

图 2-10　柱形图

（3）在需要同时展现并列关系的数据系列间的差异和数据整体变化趋势时，通常搭配使用柱形图与折线图组成组合图。例如，某连锁酒店统计了 2021 年各门店的收入数据及增长率，并使用组合图对数据进行了可视化处理，如图 2-11 所示。

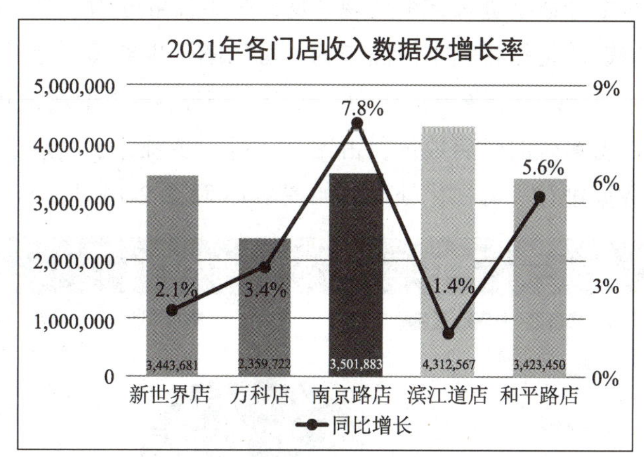

图 2-11　柱形图与折线图组成的组合图

提　示

在组合图中，折线图与条形图共用坐标轴。组合情况下，由于横置条形图的坐标轴与折线图不一致，两者很难共用坐标轴，故常使用柱形图与折线图组成组合图。

三、饼图

饼图又称扇形图，它用整个圆表示总数，用圆内扇形面积来表示数据大小及所占比例，十分适用于研究结构性问题，如店铺各商品销售额占比、商家收入来源的构成等。

饼图可分为基本饼图和复合饼图两种，下面分别举例说明。

（1）基本饼图是最常见的饼图类型，根据展现效果的不同，又可分为二维饼图、三维饼图和环形图三种。这三种饼图只存在视觉上的差异，对数据的展现效果几乎没有区别。例如，某公司统计了 2021 年各季度的盈利占比，并使用基本饼图对数据进行了可视化处理，如图 2-12 所示。

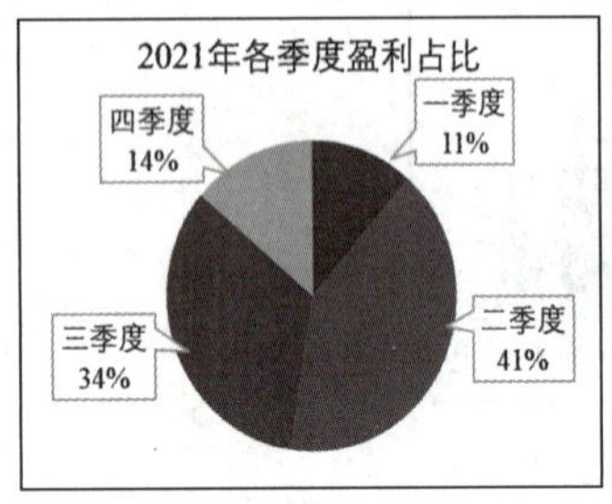

（a）二维饼图

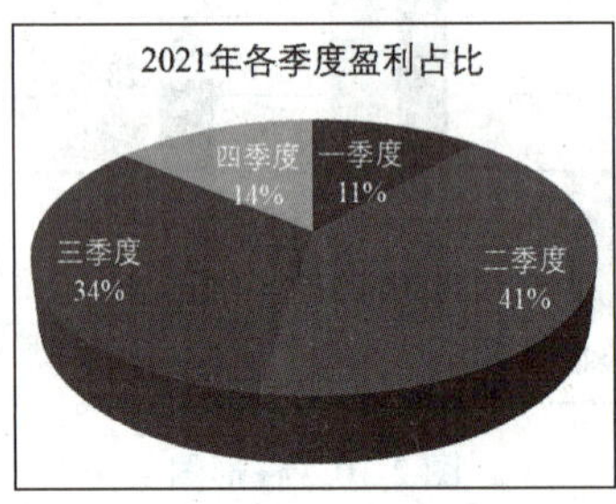

（b）三维饼图

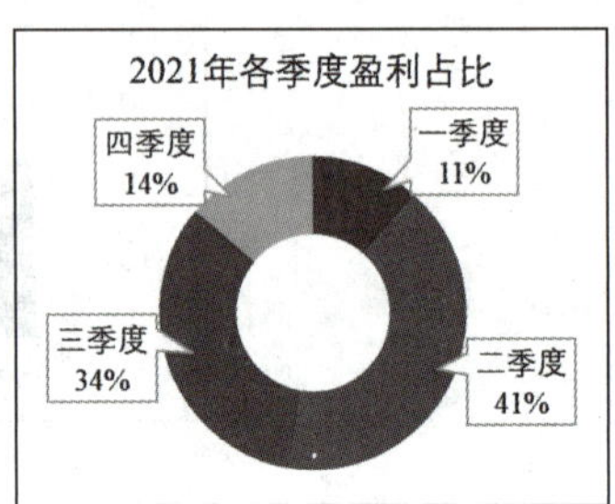

（c）环形图

图 2-12　基本饼图

（2）复合饼图是在基本饼图的基础上，为饼图中的某个扇形再次制作可视化图表，从而对数据集中某个数据系列进行详细展现。复合饼图又可分为子母饼图和复合条饼图两种。顾名思义，子母饼图是指将基本饼图作为“母”图，再嵌套一个基本饼图作为“子”图；而复合条饼图则是嵌套一个条形图作为“子”图。例如，某大型连锁超市统计了 2021 年华北地区各省、市、自治区的分店数量及占比，还进一步统计了北京市各区的分店数量，并使用复合饼图对数据进行了可视化处理，如图 2-13 和图 2-14 所示。

华北地区分店数量及占比统计

地区	分店数量（家）	北京市各区	分店数量（家）
北京市	147	海淀区	25
天津市	74	西城区	18
河北省	58	朝阳区	21
内蒙古自治区	49	东城区	20
山西省	36	丰台区	16
—	—	昌平区	19
—	—	其他区	28

华北地区分店数量及占比统计

天津市 20%　河北省 16%　内蒙古自治区 13%　山西省 10%　北京市 41%

东城区 6%　丰台区 4%　朝阳区 6%　昌平区 5%　西城区 5%　其他区 8%　海淀区 7%

图 2-13　子母饼图

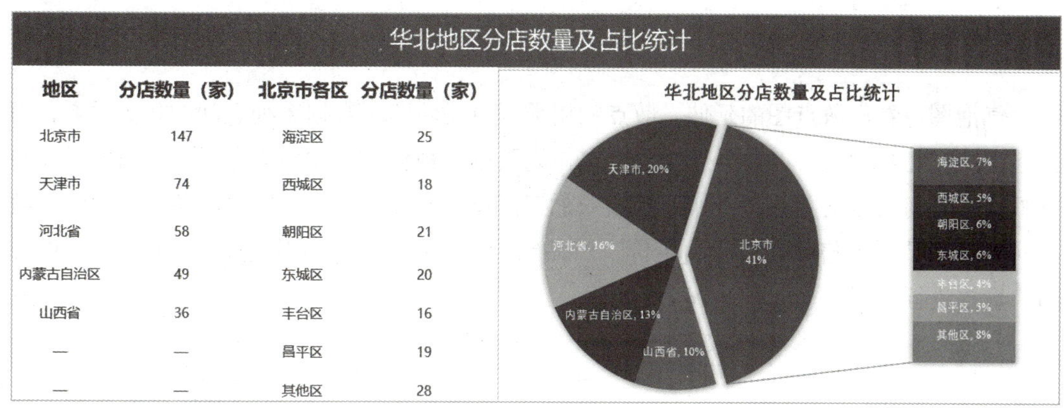

华北地区分店数量及占比统计

地区	分店数量（家）	北京市各区	分店数量（家）
北京市	147	海淀区	25
天津市	74	西城区	18
河北省	58	朝阳区	21
内蒙古自治区	49	东城区	20
山西省	36	丰台区	16
—	—	昌平区	19
—	—	其他区	28

图 2-14　复合条饼图

四、散点图

散点图也称 *X-Y* 图，它是一种描述两个数据系列相关关系的可视化图表。散点图适用于两组数据对应或相关的数据集中。绘制散点图时，通常是将一个数据系列作为直角坐标系中的 *X* 变量，另一个数据系列作为 *Y* 变量，并以数据点的形式将这两个数据系列展现在直角坐标系中。通过观察散点图上数据点的分布情况，可以推断出两个数据系列之间的相关关系，并据此选择合适的函数对数据集的整体趋势进行拟合和预测。

一般来说，散点图中两个数据系列间的相关关系包括线性相关、指数相关和对数相关等。因此，大部分数据点会相对密集并以某种趋势展现。例如，某电商网站统计了客户收货天数和对应满意度评分（最高为 5 分）的数据，并使用散点图对这两组数据进行了可视化处理，如图 2-15 所示。由图 2-15 可知，收货天数与满意度之间存在负相关关系，即收货天数越长，客户的满意度越低。

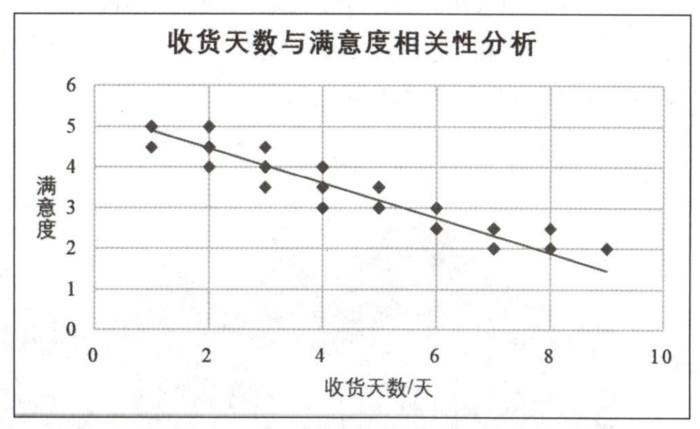

图 2-15　散点图

五、气泡图

气泡图可看作散点图的延伸。散点图用数据点反映两个数据系列之间的相关关系，而气泡图则在此基础上，将数据点的大小也作为数据可视化的描述要素之一，从而同时反映三组数据之间的相关关系。例如，某成衣加工厂统计了 2021 年秋季工厂各产品的销售数据（每种产品的销售数据由产品单价、产品销量和总销售额共同描述），并使用气泡图对销售数据进行了展示，如图 2-16 所示。

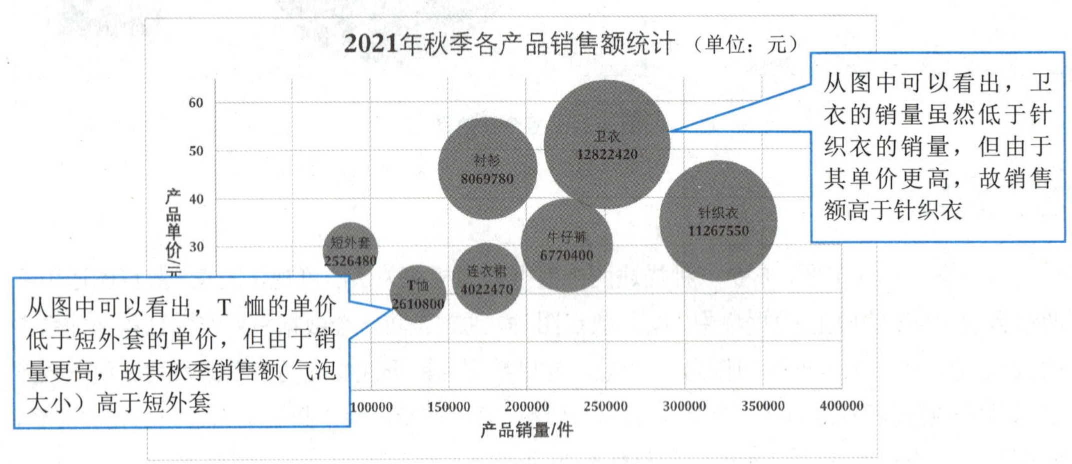

图 2-16 气泡图

六、面积图

面积图是一种展现多组数据之间结构关系及变化的可视化图表，适用于存在多组变化趋势相近，但变化区间不同的数据集中。绘制面积图的过程与绘制复式折线图大同小异，只要在复式折线图的基础上，将相邻两组数据折线之间的区域用特定颜色覆盖即可。例如，某家电专营店统计了 2021 年店内彩电、洗衣机和冰箱三大商品的各月销量数据，并使用面积图对数据进行了可视化处理，如图 2-17 所示。

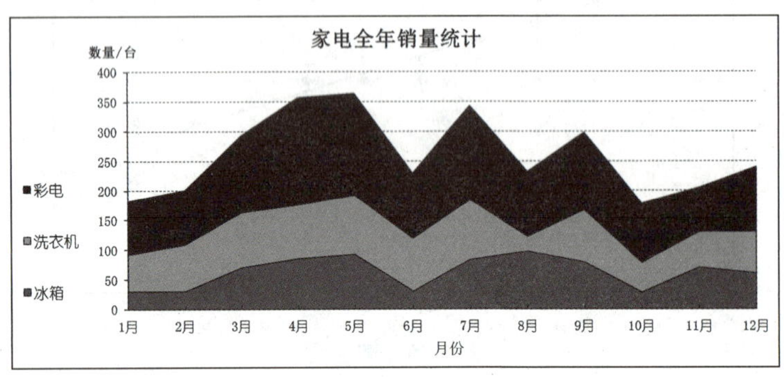

图 2-17 面积图

七、雷达图

雷达图又称网络图、蜘蛛图、星图等，它是一种描述研究对象多维度特征的可视化图表。雷达图打破了传统图表使用的直角坐标轴体系，它将研究对象的每个特征都作为一个一维坐标轴，各坐标轴采用相同的评价体系（通常为打分系统）。

雷达图的绘制较为简单，只需要分别从不同维度对研究对象进行评价，然后将评价结果以坐标点的形式依次体现在各坐标轴上，最后将坐标轴上的点连接起来即可。

雷达图可采用多项指标全面分析目标情况，在体现某事物的评价结果时非常完整、清晰和直观。例如，某电商平台从商品好评率、商品热度、店铺关注度、售后效率和物流速度5个维度建立了商家评价体系供客户参考，并使用雷达图对评价结果进行了可视化处理。该平台中两个同类型店铺（店铺A和店铺B）的评价雷达图如图2-18所示。

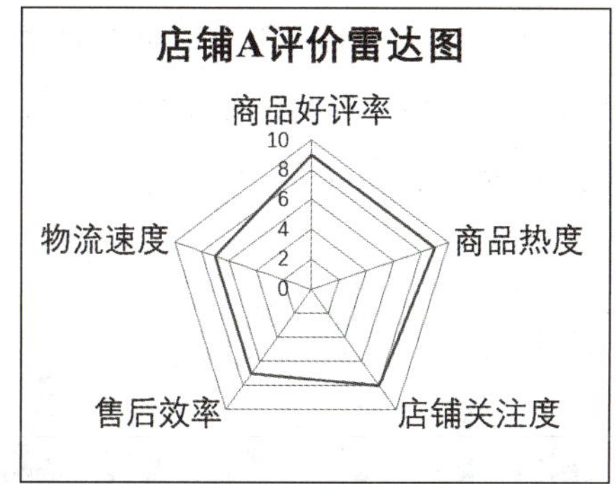

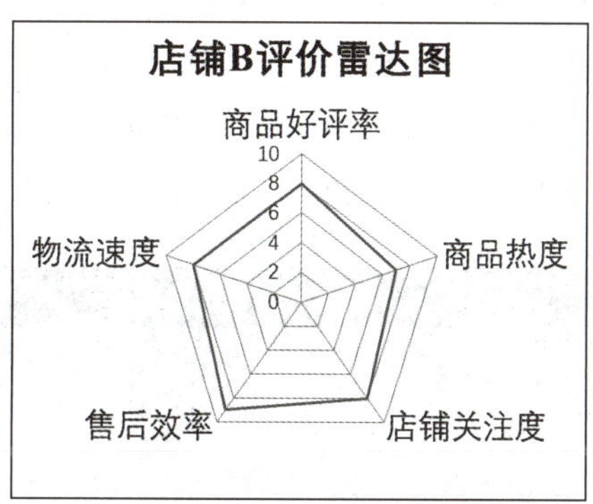

图2-18 雷达图

任务实施——分析数据可视化场景并制作数据可视化图表

本任务实施将根据下列不同场景的数据可视化需求，为其选择适用的图表类型并利用Excel制作数据可视化图表。

一、销售数据可视化

某连锁超市统计了三家分店2021年上半年各月的销售数据（见图2-19），并希望对这些销售数据进行可视化处理，以观察各分店每月销售额之间的差异。

分析数据可视化场景
并制作数据可视化图表

各分店2021年上半年销售情况			
			单位：万元
月份	中山大道店	天河北店	北京路店
一月	1117	1347	1082
二月	1418	1142	1077
三月	1438	1239	1044
四月	1317	1087	1022
五月	1226	1005	1087
六月	1708	1308	1134

图 2-19　某连锁超市三家分店 2021 年上半年各月的销售数据

步骤 1▶ 确定图表类型。该连锁超市三家分店的销售数据属于并列关系，因此，可使用条形图进行数据可视化处理。又因为每家分店的销售数据有着明显的时间顺序，所以，应使用纵置条形图（即柱形图）对这些数据进行可视化处理。

步骤 2▶ 打开本书配套素材“项目二”/“任务二”/“各分店销售情况.xlsx”工作簿。选中数据区域（即单元格区域 A2:D8），然后单击“插入”选项卡“图表”组中的“插入柱形图或条形图”按钮，在展开的下拉列表中选择“二维柱形图”组中的“簇状柱形图”选项（见图 2-20），在工作表中插入一个簇状柱形图，如图 2-21 所示。

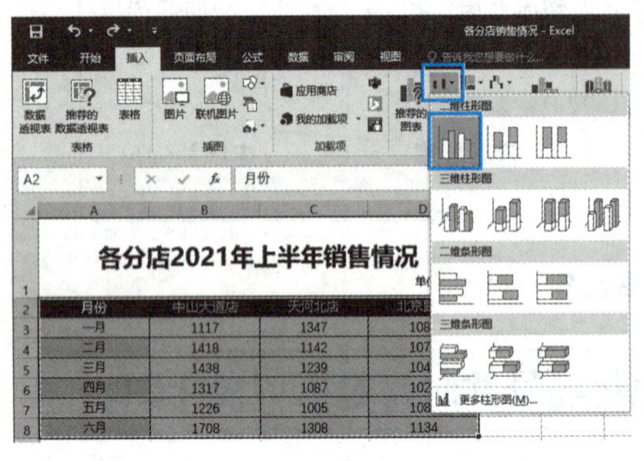

图 2-20　选择“簇状柱形图”选项

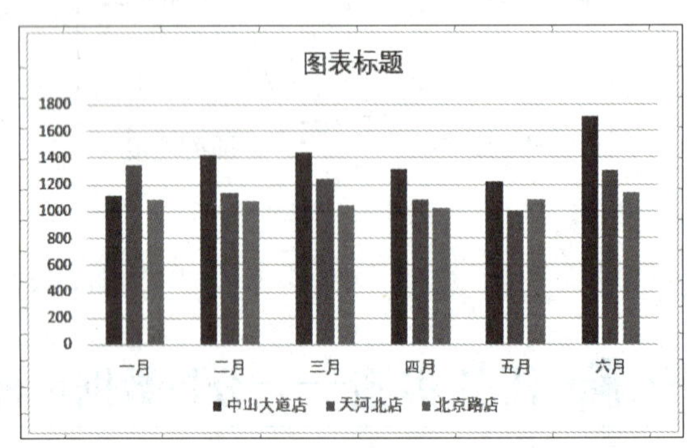

图 2-21　插入的簇状柱形图

步骤 3▶ 单击选中簇状柱形图，切换至“图表工具 设计”选项卡，然后单击“图表布局”组中的“快速布局”下拉按钮，在展开的列表中选择“布局 9”选项，为簇状柱形图应用此布局，效果如图 2-22 所示。

步骤 4▶ 双击簇状柱形图的纵坐标轴标题，打开“设置坐标轴标题格式”任务窗格并显示“标题选项”选项卡，切换至“文本选项”选项卡，然后单击“文本框”按钮，在“文本框”组的“文字方向”下拉列表中选择“竖排”选项，如图 2-23 所示。

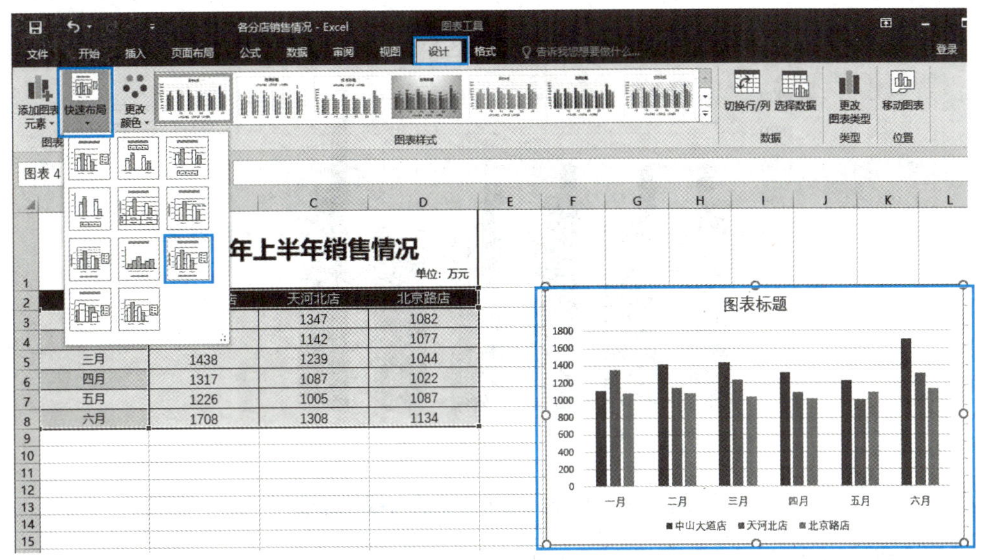

图 2-22　为簇状柱形图应用快速布局

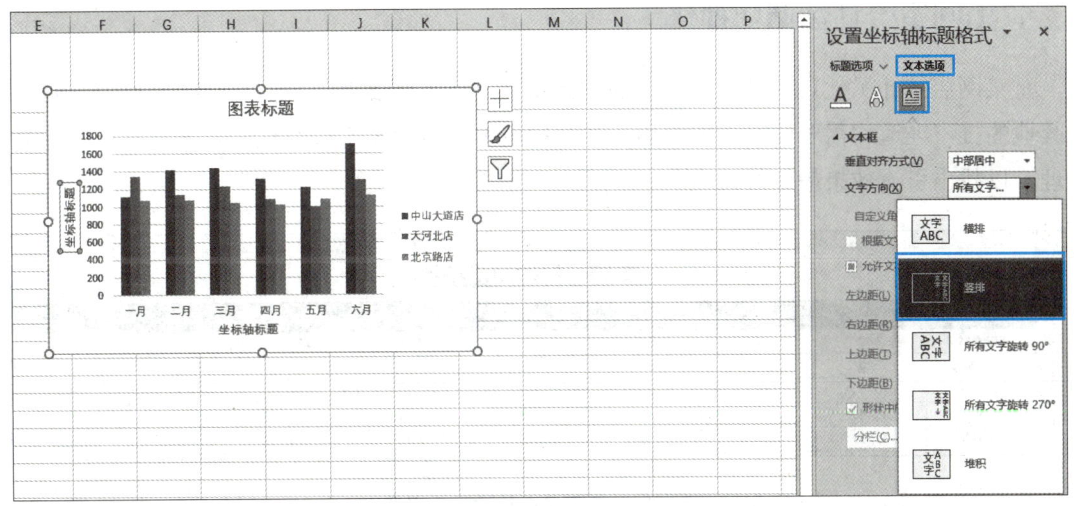

图 2-23　设置纵坐标轴标题的文字方向

步骤 5▶　将鼠标指针置于纵坐标轴标题编辑框上，当鼠标指针变为⟷形状时单击，按“Ctrl+A”组合键全选文本，然后按“Delete”键删除编辑框中的内容并重新输入文本“金额/万元”。

步骤 6▶　用同样的方法，将图表标题修改为“各分店 2021 年上半年销售情况”，然后选中横坐标轴标题，按“Delete”键将其删除。这样，该连锁超市各分店的销售数据可视化操作就完成了，如图 2-24 所示。

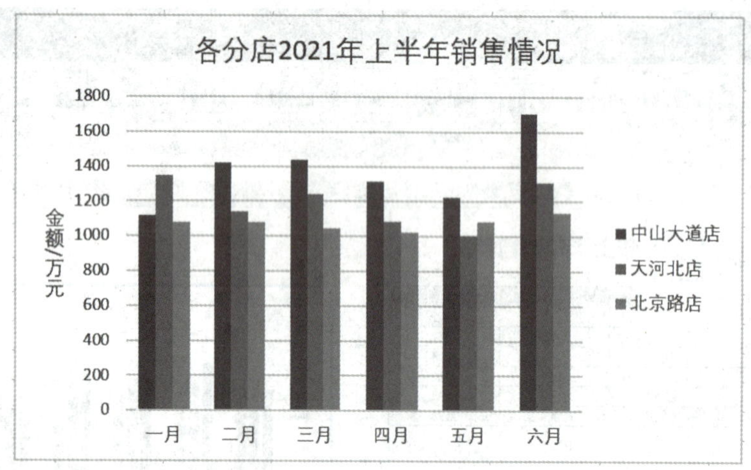

图 2-24　各分店销售数据的可视化图表

步骤 7▶　按“Ctrl+S”组合键保存当前工作簿。

二、访问量统计数据可视化

某网店统计了七日内各推广渠道的访问量数据（见图 2-25），除“自主搜索”渠道外，其他的推广渠道均需要商家承担费用。为节省成本，该商家希望对这些数据进行可视化处理，以找出引流效果最好的渠道。

本店七日访问量统计

单位：人次

	A	B	C	D	E	F	G	H	I
2	渠道	第1日	第2日	第3日	第4日	第5日	第6日	第7日	总计
3	自主搜索	880	464	710	735	1505	727	1909	6930
4	自媒体引流	910	238	583	301	532	319	381	3264
5	站外广告	376	932	940	804	788	345	554	4739
6	站内推荐	19446	16587	16114	17387	14107	11167	18106	112914
7	广告推荐	11183	16126	15833	7924	14888	16748	7424	90126

图 2-25　某网店七日访问量数据

步骤 1▶　确定图表类型。该网店的推广渠道可分为免费渠道和付费渠道两种，因此，可使用饼图展现这两种推广渠道对应的访问量与总访问量之间的占比关系。又因为付费渠道的种类较多，需要进一步详细展现这些数据，所以，应使用复合饼图中的子母饼图对这些数据进行可视化处理。

步骤 2▶　打开本书配套素材“项目二”/“任务二”/“访问量统计.xlsx”工作簿。选中单元格区域 A3:A7 和 I3:I7，然后单击“插入”选项卡“图表”组中的“插入饼图或圆环图”按钮，在展开的下拉列表中选择“二维饼图”组中的“子母饼图”选项（见图 2-26），工作表中会自动插入一个子母饼图，如图 2-27 所示。

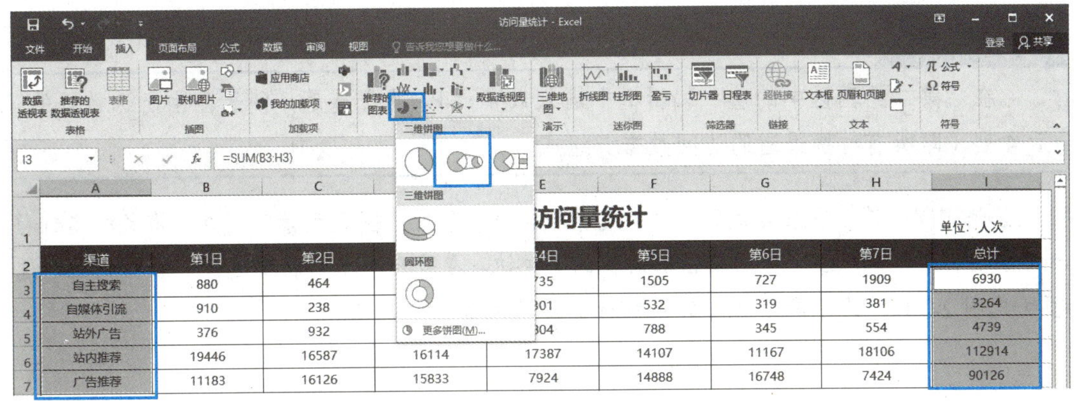

图 2-26　选择“子母饼图”选项

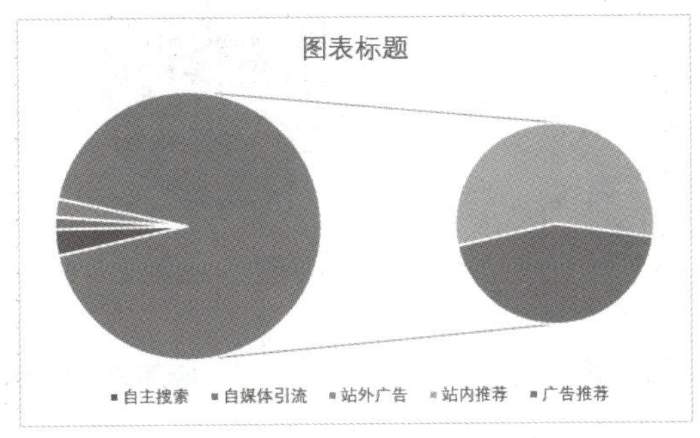

图 2-27　插入的子母饼图

步骤 3▶　右击子母饼图中的子图，在弹出的快捷菜单中选择“设置数据系列格式”选项（见图 2-28），打开“设置数据系列格式”任务窗格，删除“系列选项”组的“第二绘图区中的值”编辑框中的内容，输入数字“4”并按“Enter”键，如图 2-29 所示。

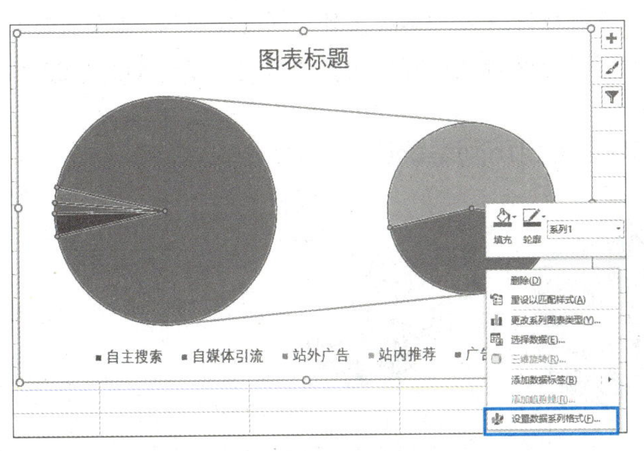

图 2-28　选择“设置数据系列格式”选项

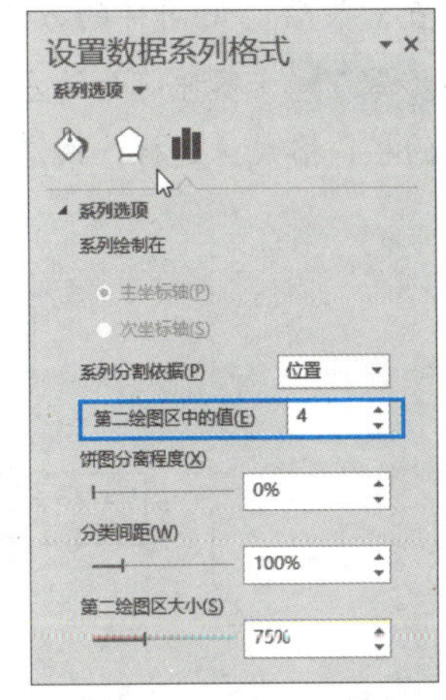

图 2-29　输入第二绘图区中的值

提 示

在“第二绘图区中的值”编辑框中输入数字“4”的含义是，使子图由所选数据的后 4 列（即所有付费渠道的访问数据）组成。

步骤 4▶ 单击图表右侧的“图表元素”按钮，展开“图表元素”列表，将鼠标指针移到“数据标签”选项上，然后单击其右侧的▸按钮，在展开的子列表中选择“数据标注”选项（见图 2-30），为子母饼图添加数据标签，效果如图 2-31 所示。

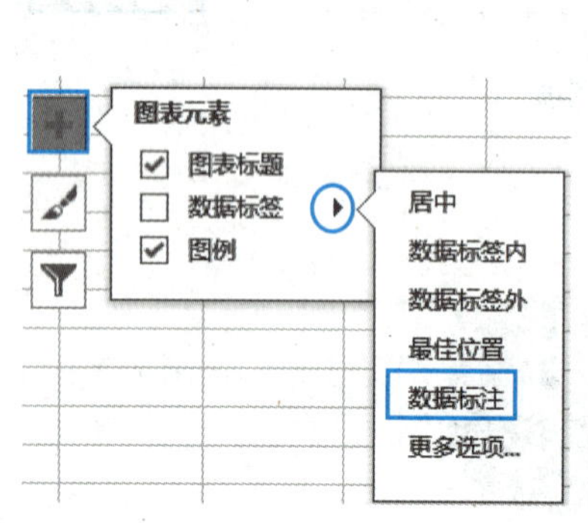

图 2-30 为子母饼图添加数据标签

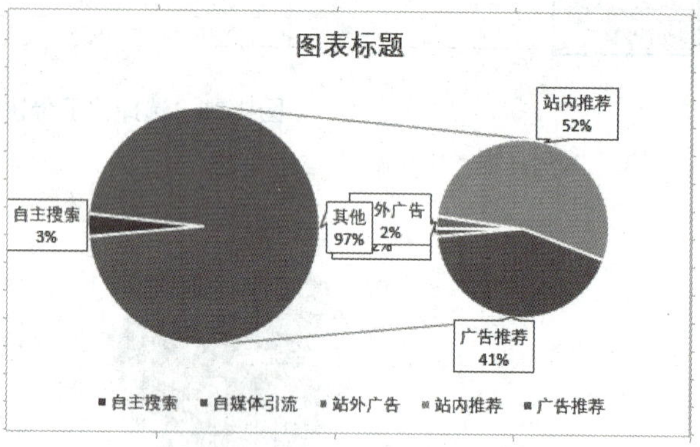

图 2-31 添加数据标签后的子母饼图

步骤 5▶ 单击图表，然后将鼠标指针置于子母饼图的左边框中心点，当鼠标指针变为⇔形状时按住鼠标并向左拖动，调整饼图的宽度。

步骤 6▶ 单击“其他 97%”数据标签的边框，然后将鼠标指针置于该数据标签上，当鼠标指针变为I形状时单击，删除“其他”文本，重新输入文本“付费渠道”，然后将鼠标指针置于该数据标签的边框，当鼠标指针变为✥形状时按住鼠标并拖动数据标签至合适的位置。最后，用同样的方法调整子母饼图上其他数据标签的位置。

步骤 7▶ 参考前面的方法将图表标题修改为“本店七日访问量统计”，并设置图表标题文本的字符格式。这样，该店铺七日访问量统计数据可视化操作就完成了，如图 2-32 所示。

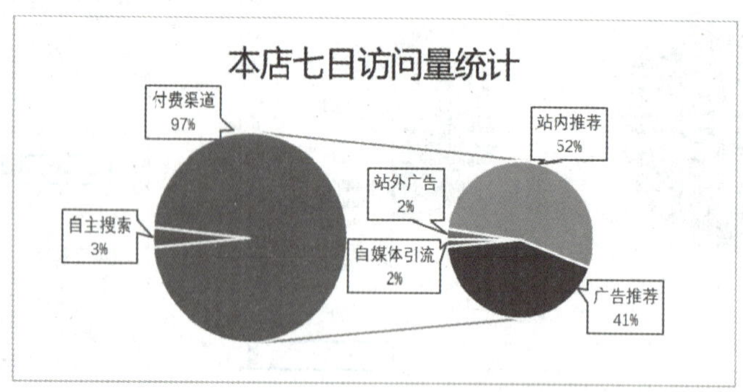

图 2-32 七日访问量统计数据可视化图表

步骤 8▶ 按“Ctrl+S”组合键保存当前工作簿。

三、各年营收数据可视化

某公司在2021年迎来了公司成立十周年，该公司希望将其各年的营收数据（见图2-33）进行可视化处理，以便在十周年庆典上向来宾展现营收数据的整体变化趋势。

公司各年营收

单位：万元

年份	营收
2012年	291
2013年	382
2014年	597
2015年	1102
2016年	1879
2017年	2980
2018年	4987
2019年	8720
2020年	8042
2021年	11346

图 2-33　某公司各年营收数据

步骤 1▶ 确定图表类型。该公司的各年营收数据属于同一类数据，因此，可使用折线图展现数据的整体变化趋势。又因为营收数据属于单一数据系列，所以，应使用单式折线图对这些数据进行可视化处理。

步骤 2▶ 打开本书配套素材“项目二”/“任务二”/“营收数据.xlsx”工作簿。选中单元格区域A2:B12，然后单击“插入”选项卡“图表”组中的“插入折线图或面积图”按钮，在展开的下拉列表中选择“二维折线图”组中的“折线图”选项（见图2-34），工作表中会自动插入一个折线图，如图2-35所示。

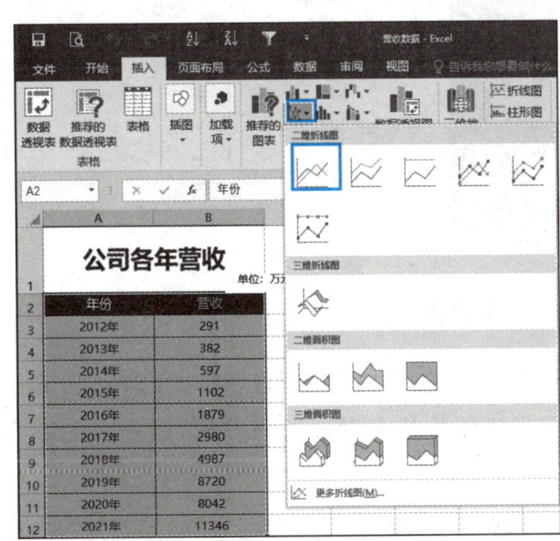

图 2-34　选择“折线图”选项

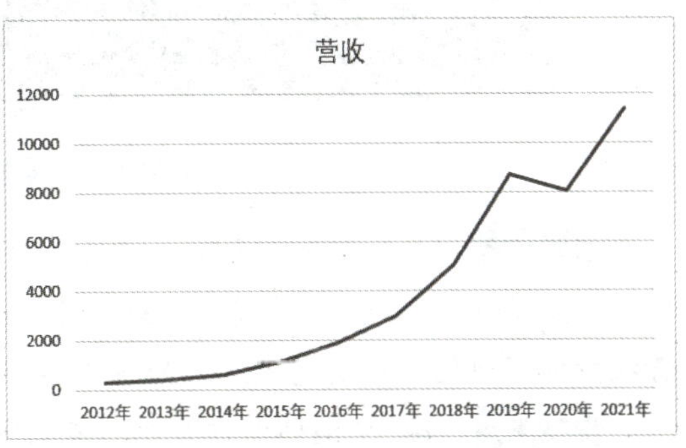

图 2-35　插入的折线图

步骤 3▶ 单击选中折线图，切换至“图表工具 设计”选项卡，单击“图表样式”下拉按钮，在展开的列表中选择“样式 12”，如图 2-36 所示。

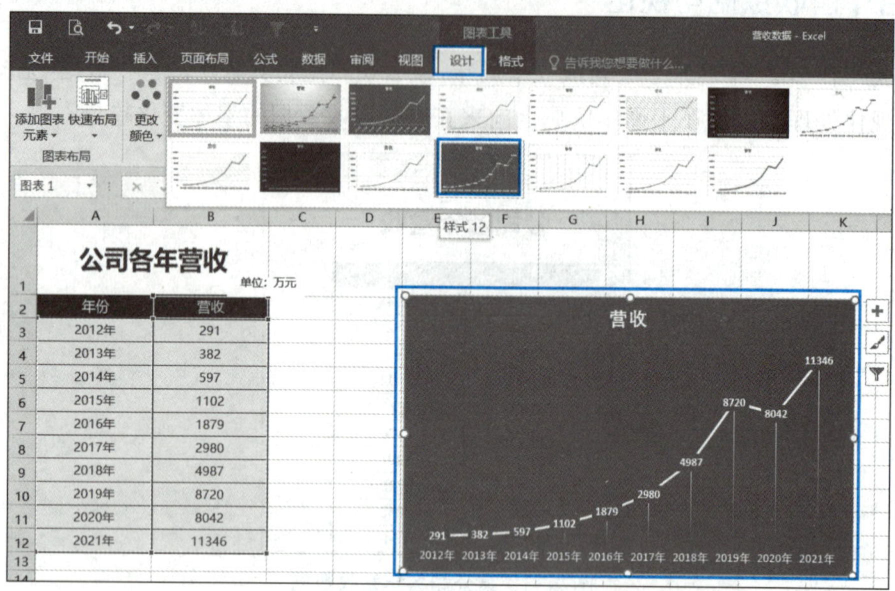

年份	营收
2012年	291
2013年	382
2014年	597
2015年	1102
2016年	1879
2017年	2980
2018年	4987
2019年	8720
2020年	8042
2021年	11346

图 2-36　修改折线图样式

步骤 4▶ 单击图表右侧的“图表元素”按钮，展开“图表元素”列表，将鼠标指针移至“坐标轴标题”选项上，然后单击其右侧的▶按钮，在展开的子列表中选择“主要纵坐标轴”选项，如图 2-37 所示。

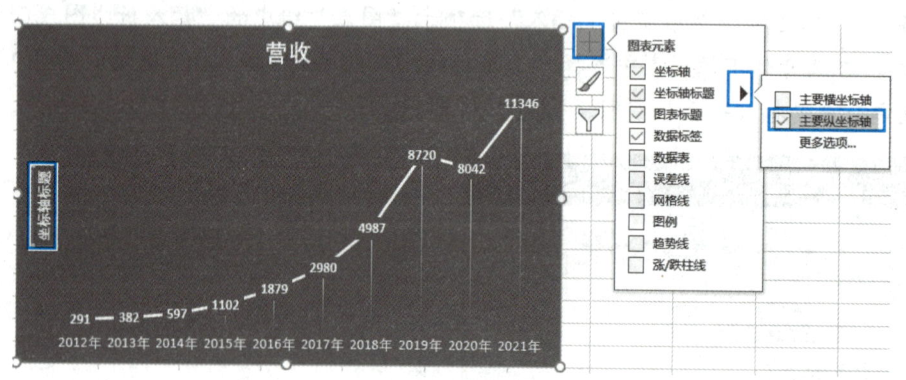

图 2-37　添加纵坐标轴标题

步骤 5▶ 参考前面的方法，将折线图纵坐标轴标题的文字方向修改为竖排，内容修改为“金额/万元”，并将折线图的图表标题修改为“公司各年营收”。这样，该公司的各年营收数据可视化操作就完成了，如图 2-38 所示。

步骤 6▶ 按“Ctrl+S”组合键保存当前工作簿。

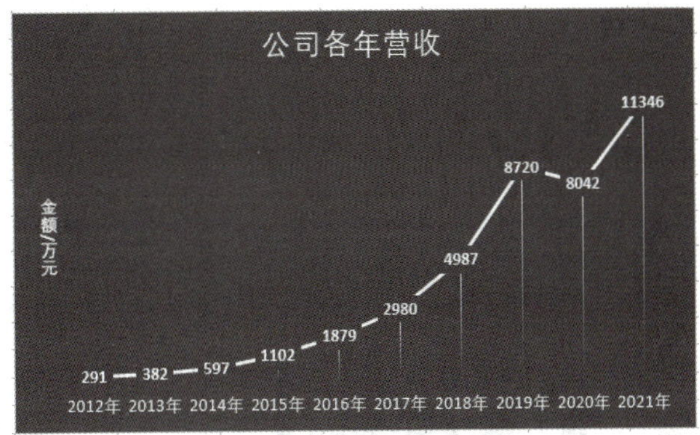

图 2-38　公司各年营收数据的可视化图表

任务三　了解商务数据可视化分析方法

任务导入

进行商务数据可视化的重要目的之一是向读者清晰地展现数据分析成果。由于阅读水平和能力的不同，很多读者对于相同图表的解读不尽相同。那么，是否存在更好、更透彻地阅读和分析数据可视化图表的方法呢？答案是肯定的。本任务就带领大家了解几种常用的商务数据可视化分析方法。

相关知识

一、图表的主要元素

图形是图表中的主干内容，也是大部分读者解读图表时重点查看的对象，而图表标题、坐标轴、坐标轴标题、网格线、图例等图表元素却很容易被读者忽视。但是，这些元素中往往包含着解读图表的重要线索，是观察图表时不容忽视、不可或缺的部分。以柱形图为例，它的主要元素如图 2-39 所示。

（1）图表标题用于描述图表展现的数据主题，并大致说明图表对数据的展现侧重，如分布、趋势、变化等，可帮助读者快速把握图表的中心内容。

（2）坐标轴分为水平坐标轴和垂直坐标轴两种。一般来说，水平坐标轴用于展现数据类别，而垂直坐标轴则用于展现数据的值。通过坐标轴，读者可快速明确数据系列和极值两大关键要素。

（3）网格线是坐标轴上刻度线的延伸，可帮助读者快速定位图形中某点对应的准确值或大致位置（取决于网格线的精度），从而使图表更加清晰易读。

（4）图例通常出现在复式图表中，用于说明每种颜色所代表的数据系列。

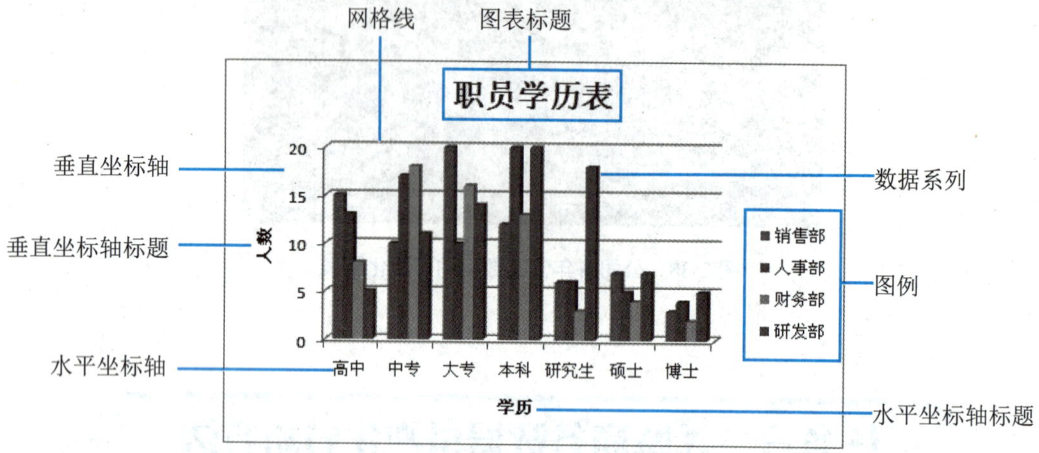

图 2-39　图表的主要元素

二、常用的识图方法

一般来说，常用的识图方法包括添加辅助线、找差异、看趋势、找特殊点、找关系等。

（一）添加辅助线

在可视化图表中添加辅助线可起到去除干扰、强化差异等作用，让读者更加清楚地认识数据的发展规律和特征。例如，某商家统计了某款商品 7 月的日成交量，并使用柱形图对数据进行了可视化处理。可视化后的柱形图中的柱形多达 31 个，且这些柱形有高有低，读者在阅读这张图表时可能会应接不暇，一时无法对图表进行准确描述。因此，可在这张图表中添加辅助线，如图 2-40 所示。

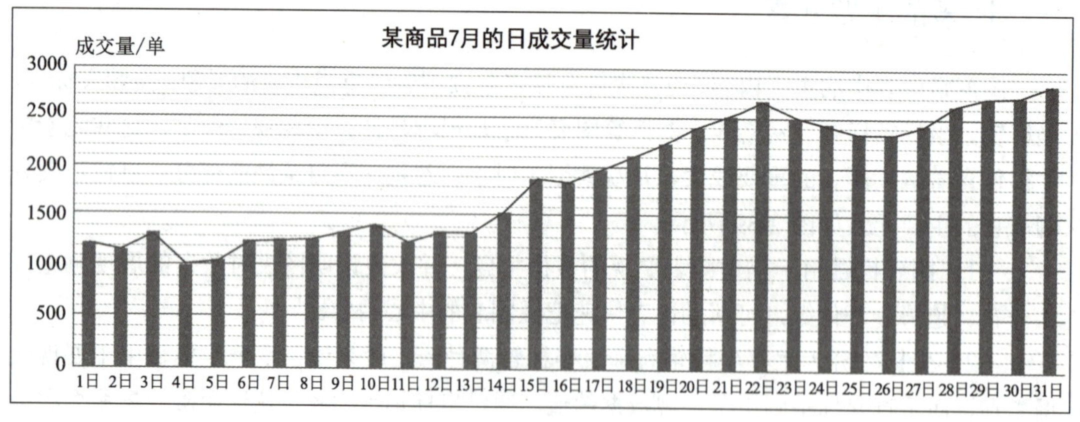

图 2-40　为图表添加辅助线

添加辅助线后的图表兼具柱形图和折线图的优势。由图 2-40 可知，该商品 7 月的日成交量虽然存在一定波动，但整体呈现稳定增长的态势。

（二）找差异

数据可视化可将事物的变化具体直观地表现成图形倾斜度的变化、长短或面积的增减等差异。因此，对比可视化图表中图形的差异，即可分析出其对应数据的变化特点和发展方向。

例如，某母婴用品店铺统计了上半年店铺各月的总访问量与成交量，并使用复式折线图对这两项数据进行了可视化处理，如图 2-41 所示。

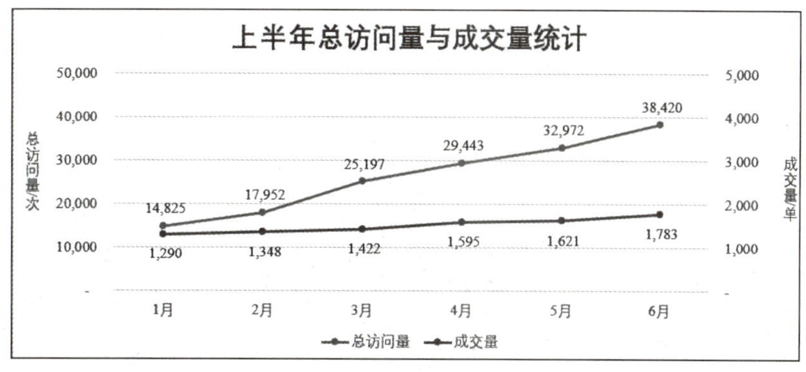

图 2-41　某店铺总访问量与成交量复式折线图

由图 2-41 可知，该店铺半年内的总访问量与成交量整体均呈上升趋势，但总访问量与成交量的折线倾斜度却存在较大差异。该店铺虽然获得了越来越多的访问量，但成交量的增长幅度却远不如访问量，这导致该店铺的成交转化率（即成交量与总访问量的比值）反而呈现下降趋势。

值得一提的是，并非利用可视化图表得出数据变化的结论后，分析就到此为止了，找到变化背后的驱动要素才是数据分析的最终目的。例如，上述店铺进一步分析了成交转化率下降的原因，发现可能是该店铺的客服人员不足导致客户服务体验下降，因而流失了相当一部分客户。该店铺及时增设客服人手后，成交转化率果然开始上升。

提　示

在查找分析图表中图形的差异时，不能因为某个差异十分微小就将其忽略，更不能为了得出预期结论而对反常差异（如散点图中远离数据点集群的异常点）视而不见。事实上，一些微小或者反常的差异往往是发现事物变化特点和发展方向的关键，应当引起高度重视。

（三）看趋势

可视化图表既可以反映事物在某一阶段的局部变化，又可以反映事物整体的变化趋势，如缓慢上升、持续波动、急剧下降等。观察图表中图形的变化趋势，不仅能得出研究对象当下的发展规律，还能推演出其过去的发展情况、要素和原因，以及研究对象未来将朝着什么方向发展等信息。

分析可视化图表的趋势时，可通过观察初始值、极值、中值等关键节点，找到数据分布的特征，从而更加准确地理解数据，并挖掘出数据所对应事物的发展规律。例如，某线上数码商城统计了网站日均访问量的时段分布数据，并使用柱形图对数据进行了可视化处理，如图 2-42 所示。

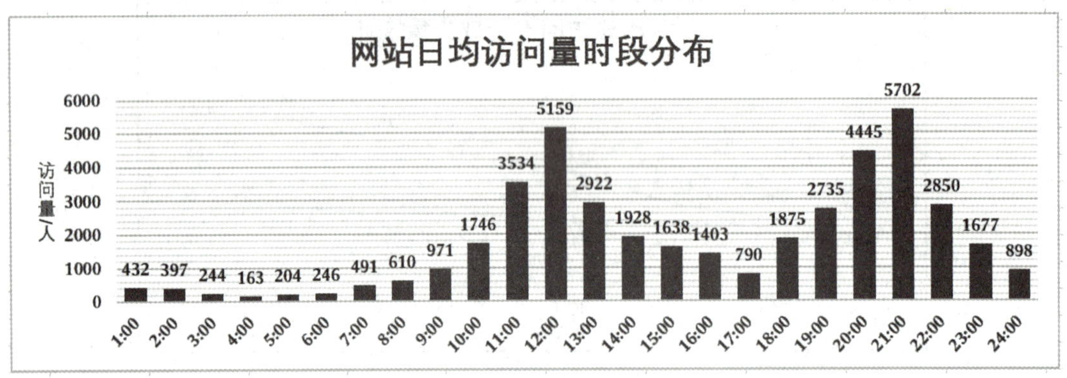

图 2-42　网站日均访问量时段分布柱形图

由图 2-42 可知，该线上数码商城的日均访问量的极值位于 21:00 这一时段，此外，12:00 这一时段的日均访问量同样很高。因此，可将这两个时段看作网站访问量的高峰时段。该商城若要提高商品销量，可重点在 12:00 和 21:00 这两个时段内进行广告投放、活动推广、商品引流等操作。

（四）找特殊点

在可视化图表中，转折点、拐点等特殊点是非常重要的分析节点。事物的发展都有惯性，而转折点和拐点扭转了事物常规发展的惯性，让事物的发展完全转向另外一个方向，这需要强大的力量。通过分析转折点和拐点，能够认识这种强大的力量。例如，若商家的销售额出现爆发式增长，那么从其可视化图表（以折线图为例）中必然可以看到一条或多条倾斜度很大且呈现正相关趋势的折线，这些折线可以反映出销售额开始增长的具体时间、增长幅度等信息，从而可以分析该时间节点上发生的可能影响销售额的事件或因素，如营销力度、媒体热点、大促活动等。

例如，某店铺统计了店内某款水杯近 15 日的成交量数据，并使用折线图进行了可视化处理，如图 2-43 所示。由图 2-43 可知，该水杯的成交量从第 7 日开始出现爆发式增长，到

第 9 日达到顶峰，后续各天的成交量虽然逐渐下降，但仍然遥遥领先于前 6 日的日均成交量。

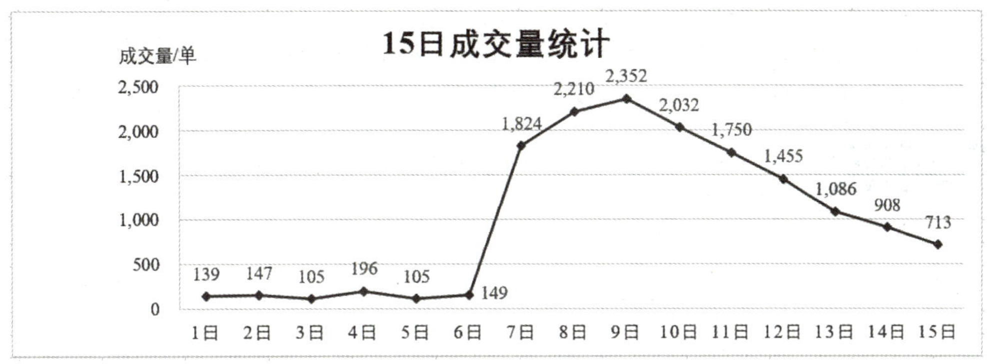

图 2-43　某款水杯 15 日的成交量折线图

分析后得知，该款水杯为奥运女乒冠军陈梦在 2021 年全运会期间使用的同款水杯，这款水杯曾因造型巨大引发网友热议，成为当时媒体竞相报道的一个热点。商家抓准这一媒体热点，在该款水杯的商品详情页中添加了“陈梦同款”的关键词，从而使该款水杯成了“爆款”。后续随着热点热度的下降，水杯的成交量也逐渐下滑。

（五）找关系

通过数据可视化找到数据之间的关系通常是较容易做到的。例如，通过散点图能够明显看出数据的分布状况，从而直观地判断数据之间是否是相关关系、相关性有多高、随机误差的影响有多大等。

例如，某零食店铺统计了店内不同价格零食的好评度，并利用散点图将评价数据进行了可视化处理，如图 2-44 所示。

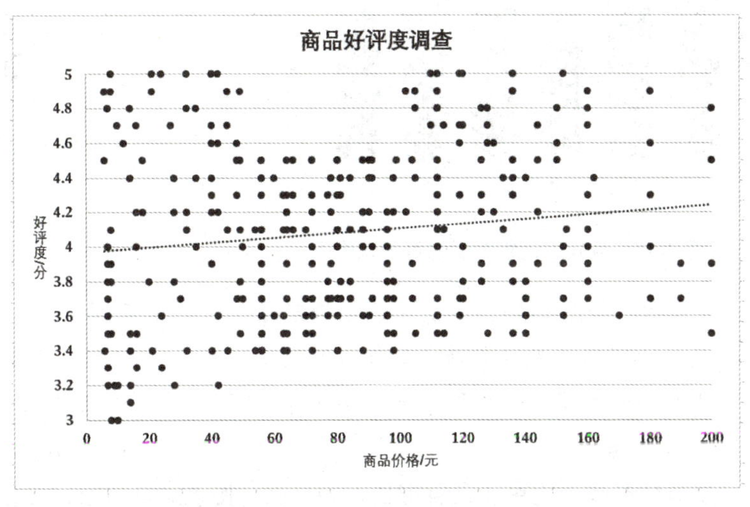

图 2-44　某店铺商品好评度数据散点图

由图 2-44 可知，该店铺各类零食的好评度与零食的价格之间存在正相关关系，即价格越高的零食，获得好评的概率越大。

值得一提的是，上述 5 种识图方法并不是非此即彼的关系，在实际的数据分析过程中，常常需要综合使用这些方法，以得出具有参考和指导价值的结论。

课堂互动

请使用上述识图方法，分别对图 2-7 至图 2-18 中的可视化图表进行分析并得出相关结论。

任务实施——分析可视化图表

本任务实施将利用任务三“相关知识”中介绍的识图方法，对任务二中制作的 3 幅可视化图表进行分析。

一、销售数据可视化图表分析

步骤 1▶ 打开本书配套素材“项目二”/“任务三”/“各分店销售情况.xlsx”工作簿，查看其中的可视化图表，如图 2-45 所示。

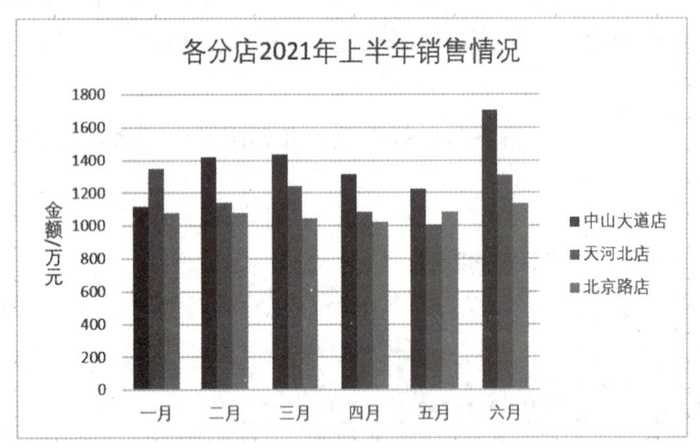

分析可视化图表

图 2-45　各分店销售数据的可视化图表

步骤 2▶ 找差异。由图 2-45 可知，中山大道店除一月的销售额低于天河北店外，其余各月均遥遥领先；北京路店表现欠佳，其各月的销售额在三家分店中位列榜尾。因此，可得出结论：该大型连锁超市 2021 年上半年各分店的销售总额由高到低依次为中山大道店、天河北店、北京路店。

步骤 3▶ 添加辅助线。选中复式柱形图，切换至“图表工具 设计”选项卡，在“图表布局”组中单击“添加图表元素”下拉按钮，在展开的列表中选择“趋势线”/“线性”

选项，如图 2-46 所示。

步骤 4▶ 打开“添加趋势线”对话框（见图 2-47），在“添加基于系列的趋势线”列表中选择“中山大道店”选项，然后单击“确定”按钮，即可为复式柱形图中的“中山大道店”数据系列添加线性趋势线，如图 2-48 所示。

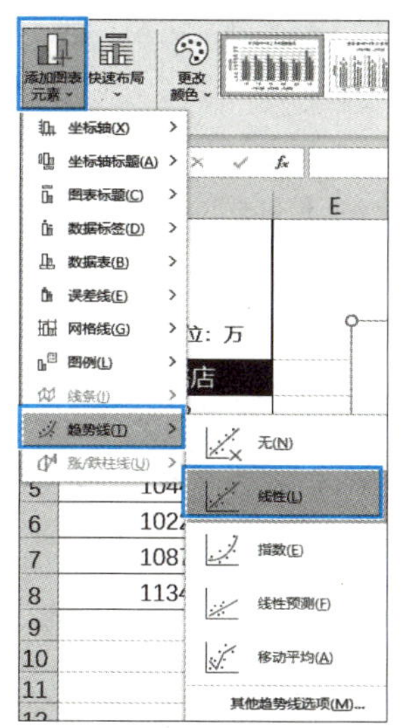

图 2-46　选择“线性”选项

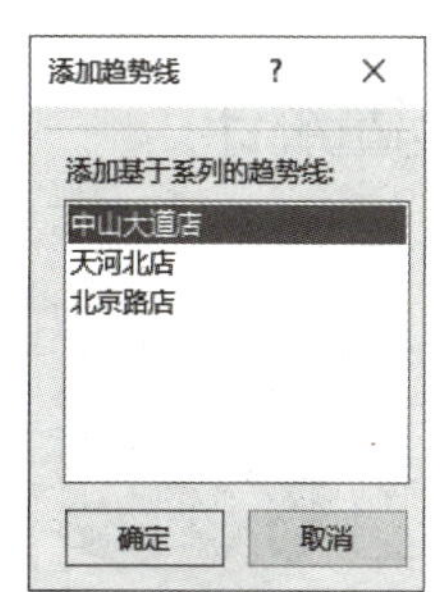

图 2-47　“添加趋势线”对话框

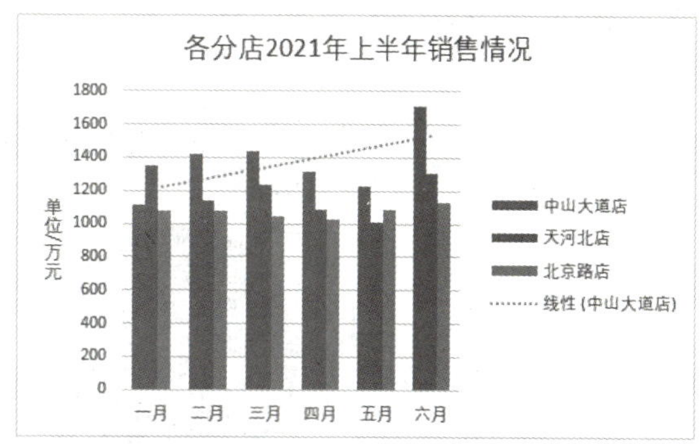

图 2-48　添加线性趋势线

步骤 5▶ 使用相同的方法，为其余两个数据系列添加线性趋势线，最终效果如图 2-49 所示。

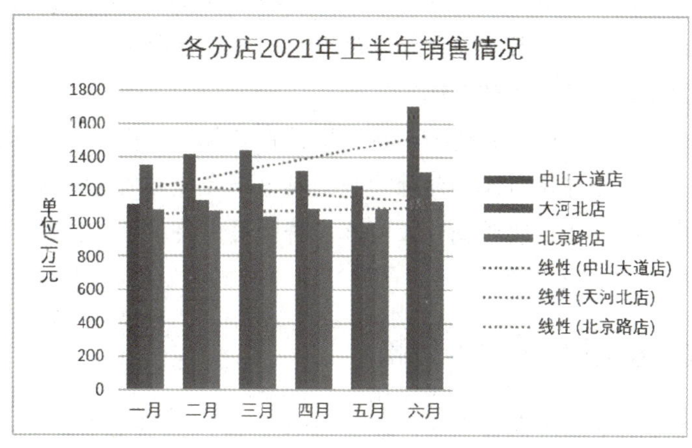

图 2-49　为各数据系列添加线性趋势线

步骤 6▶ 看趋势。观察三家分店的线性趋势线，可发现 2021 年上半年，中山大道店的销售额呈增长趋势，天河北店的销售额则呈下降趋势，北京路店的销售额变化趋于平稳。因此，可得出结论：该大型连锁超市 2021 年上半年各分店的销售额由高到低依次为中山大道店、北京路店、天河北店。

步骤 7▶ 结合上述两个结论，为该连锁超市提出以下建议。

三家分店中，中山大道店的营业形势最好，下半年应继续保持；虽然天河北店当下的销售额位列第二，但应及时排查经营和管理漏洞，优化营销策略，避免下半年出现营业额持续下滑的情况；北京路店下半年应在现有营业体系下寻求业绩提高方法（如推出促销酬宾活动，向中山大道店学习经验等），以提高下半年的销售额。

二、访问量统计数据可视化图表分析

步骤 1▶ 打开本书配套素材“项目二”/“任务三”/“访问量统计.xlsx”工作簿，查看其中的可视化图表，如图 2-50 所示。

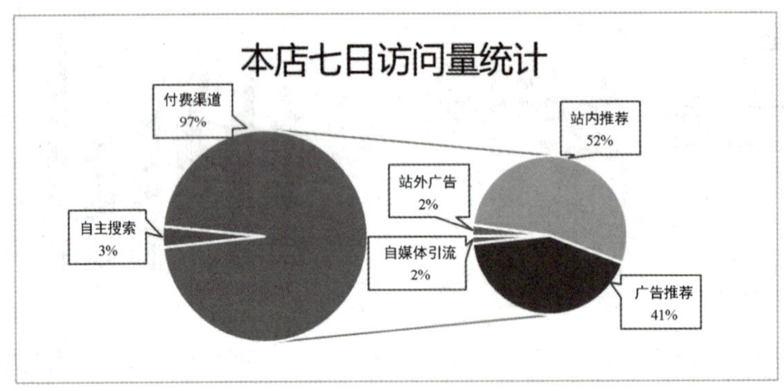

图 2-50　七日访问量统计数据可视化图表

步骤 2▶ 找差异。由图 2-50 可知，该店铺各推广渠道中，“自主搜索”这一免费渠道仅占 3%，而付费渠道占 97%。在付费渠道中，站内推荐和广告推荐所占的比例最高，两者相加的引流数量占到了总量的 93%。

步骤 3▶ 找关系。通过了解可知，在所有付费渠道中，广告推荐和站内推荐属于平台内部的推广渠道，而自媒体引流和站外广告则属于平台外部的推广渠道。由此可得出结论：平台内部的推广渠道性价比较高，该商家应将费用主要用于这些推广渠道，并适当削减平台外部的推广渠道的成本预算。

三、各年营收数据可视化图表分析

步骤 1▶ 打开本书配套素材“项目二”/“任务三”/“营收数据.xlsx”工作簿，查看其中的可视化图表，如图 2-51 所示。

步骤 2▶ 看趋势。由图 2-51 可知，除 2020 年外，该公司各年的营收均较上年呈增长趋势，尤其是 2017—2019 年，该公司的营收情况呈现加速增长态势。因此可得出结论：该公司成立十年来业绩蒸蒸日上、营收节节攀升，整体呈稳定快速增长态势。

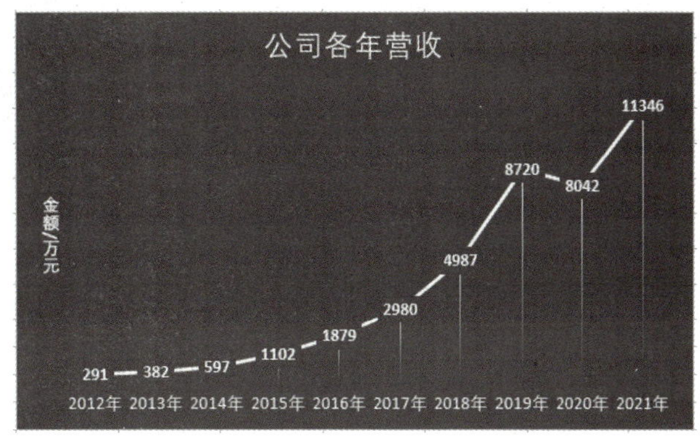

图 2-51　公司各年营收数据的可视化图表

步骤 3▶ 看特殊点。由图 2-51 可知，2020 年是该公司成立十年来唯一营收下滑的一年，应将该点作为特殊点进行重点分析。经过思考不难发现，产生这一特殊点的原因就是 2020 年席卷全球的新型冠状病毒肺炎疫情。在疫情这一大背景下，各行各业都遭受了不同程度的打击，该公司也不例外，但次年该公司就再度实现了营收的增长。因此可得出结论：该公司在面临突发事件和全球风险时具有十分出色的应对和恢复能力。

项目实训——制作并分析 Excel 数据可视化图表

商品销售表是商品销售情况的记录与统计，使用可视化图表可以将销售数据更直观地展现出来，方便用户从不同角度进行查看和比较。打开本书配套素材“项目二”/“项目实训”/“服装销售表.xlsx”工作簿，制作各门店销售数据对比图表（效果见图 2-52），并对销售数据进行分析。

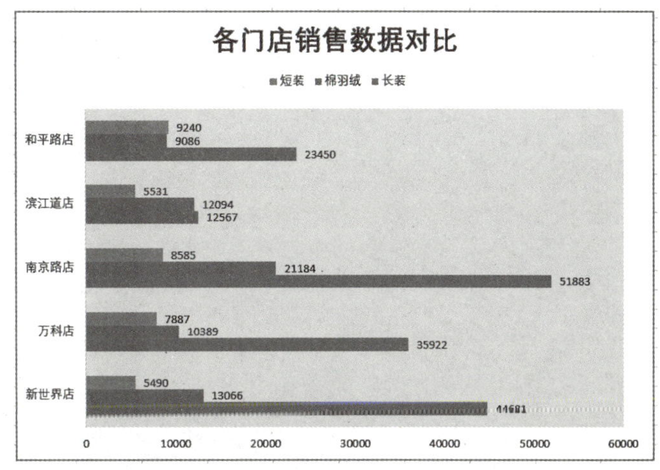

图 2-52　各门店销售数据对比图表

（1）选中“门店数据”工作表中的单元格区域 A1:D6，插入复式条形图。

（2）更改图例位置，将其置于图表的顶部，并删除网格线、添加数据标签。

（3）更改图表标题，调整图表的大小和位置，并对图表进行适当美化。

（4）利用找差异、看趋势、找关系等识图方法，分析可视化图表，并得出具有参考价值的结论。

项目三

行业数据分析

项目导读

行业是指从事国民经济中同性质的生产、服务或其他经济社会活动的经营单位或个体等构成的组织结构体系。行业之于商家，犹如水之于鱼。

因此，商家若想在行业中长足稳定地发展下去，就需要充分认识其所处行业的发展环境、供需形式、产业结构、行业竞争形式及行业前景等，并将这些信息应用到商家营销策略的制定和调整中。

学习目标

知识目标：了解市场数据分析和竞争对手分析的基本概念；掌握市场数据的采集内容和常用采集方法；熟悉竞争对手分析的步骤和方法。

能力目标：能够利用不同途径采集市场数据，并使用 Excel 中的数据透视表和数据透视图分析市场数据；会使用生意参谋识别和分析竞争对手，并得出具有参考价值的结论。

素质目标：培养全局战略眼光，秉持“知行合一”理念，增强诚实守信意识；树立公平竞争意识，培养自主创新观念。

任务一 市场数据分析

任务导入

对于商家而言，如果没有事先了解市场的相关情况就盲目入“局”，或仅凭主观想法制定自身的经营策略，就难以获得回报，甚至可能造成亏损。因此，及时获取与分析市场数据是商家在行业中立于不败之地的重要法宝。本任务就带领大家了解市场数据分析的相关知识。

相关知识

一、市场数据分析的意义

市场数据分析是指运用恰当、科学的方法对采集到的市场数据进行多方位分析的过程。对于商家而言，通过市场数据分析，能够掌握当前调研市场的行业趋势、市场容量和市场潜力等信息，从而帮助自身准确选择合适的入市时机，制定有效的营销策略。

（1）行业趋势是指行业所处的生命周期及面临的机遇和风险，掌握行业趋势能够帮助商家更好地了解行业的发展现状和未来发展趋势，从而评估自身在行业的发展空间与盈利空间。

知识链接

行业的生命周期包括萌芽期、爆发期、稳定期、衰退期等，可类比为人类的婴儿期、少年期、壮年期、老年期。现实中的任何行业都处于其生命周期的某一阶段，不同阶段蕴藏着不同的机遇和风险。例如，处于萌芽期的行业通常机遇较多、竞争相对缓和，但由于尚未形成稳定的市场格局和成熟的商业模式，行业中的各商家需要“摸着石头过河”，风险与机遇并存；又如，处于衰退期的行业通常具有稳定的市场格局和成熟的商业模式，但往往行业机遇较少、竞争压力较大，且盈利空间十分有限。

（2）市场容量是指某一行业的子行业分布和资源配置情况等信息，掌握市场容量信息能够帮助商家明确自身在市场中有无经营机会或能否扩大份额，从而制定有利于自身的营销策略和销售目标。

知识链接

子行业是某个行业下更加细分的若干个行业。例如，女装行业包括连衣裙、T恤、毛衣、半身裙、衬衫、裤子等子行业。

（3）市场潜力是指行业及其子行业的发展前景。如果一个市场没有恶性竞争，利润空间较高，这个市场就属于高潜力市场（常称为蓝海市场）；如果一个市场中竞争激烈，利润空间日益缩减，这个市场就属于低潜力市场（常称为红海市场）。

为了便于理解，可将市场形象地比作一个蛋糕，并引入“蛋糕指数”这一指标来衡量市场潜力。蛋糕指数的计算公式如下：

蛋糕指数 = 市场容量 ÷ 卖家数

一般来说，蛋糕指数越大，市场潜力越大，但市场潜力大的市场不一定就是蓝海市场。具体来说，蛋糕指数和市场潜力的关系如下：

- ✧ **蛋糕指数大，市场容量大**　当前市场为蓝海市场，该行业/子行业十分值得进入。
- ✧ **蛋糕指数大，市场容量小**　当前市场的商家少，竞争较为缓和，但由于市场容量小，商家还需结合行业趋势数据进一步确认该行业/子行业是否值得进入。
- ✧ **蛋糕指数小，市场容量大**　当前市场为红海市场，竞争较为激烈，但由于市场容量大，因此商家若具有竞争优势，可考虑进入该行业/子行业。
- ✧ **蛋糕指数小，市场容量小**　当前市场竞争激烈，且发展前景不佳，该行业/子行业不值得进入。

二、市场数据采集

市场数据采集是市场数据分析前的关键环节，采集数据的质量高低是市场数据分析最终结果准确与否的关键。在市场数据采集工作中，需要注意采集内容和采集方法这两大基本要素。

（一）市场数据的采集内容

市场中的各个环节错综复杂，且每时每刻都在产生大量数据，若要采集市场整体数据，不仅工作流程异常复杂，耗时耗力，而且“一网打尽”所有数据是不可能的。为此，在采集市场数据时，应着重采集宏观的，体系化的，价值高且能体现行业趋势、市场容量和市场潜力的数据。

一般来说，市场数据的采集内容主要包括行业趋势数据、行业构成数据和卖家概况数据。

（1）行业趋势数据通常包括一段时间内行业的访问人气、浏览热度、收藏人气及热度、加购人气及热度，以及这些数据指标的涨跌情况等。

（2）行业构成数据通常包括一段时间内各子行业市场中的交易指数、交易增长幅度指数、支付金额较父行业占比指数、支付子订单数较父行业占比，以及各指数涨跌情况等。

（3）卖家概况数据通常包括一段时间内各子行业市场中的卖家数、卖家占比、卖家排行、有交易卖家数、父行业有交易卖家占比等。

（二）市场数据的采集方法

由于市场数据数量庞大，人们通常会采用抽样的方法采集部分市场数据，并通过分析这些数据一窥市场发展的全貌。抽样采集数据的方法虽然大大减少了数据采集的工作量，但也要求数据必须具有极高的客观性和代表性，这使得选对数据采集方法变得异常重要。

常用的市场数据采集方法包括访问法和调查法，下面一一进行介绍。

（1）访问法是市场数据采集最常用的一种方法，它是将需要采集的数据以问题的形式呈现给受访者，并根据受访者的回答获取所需要数据的方法。

访问法可分为面对面访问、电话访问、问卷调查等形式。其中，面对面访问能直接获取受访者的意见，采集的是一手数据，真实性较高，但耗时较长，效率较低，工作量较大；电话访问的速度快、成本低，但如今人们对陌生来电的警惕性较高，这使得电话访问的成功率和数据采集效率较低，且调查结果不具有普遍性；问卷调查不仅速度快、成本低，而且形式多样（书面、在线均可），采集效率很高，是一种十分理想的市场数据采集方法。

课堂互动

请以小组为单位，选择一个想要了解的市场，针对该市场中的不同场景设计一份市场调研问卷。

（2）调查法是利用搜索引擎等信息检索工具对电商平台、权威组织或专业市场调研机构公开发布的市场数据进行调查和搜集的方法。例如，使用生意参谋“市场洞察”版块中的“市场大盘”功能查看数据，或搜集国家统计局、商务部、各行业协会等权威机构定期发布的市场调研结果，以及阿里研究院、腾讯研究院和 Gartner 公司等调研机构发布的市场研究报告等。

使用调查法采集市场数据是一种高效便捷、省时省力的方法，但采集的数据为二手数据，因此数据的准确性很大程度上取决于机构的可靠性和权威性，若采集的数据来源不明，则数据查证工作会十分麻烦。因此，在使用调查法采集市场数据时，应尽量确保数据来源的可靠性和权威性。

提　示

访问法和调查法是数据分析领域十分典型的数据采集方法，在进行其他类型数据（如客户数据、商品数据）的采集工作时，这两种方法同样适用。

三、市场数据分析方法

市场数据通常规模庞大，种类较多，分析市场数据的方法也有很多。本任务重点介绍使用 Excel 的数据透视表和数据透视图进行市场数据分析的方法。

（1）数据透视表是一种能够对大量数据进行快速分类汇总的交互式表格，用户可以通过调整其行或列的位置来查看对数据源的不同汇总，还可以利用筛选器或通过显示不同的行、列标签来筛选数据。

（2）数据透视图的作用与数据透视表相似，不同的是它可以将数据以图形的方式表示出来。数据透视图通常有一个使用相同布局的相关联的数据透视表，两个图表中的字段相互对应。

任务实施——分析女装市场数据

本任务实施将利用上文介绍的市场数据分析方法和生意参谋、Excel 等工具，采集并分析行业趋势数据、行业构成数据和卖家概况数据，并总结出女装市场的行业趋势、市场容量和市场潜力。

一、采集市场数据

步骤 1▶ 登录生意参谋，切换至“市场”版块，选择“市场大盘”功能，如图 3-1 所示。

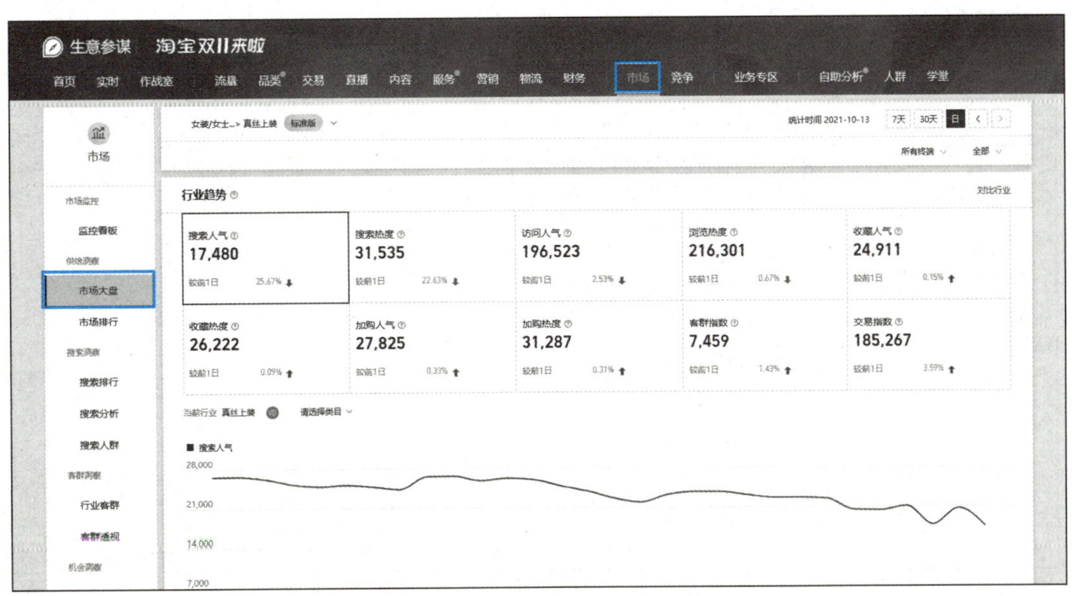

图 3-1　“市场大盘”界面

步骤 2▶ 在“市场大盘”界面左上角的行业下拉列表中取消“真丝上装”二级类目的默认选中状态，仅选择“女装/女士精品”一级类目，如图 3-2 所示。

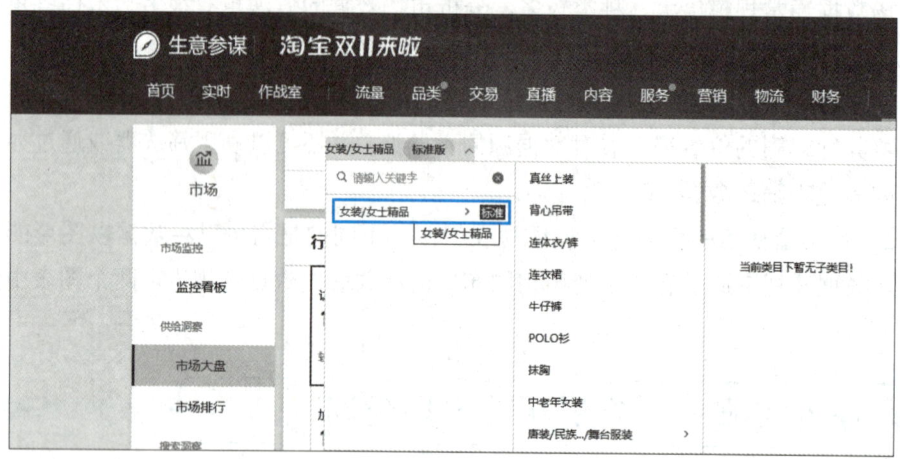

图 3-2 选择“女装/女士精品”一级类目

步骤 3▶ 采集行业趋势数据。选择完成后，“行业趋势”面板的数据区域会默认显示女装市场当日的访问人气、浏览热度、收藏人气等行业趋势数据，下方默认显示女装市场访问人气数据近 30 天的变化折线图，如图 3-3 所示。

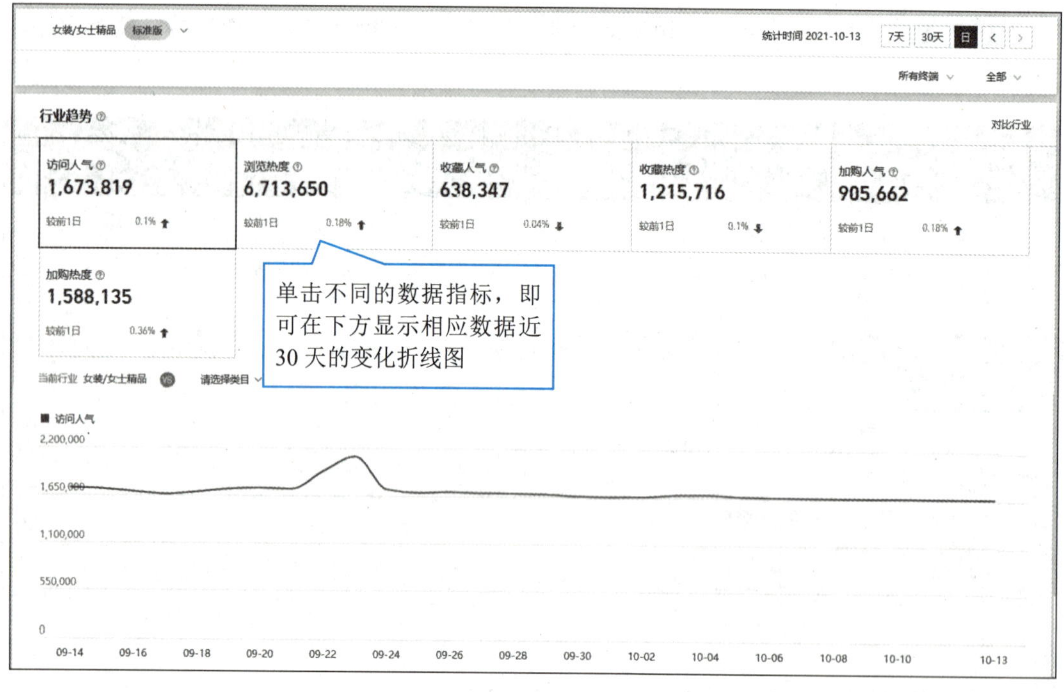

图 3-3 女装市场当日的行业趋势数据变化折线图

步骤 4▶ 采集行业构成数据。单击“市场大盘”界面右上角的“30 天”按钮，在“行业趋势”面板下方的“行业构成”面板中可看到女装市场的所有子行业，以及各子行业近 30 天的交易指数、交易增长幅度指数等行业构成数据，如图 3-4 所示。

行业构成

子行业	交易指数	交易增长幅度指数	支付金额较父行业占比指数	支付子订单数较父行业占比	操作
连衣裙 较前 30 日	18,913,873	-15.88%	3.05% -1.37%	8.73% -1.56%	趋势
毛针织衫 较前 30 日	17,041,653	+8.78%	1.77% 0.09%	9.33% 0.81%	趋势
裤子 较前 30 日	15,278,648	+4.14%	1.35% -0.04%	11.49% 0.24%	趋势
套装/学生校服/工作制服 较前 30 日	10,318,443	+0.32%	0.83% -0.29%	4.90% -0.63%	趋势
毛呢外套 较前 30 日	10,064,632	+110.78%	0.77% 0.32%	1.71% 0.92%	趋势
卫衣/绒衫 较前 30 日	9,748,992	+13.61%	0.69% 0.13%	7.38% 1.11%	趋势
短外套 较前 30 日	8,440,714	+7.51%	0.64% 0.03%	4.14% 0.27%	趋势
牛仔裤 较前 30 日	8,387,748	+0.85%	0.63% -0.18%	6.50% -0.35%	趋势
衬衫 较前 30 日	8,354,873	-23.60%	0.62% -0.45%	6.13% -1.32%	趋势
T恤 较前 30 日	8,339,879	-17.83%	0.59% -0.35%	10.18% -1.73%	趋势

每页显示 10 条　　〈上一页　1　2　3　4　下一页〉

在此下拉列表中可选择每页显示的子行业条目

图 3-4　女装市场近 30 天的行业构成数据

提　示

交易指数是生意参谋在一个统计周期内对行业中商品的订单数、买家数、支付件数、支付金额等核心指标进行综合计算得出的数值，它可反映行业的交易情况，但不等同于交易金额。

交易增长幅度指数是指行业在当前统计周期的交易指数与上一个周期的交易指数相比的变化。交易增长幅度指数越高，代表交易指数增长越快。

拓展阅读

在“行业构成”面板中，单击某个子行业（如羽绒服）“操作”列中的“趋势”链接文字，即可查看当前子行业近 30 天的行业趋势变化折线图，如图 3-5 所示。

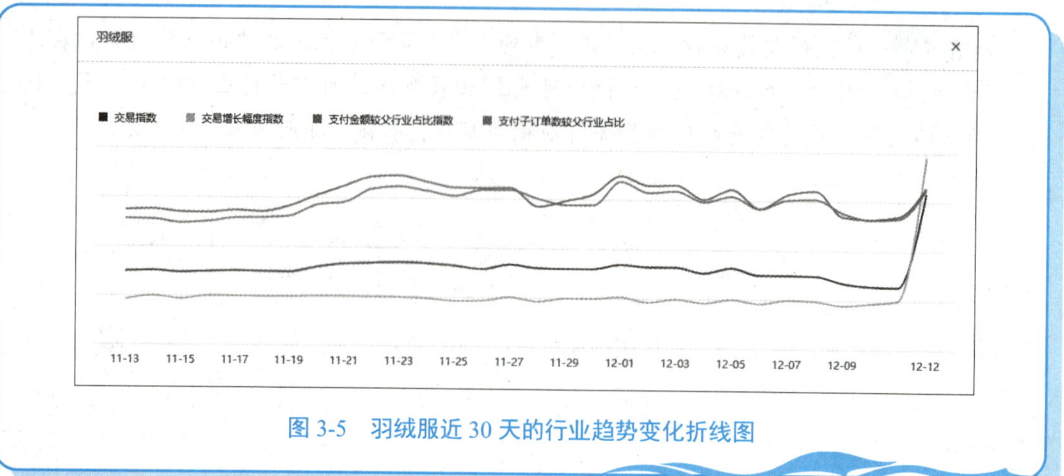

图 3-5 羽绒服近 30 天的行业趋势变化折线图

步骤 5▶ 在 Excel 中新建一个工作簿，将默认的工作表 Sheet1 重命名为“行业构成数据”，然后将“行业构成”面板中的数据复制到工作表中并进行整理，如图 3-6 所示。

子行业	交易指数	交易增长幅度指数	支付金额较父行业占比指数	支付金额较父行业占比指数涨跌情况	支付子订单数较父行业占比	支付子订单数较父行业占比涨跌情况	时间
连衣裙	18,913,873	-15.88%	3.05%	-1.37%	8.73%	-1.56%	30天
毛针织衫	17,041,653	8.78%	1.77%	0.09%	9.33%	0.81%	30天
裤子	15,278,648	4.14%	1.35%	-0.04%	11.49%	0.24%	30天
套装/学生校服/工作制服	10,318,443	0.32%	0.83%	-0.29%	4.90%	-0.63%	30天
毛呢外套	10,064,632	110.78%	0.77%	0.32%	1.71%	0.92%	30天
卫衣/绒衫	9,748,992	13.61%	0.69%	0.13%	7.38%	1.11%	30天
短外套	8,440,714	7.51%	0.64%	0.03%	4.14%	0.27%	30天
牛仔裤	8,387,748	0.85%	0.63%	-0.18%	6.50%	-0.35%	30天
衬衫	8,354,873	-23.60%	0.62%	-0.45%	6.13%	-1.32%	30天
T恤	8,239,879	-17.83%	0.59%	-0.35%	10.18%	-1.73%	30天
大码女装	8,213,053	0.62%	0.59%	-0.21%	5.78%	-0.27%	30天
毛衣	6,126,999	36.56%	0.36%	0.20%	3.77%	1.54%	30天
半身裙	5,971,322	2.96%	0.35%	-0.05%	4.37%	0.21%	30天
皮草	5,946,235	116.03%	0.35%	0.22%	0.47%	0.27%	30天
羽绒服	5,942,752	115.36%	0.34%	0.22%	1.18%	0.64%	30天
西装	5,798,894	-24.90%	0.33%	-0.35%	1.74%	-0.52%	30天
风衣	5,722,828	-21.45%	0.32%	-0.32%	1.39%	-0.23%	30天
中老年女装	4,544,013	10.04%	0.22%	0.01%	1.65%	0.07%	30天
婚纱/旗袍/礼服	4,541,522	-0.33%	0.22%	-0.10%	0.95%	-0.04%	30天
马夹	3,996,448	16.32%	0.20%	0.02%	1.56%	0.31%	30天

行业构成数据

图 3-6 采集近 30 天的行业构成数据（部分）

提 示

为确保数据可用于数据透视表，在创建数据源时要做到以下几点：

（1）数据源中没有空行和空列。

（2）数据源中没有自动小计。

（3）数据源的第 1 行中包含列标签。

（4）数据源每列中只包含一种类型的数据，而不是文本与数字的混合。

步骤 6▶ 用同样的方法，分别采集“行业构成”面板中近 7 天和当日的数据，并以相同的格式将其整理到工作表“行业构成数据”中。

步骤 7▶ 采集卖家概况数据。参考步骤 5 至步骤 6 的方法，新建工作表 Sheet2，将其重命名为“卖家概况数据”，然后将“行业构成面板”下方的“卖家概况”面板中近 30 天、近 7 天和当日的子行业分布数据复制到该工作表中并进行整理，如图 3-7 所示。

步骤 8▶ 保存 Excel 工作簿，将其命名为“女装市场数据.xlsx”。

	A	B	C	D	E	F
1	子行业	卖家数	父行业卖家数占比	有交易卖家数	父行业有交易卖家数占比	时间
2	连衣裙	965,684	52.37%	146,186	32.59%	30天
3	T恤	903,647	49.00%	133,196	29.69%	30天
4	裤子	827,649	44.88%	137,233	30.59%	30天
5	套装/学生校服/工作制服	711,302	38.57%	96,918	21.60%	30天
6	衬衫	682,156	36.99%	108,055	24.09%	30天
7	半身裙	608,728	33.01%	85,642	19.09%	30天
8	毛针织衫	605,499	32.84%	109,154	24.33%	30天
9	卫衣/绒衫	563,106	30.54%	105,427	23.50%	30天
10	短外套	559,701	30.35%	95,856	21.37%	30天
11	牛仔裤	540,982	29.34%	72,298	16.12%	30天
12	背心吊带	434,168	23.54%	52,186	11.63%	30天
13	大码女装	385,880	20.93%	34,772	7.75%	30天
14	蕾丝衫/雪纺衫	376,023	20.39%	37,812	8.43%	30天
15	毛衣	360,577	19.55%	73,071	16.29%	30天
16	西装	350,510	19.01%	56,149	12.52%	30天
17	唐装/民族服装/舞台服装	318,833	17.29%	28,608	6.38%	30天
18	风衣	297,544	16.14%	52,981	11.81%	30天
19	马夹	280,874	15.23%	50,372	11.23%	30天
20	毛呢外套	271,354	14.72%	52,190	11.63%	30天
21	婚纱/旗袍/礼服	236,485	12.82%	16,857	3.76%	30天

行业构成数据　卖家概况数据

图 3-7　采集卖家概况数据（部分）

二、分析市场数据

（一）利用生意参谋分析行业趋势

步骤 1▶ 在生意参谋“市场大盘”界面，单击右上角的“30 天”按钮，然后在“行业趋势”面板的数据区域中查看女装市场近 30 天的行业趋势数据，并在其下方查看访问人气数据的变化折线图，如图 3-8 所示。

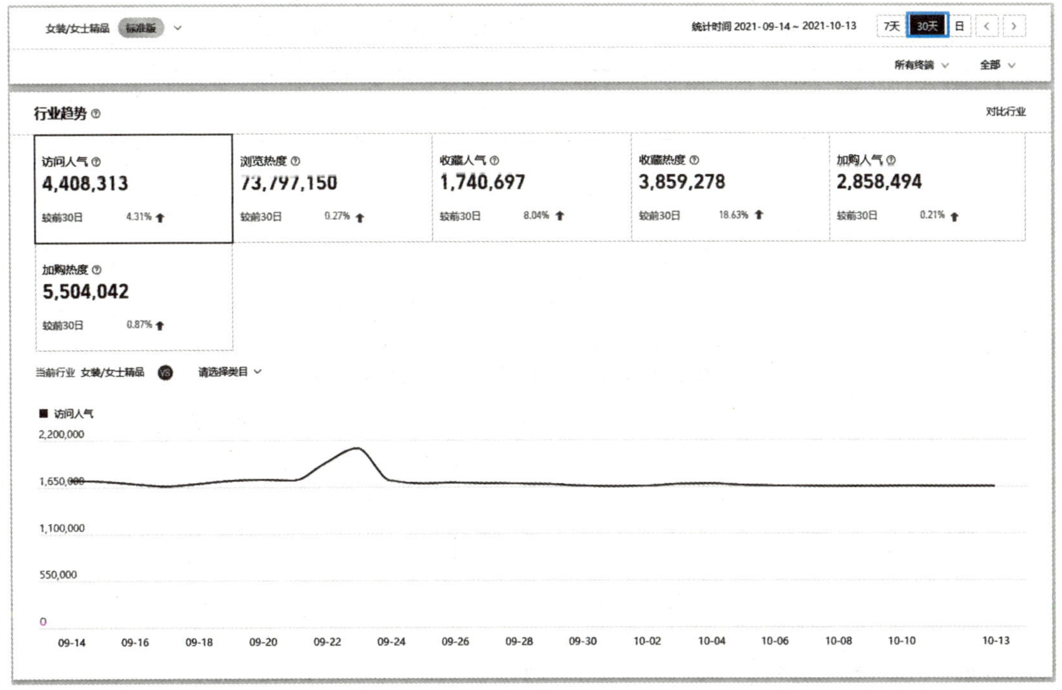

图 3-8　女装市场近 30 天的行业趋势数据和访问人气数据变化折线图

步骤 2▶ 在数据区域中单击“浏览热度”数据指标，然后查看下方的折线图，如图 3-9 所示。

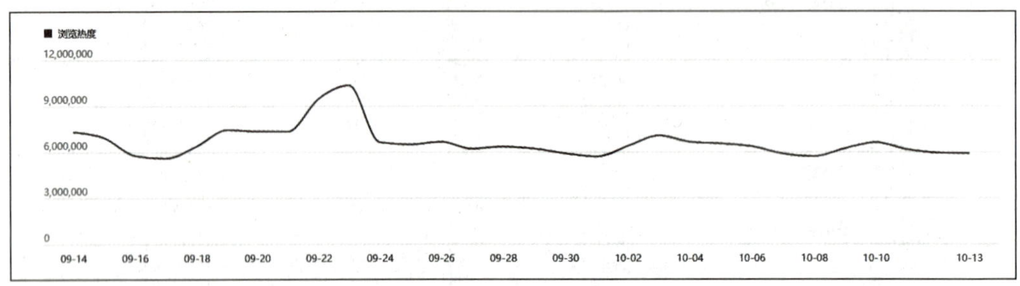

图 3-9　女装市场近 30 天的浏览热度数据变化折线图

步骤 3▶ 参考步骤 2 的方法，查看女装市场近 30 天的其他数据指标的变化折线图，如图 3-10 至图 3-13 所示。

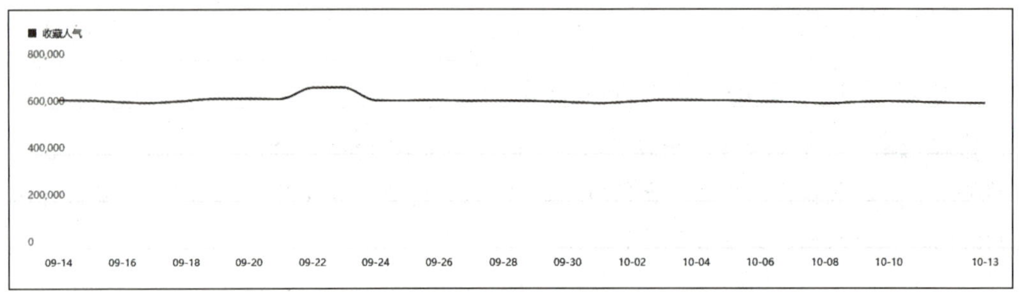

图 3-10　女装市场近 30 天的收藏人气数据变化折线图

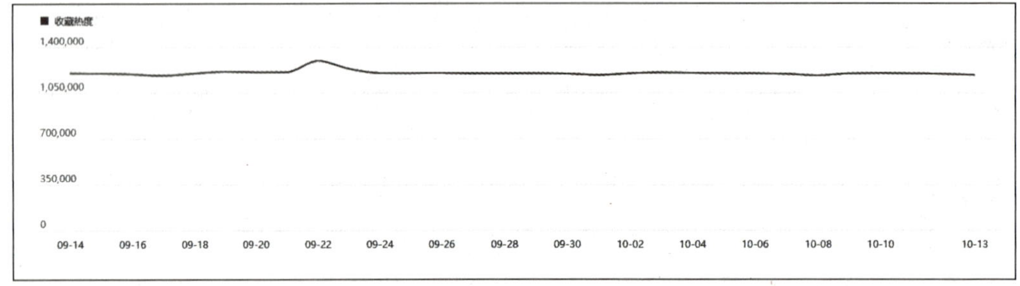

图 3-11　女装市场近 30 天的收藏热度数据变化折线图

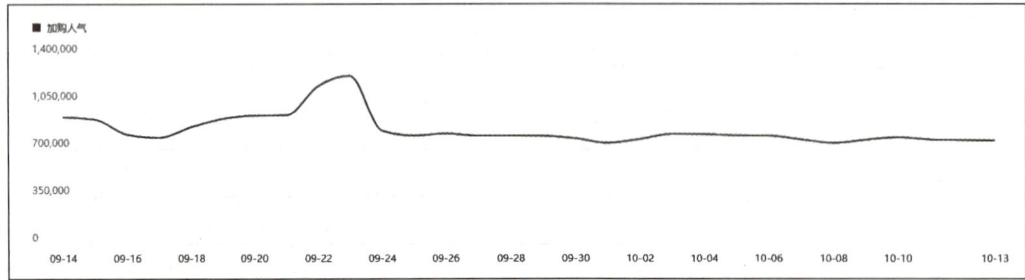

图 3-12　女装市场近 30 天的加购人气数据变化折线图

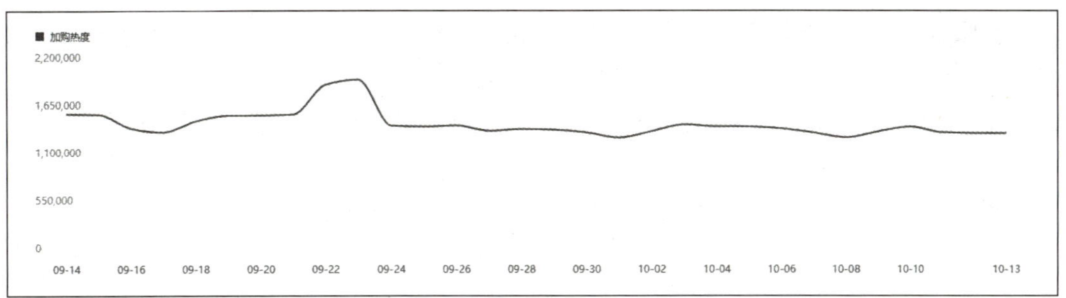

图 3-13　女装市场近 30 天的加购热度数据变化折线图

步骤 4▶ 分析行业趋势。由图 3-8 可知，女装市场的各项行业趋势数据指标较前 30 天均呈增长趋势。此外，由图 3-8 至图 3-13 可知，女装市场的各项行业趋势数据指标在 9 月 23 日迎来了一波高峰，其余日期均呈现稳定态势，整体并无任何下降趋势。通过这些数据指标可以得出结论，淘宝女装行业处于稳定期，市场中消费者的消费需求旺盛，行业发展较好，是十分适合商家入市的行业。

（二）利用 Excel 分析市场容量

扫一扫

分析女装行业市场容量和市场潜力

步骤 1▶ 打开前面采集数据生成的“女装市场数据.xlsx”工作簿，切换至“行业构成数据”工作表，选中单元格区域 A1:H100，然后切换至“插入”选项卡，单击“数据透视表”按钮（见图 3-14），打开“创建数据透视表”对话框，如图 3-15 所示。

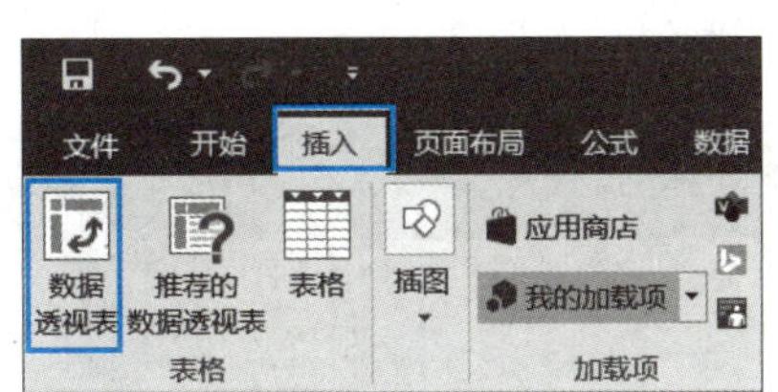

图 3-14　单击“数据透视表”按钮

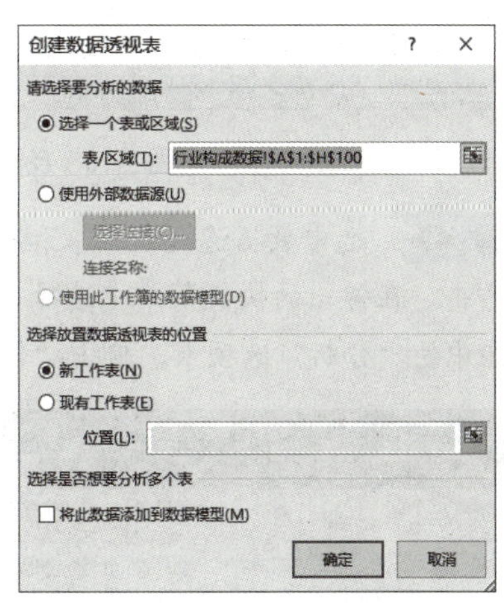

图 3-15　“创建数据透视表”对话框

提　示

读者也可打开本书配套素材“项目二”/“任务一”/“女装市场数据.xlsx”获取当前数据。

步骤 2▶ 保持默认设置不变，单击“确定”按钮，Excel 会自动创建一个包含空白数据透视表的新工作表，将其重命名为“市场容量数据分析”。

步骤 3▶ 在“市场容量数据分析”工作表右侧打开的“数据透视表字段”任务窗格中，将“子行业”字段拖动至下方的“行”区域，将“支付子订单数较父行业占比”字段拖动至“值”区域，生成反映市场容量的数据透视表，如图 3-16 所示。

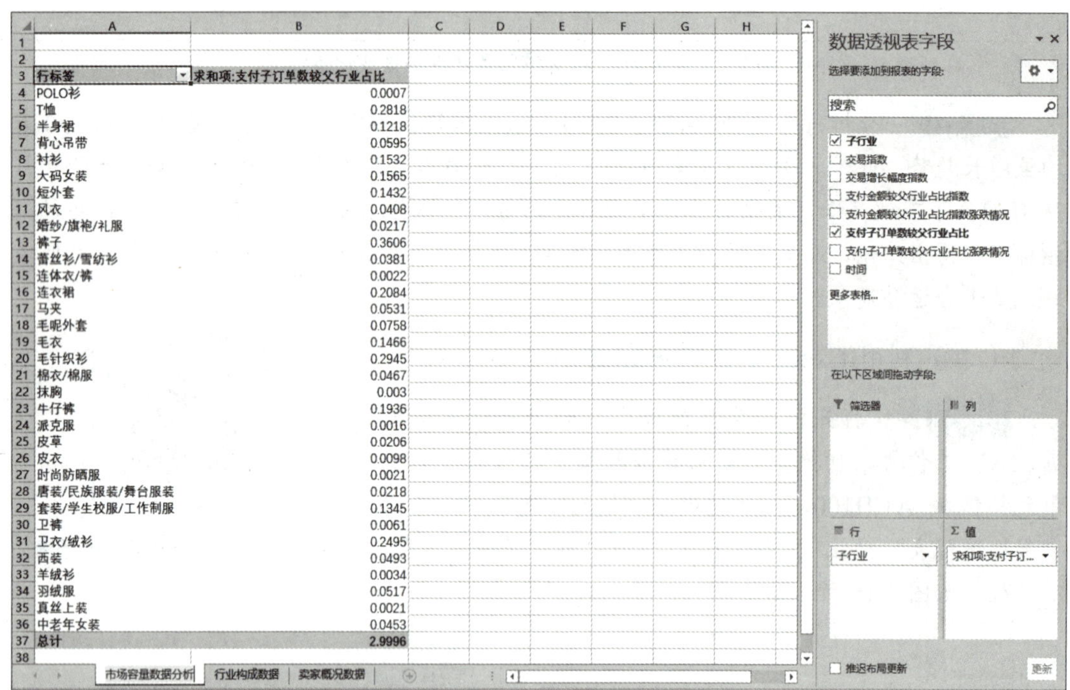

行标签	求和项:支付子订单数较父行业占比
POLO衫	0.0007
T恤	0.2818
半身裙	0.1218
背心吊带	0.0595
衬衫	0.1532
大码女装	0.1565
短外套	0.1432
风衣	0.0408
婚纱/旗袍/礼服	0.0217
裤子	0.3606
蕾丝衫/雪纺衫	0.0381
连体衣/裤	0.0022
连衣裙	0.2084
马夹	0.0531
毛呢外套	0.0758
毛衣	0.1466
毛针织衫	0.2945
棉衣/棉服	0.0467
抹胸	0.003
牛仔裤	0.1936
派克服	0.0016
皮草	0.0206
皮衣	0.0098
时尚防晒服	0.0021
唐装/民族服装/舞台服装	0.0218
套装/学生校服/工作制服	0.1345
卫裤	0.0061
卫衣/绒衫	0.2495
西装	0.0493
羊绒衫	0.0034
羽绒服	0.0517
真丝上装	0.0021
中老年女装	0.0453
总计	2.9996

图 3-16 反映市场容量的数据透视表

步骤 4▶ 选中数据透视表“求和项:支付子订单数较父行业占比”列中的任意一个单元格并右击，在弹出的快捷菜单中选择“排序”/“升序”选项，然后切换至“数据透视表工具”组中的“分析”选项卡，单击“数据透视图”按钮，如图 3-17 所示。

图 3-17 单击“数据透视图”按钮

步骤 5▶ 打开“插入图表”对话框，选择“条形图”/“簇状条形图”选项，单击“确定”按钮，即可在工作表的空白区域创建类型为条形图的数据透视图。然后参照前面的数据可视化方法，对数据透视图进行适当美化，效果如图 3-18 所示。

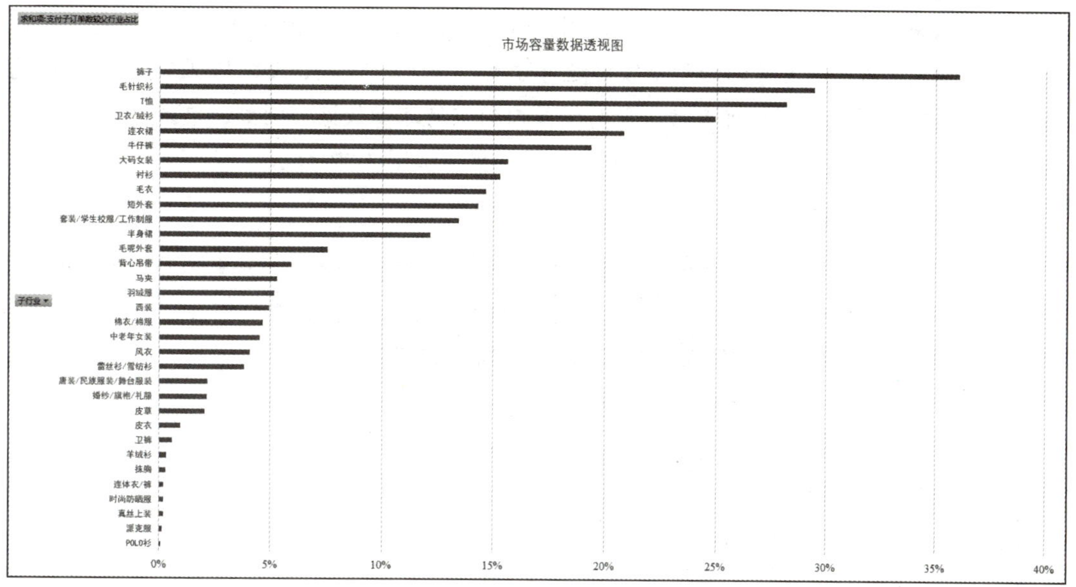

图 3-18　市场容量数据透视图

提　示

图 3-18 中，每个数据系列的百分比数值是对其当日、近 7 天和近 30 天各自的“支付子订单数较父行业占比”进行了求和汇总，但这种汇总方法并不合理。较为合理的方法是将这些子行业的市场容量进行同一时间段的静态对比。因此，还需使用“切片器”这一功能，以“时间”为依据对数据透视图进行分割。

步骤 6▶　选中数据透视图的图表区，切换至“数据透视图工具”组中的“分析”选项卡，单击“插入切片器”按钮（见图 3-19），打开“插入切片器”对话框，选中“时间”，然后单击“确定”按钮，如图 3-20 所示。

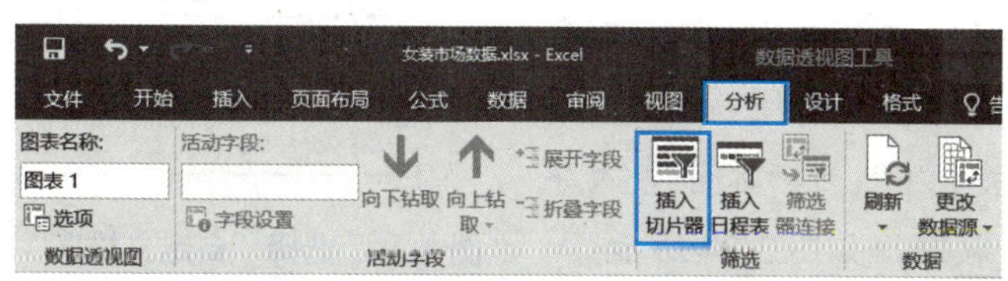

图 3-19　单击“插入切片器”按钮

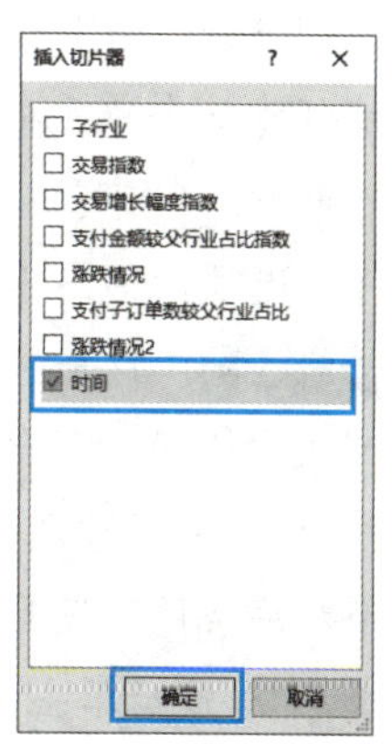

图 3-20　插入切片器

步骤 7▶ 在工作表中插入一个切片器，如图 3-21 所示。该切片器自动对“行业构成数据”工作表“时间”列中的若干个数据进行分类，并生成了“30 天”“7 天”“当日”筛选标签。单击某个筛选标签，可查看当前时间段内的市场容量数据。例如，单击“30 天”筛选标签，数据透视图会显示近 30 天的市场容量数据，如图 3-22 所示。

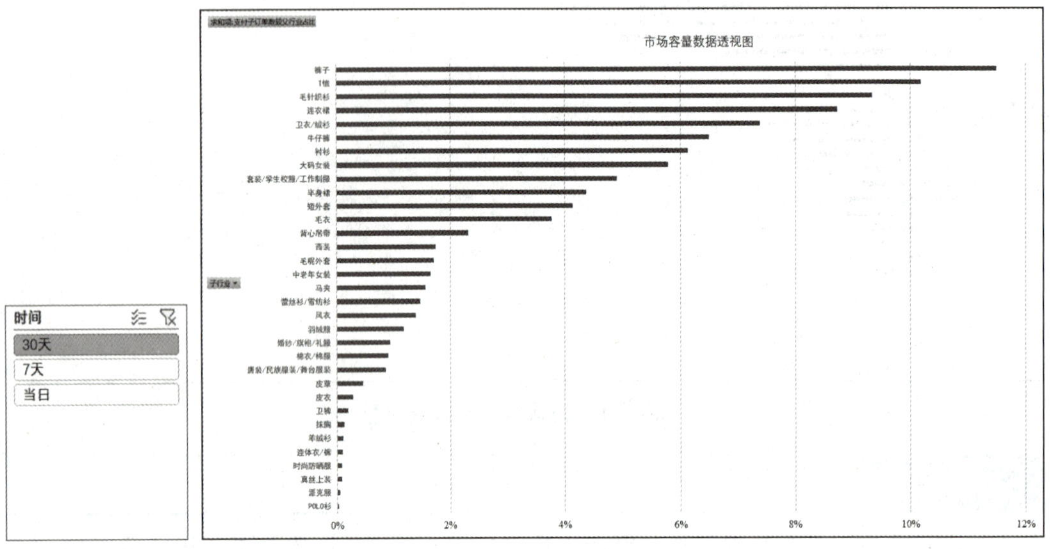

图 3-21 插入的切片器　　图 3-22 近 30 天的市场容量数据透视图

步骤 8▶ 分析市场容量。从数据透视表和数据透视图中可以看出，在女装市场中，无论是短期还是长期，裤子这一子行业的支付子订单数较父行业占比均处于领先地位，因此裤子可作为商家选品时重点关注和优先考虑的对象。当然，T 恤、毛针织衫、连衣裙、卫衣/绒衫等排名靠前的子行业也可列入备选。

（三）利用 Excel 分析市场潜力

步骤 1▶ 切换至“行业构成数据”工作表，选中数据区域任意一个单元格，然后单击“开始”选项卡中的“排序和筛选”下拉按钮，在展开的列表中选择“自定义排序”选项，如图 3-23 所示。

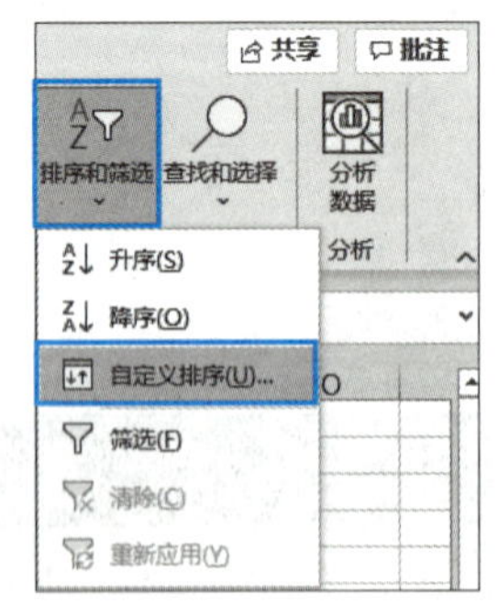

图 3-23 选择“自定义排序”选项

步骤 2▶ 打开“排序”对话框，在“主要关键字”下拉列表中选择“子行业”选项，在“次序”下拉列表中选择“降序”选项；然后单击“添加条件”按钮，添加一个排序条件，设置“次要关键字”为“时间”，次序为“降序”；最后单击“确定”按钮，如图 3-24 所示。

提　示

除“开始”选项卡外，用户也可以在“数据”选项卡的“排序和筛选”组中单击“排序”按钮（见图 3-25），打开“排序”对话框。

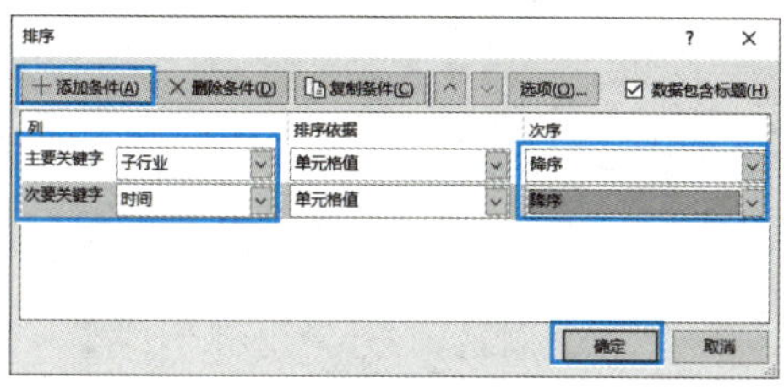

图 3-24　“排序”对话框

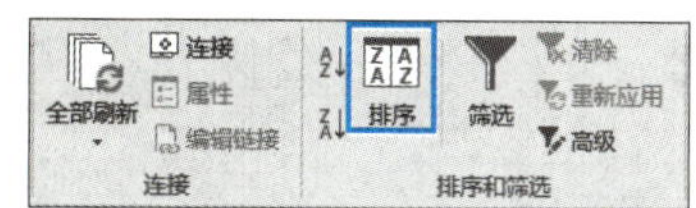

图 3-25　单击“排序”按钮

步骤 3▶　为“卖家概况数据”工作表中的数据应用与“行业构成数据”工作表相同的自定义排序，然后将“行业构成数据”工作表中的“支付子订单数较父行业占比”列复制到“卖家概况数据”工作表的 G 列，并在 H1 单元格中输入列标题“蛋糕指数”。

步骤 4▶　设置单元格格式。单击“蛋糕指数”列的列标以选中该列，单击“开始”选项卡“数字”组右下角的“数字格式”按钮，在打开的“设置单元格格式”对话框中选择“百分比”选项，在“小数位数”编辑框中输入“2”，然后单击“确定”按钮，如图 3-26 所示。

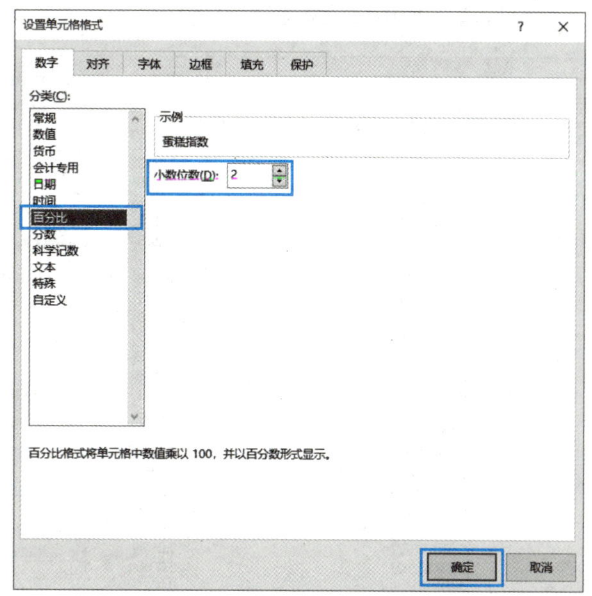

图 3-26　设置单元格格式

步骤 5▶　在 H2 单元格中输入公式“=G2/C2”并按“Enter”键，然后双击 H2 单元格右下角的填充柄，为单元格区域 H3:H100 填充蛋糕指数的计算公式，如图 3-27 所示。

H2 =G2/C2

	A	B	C	D	E	F	G	H
1	子行业	卖家数	父行业卖家数占比	有交易卖家数	父行业有交易卖家数占比	时间	支付子订单数较父行业占比	蛋糕指数
2	中老年女装	234,735	12.73%	7,254	3.54%	当日	1.32%	10.37%
3	中老年女装	234,735	12.73%	12,218	3.84%	7天	1.56%	12.25%
4	中老年女装	234,735	12.73%	18,476	4.12%	30天	1.65%	12.96%
5	真丝上装	21,475	1.16%	679	0.33%	当日	0.05%	4.31%
6	真丝上装	21,475	1.16%	1,326	0.42%	7天	0.07%	6.03%
7	真丝上装	21,475	1.16%	2,203	0.49%	30天	0.09%	7.76%
8	羽绒服	180,912	9.81%	19,432	9.48%	当日	1.93%	19.67%
9	羽绒服	180,912	9.81%	29,897	9.41%	7天	2.06%	21.00%
10	羽绒服	180,912	9.81%	36,325	8.10%	30天	1.18%	12.03%
11	羊绒衫	8,651	0.47%	962	0.47%	当日	0.11%	23.40%
12	羊绒衫	8,651	0.47%	1,495	0.47%	7天	0.12%	25.53%
13	羊绒衫	8,651	0.47%	2,043	0.46%	30天	0.11%	23.40%
14	西装	350,510	19.01%	19,846	9.68%	当日	1.67%	8.78%
15	西装	350,510	19.01%	35,888	11.29%	7天	1.52%	8.00%
16	西装	350,510	19.01%	56,149	12.52%	30天	1.74%	9.15%
17	卫衣/绒衫	563,106	30.54%	43,522	21.23%	当日	8.86%	29.01%
18	卫衣/绒衫	563,106	30.54%	73,688	23.18%	7天	8.71%	28.52%
19	卫衣/绒衫	563,106	30.54%	105,427	23.50%	30天	7.38%	24.17%
20	卫裤	38,389	2.08%	2,407	1.17%	当日	0.21%	10.10%
21	卫裤	38,389	2.08%	4,306	1.35%	7天	0.20%	9.62%
22	卫裤	38,389	2.08%	6,667	1.49%	30天	0.20%	9.62%
23	套装/学生校服/工作制服	711,302	38.57%	33,473	16.33%	当日	4.31%	11.17%
24	套装/学生校服/工作制服	711,302	38.57%	60,696	19.10%	7天	4.24%	10.99%
25	套装/学生校服/工作制服	711,302	38.57%	96,918	21.60%	30天	4.90%	12.70%
26	唐装/民族服装/舞台服装	318,833	17.29%	9,287	4.53%	当日	0.63%	3.64%
27	唐装/民族服装/舞台服装	318,833	17.29%	17,802	5.60%	7天	0.68%	3.93%
28	唐装/民族服装/舞台服装	318,833	17.29%	28,608	6.38%	30天	0.87%	5.03%
29	时尚防晒服	39,239	2.13%	721	0.35%	当日	0.06%	2.82%
30	时尚防晒服	39,239	2.13%	1,476	0.46%	7天	0.06%	2.82%
31	时尚防晒服	39,239	2.13%	2,592	0.58%	30天	0.09%	4.23%
32	皮衣	96,689	5.24%	5,921	2.89%	当日	0.35%	6.68%
33	皮衣	96,689	5.24%	10,599	3.33%	7天	0.34%	6.49%

图 3-27 计算蛋糕指数

步骤 6▶ 选中数据区域（即单元格区域 A1:H100）并在新工作表中插入数据透视表。将新工作表重命名为“市场潜力数据分析”，然后在“数据透视表字段”任务窗格中将“子行业”字段拖动至下方的“行”区域，并依次将“蛋糕指数”字段和“支付子订单数较父行业占比”字段拖动至“值”区域，生成反映市场潜力的数据透视表，如图 3-28 所示。

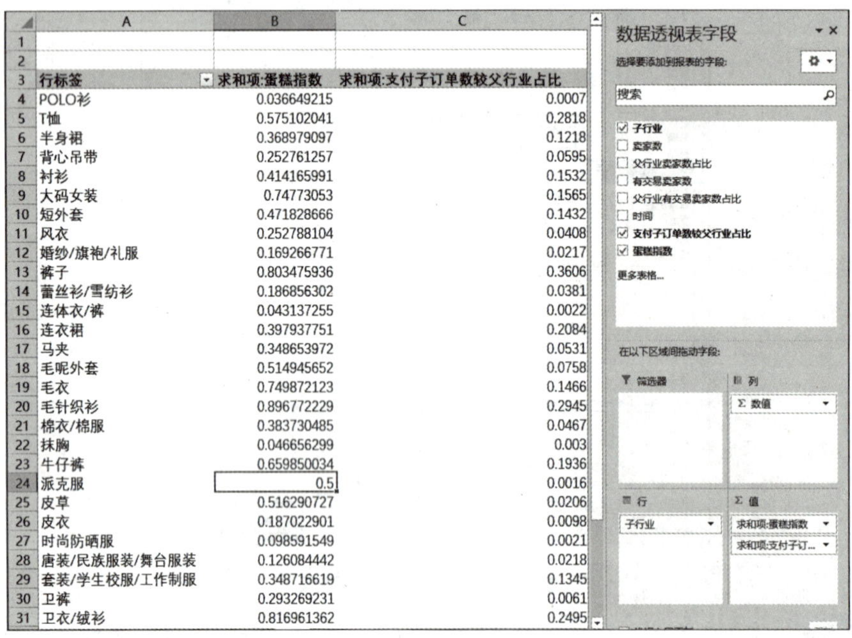

	A	B	C
1			
2			
3	行标签	求和项:蛋糕指数	求和项:支付子订单数较父行业占比
4	POLO衫	0.036649215	0.0007
5	T恤	0.575102041	0.2818
6	半身裙	0.368979097	0.1218
7	背心吊带	0.252761257	0.0595
8	衬衫	0.414165991	0.1532
9	大码女装	0.74773053	0.1565
10	短外套	0.471828666	0.1432
11	风衣	0.252788104	0.0408
12	婚纱/旗袍/礼服	0.169266771	0.0217
13	裤子	0.803475936	0.3606
14	蕾丝衫/雪纺衫	0.186856302	0.0381
15	连体衣/裤	0.043137255	0.0022
16	连衣裙	0.397937751	0.2084
17	马夹	0.348653972	0.0531
18	毛呢外套	0.514945652	0.0758
19	毛衣	0.749872123	0.1466
20	毛针织衫	0.896772229	0.2945
21	棉衣/棉服	0.383730485	0.0467
22	抹胸	0.046656299	0.003
23	牛仔裤	0.659850034	0.1936
24	派克服	0.5	0.0016
25	皮草	0.516290727	0.0206
26	皮衣	0.187022901	0.0098
27	时尚防晒服	0.098591549	0.0021
28	唐装/民族服装/舞台服装	0.126084442	0.0218
29	套装/学生校服/工作制服	0.348716619	0.1345
30	卫裤	0.293269231	0.0061
31	卫衣/绒衫	0.816961362	0.2495

图 3-28 反映市场潜力的数据透视表

步骤 7▶ 参考步骤 4，设置数据透视表中“求和项：蛋糕指数”列和“求和项：支付子订单数较父行业占比”列的数据格式为“百分比”，保留两位小数。然后右击“求和项：蛋糕指数”列中的任意一个单元格，在弹出的快捷菜单中选择“排序”/“升序”选项。

步骤 8▶ 选中数据透视表中数据区域的任意一个单元格，切换至“数据透视表工具”组中的“分析”选项卡，单击“数据透视图”按钮，打开“插入图表”对话框，选择“组合图”/“簇状柱形图 – 次坐标轴上的折线图”选项，保持其他默认设置不变，单击“确定”按钮（见图 3-29），即可在工作表的空白区域创建数据透视图。

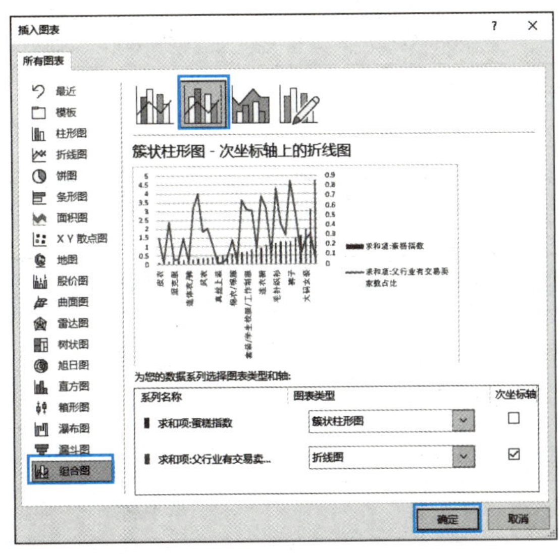

图 3-29　插入组合图

步骤 9▶ 参考前面的方法，以“时间”为筛选依据，为数据透视图添加切片器，然后对数据透视图进行适当美化，效果如图 3-30 所示。

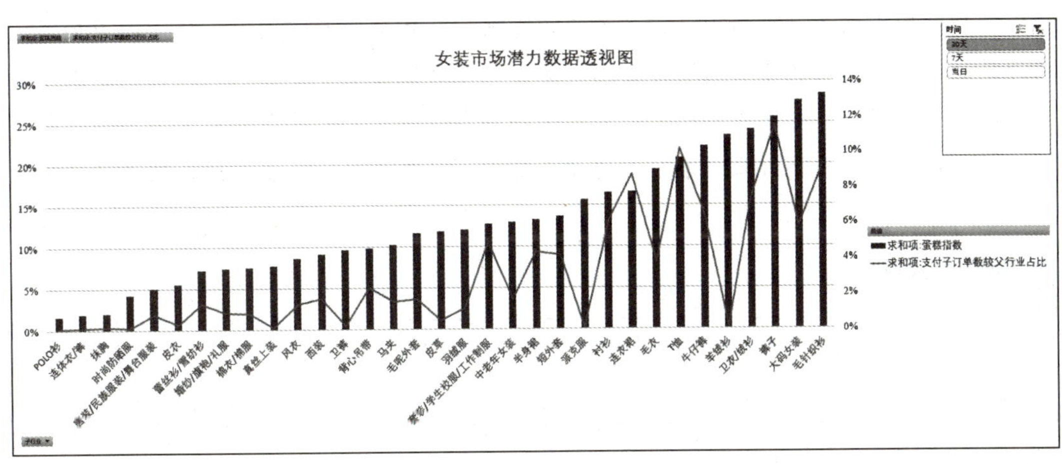

图 3-30　女装市场潜力数据透视图

步骤 10▶ 使用切片器分别查看并统计当日、近 7 天和近 30 天蛋糕指数排名前五的子行业及其市场容量排名，如表 3-1 和表 3-2 所示。

表 3-1 女装市场蛋糕指数排名

排 名	当日	7 天	30 天
第 1 名	毛针织衫	毛针织衫	毛针织衫
第 2 名	毛衣	卫衣/绒衫	大码女装
第 3 名	卫衣/绒衫	裤子	裤子
第 4 名	裤子	毛衣	卫衣/绒衫
第 5 名	羊绒衫	羊绒衫	羊绒衫

表 3-2 女装市场容量排名

子行业	当日市场容量排名	7 天市场容量排名	30 天市场容量排名
毛针织衫	第 2 名	第 2 名	第 3 名
毛衣	第 7 名	第 8 名	第 12 名
卫衣/绒衫	第 3 名	第 4 名	第 5 名
裤子	第 1 名	第 1 名	第 1 名
羊绒衫	第 27 名	第 27 名	第 28 名
大码女装	第 9 名	第 7 名	第 8 名

步骤 11▶ 分析市场潜力。由表 3-1 和表 3-2 可知，在各个时间范围内，毛针织衫的蛋糕指数均为最高，市场容量排名也较为靠前；在各个时间范围内，裤子的市场容量均为最高，且蛋糕指数排名也较为靠前。考虑到毛针织衫受季节影响较大，裤子则不易受季节影响，因此，对于商家而言，若经营的品类较多，且商品会随着季节不断更新，可选择毛针织衫这一子行业；若经营的品类较少，且商品更新速度较慢，则可选择裤子这一子行业。

课堂互动

请参照上面的方法，对卫衣/绒衫、毛衣、羊绒衫和大码女装等女装其他子行业的市场潜力进行分析。

任务二 竞争对手分析

任务导入

常言道："知己知彼，百战不殆。"商家要想在行业中站稳脚跟，必须对自身在行业的处境和竞争对手有充分的了解。要实现这一点，就需要进行竞争对手分析。那么，竞争对手分析的步骤和方法有哪些呢？本任务就带领大家了解竞争对手分析的相关知识。

相关知识

任何行业都是充满竞争的。商家需要及时对行业中的竞争对手进行分析，从而准确判断行业中的竞争形式，正确制定自身的竞争策略，以便在后期的市场运营中确立和扩大自身的竞争优势。

一、竞争对手分析的概念

竞争对手是指行业中与自身提供的商品或服务类似，所服务的目标客户也类似的对自身有实际或潜在利益影响的其他个体或组织。

竞争对手分析是指商家通过某种分析方法识别出竞争对手，并对它们的目标、优势和劣势、战略等要素进行分析，准确判断其战略定位和发展方向，以帮助自身扬长避短，制定符合自身情况且具有竞争优势的发展战略。

明镜高悬

在进行竞争对手分析时，商家应注意遵守市场秩序，依法采集和分析竞争对手的商务数据，避免为战胜竞争对手而采取不正当竞争手段。

为了规范市场竞争秩序，制止不正当竞争行为，我国早在 1993 年就通过了《中华人民共和国反不正当竞争法》。该法极大地促进了我国社会主义市场经济的健康发展，是保护经营者和消费者合法权益的重要保障，也是相关从业人员必须遵守的法律。

二、竞争对手分析的步骤

一般来说，商家进行竞争对手分析的步骤主要包括确定竞争对手和分析竞争对手两大步。其中，分析竞争对手又可分为了解竞争对手的目标、评估竞争对手的优势和劣势，以及分析竞争对手的战略三小步。

（一）确定竞争对手

确定竞争对手是竞争对手分析的首要工作。一般来说，与商家争夺各种资源（如人力资源、消费者资源、营销资源、生产资源、物流资源等）的对象都属于商家的竞争对手。典型的竞争对手分为3类：同类商家、替代商家和潜在竞争者。

（1）同类商家。同类商家是指本行业内现有的生产或销售与本商家相同类型商品的其他商家，这些商家是本商家的直接竞争者。

（2）替代商家。替代商家是指生产或销售本商家商品的替代品的商家。随着科技的发展，商品的替代品越来越多，某一行业的所有商家都将面临与替代品行业中的商家的竞争。

知识链接

如果两种商品的功用相同或相近，可以满足消费者的同一需要，这两种商品就互为替代品。例如，摩托车和电动车就互为替代品。

（3）潜在竞争者。当某个行业前景乐观时，势必会吸引越来越多的商家进入，这些商家会改变市场的现有格局，是本商家的潜在竞争者。

（二）分析竞争对手

（1）了解竞争对手的目标。市场中几乎所有商家的最终目标都是追求利润的最大化，但不同商家对短期利润和长期利润的侧重点不同，如注重获利能力、市场占有率、现金流量、技术领先、低成本领先和服务领先等。因此，商家在进行竞争对手分析时，要了解竞争对手的目标，这样就能够得知竞争对手的长期或短期发展方向及其制定的市场方针。

（2）评估竞争对手的优势和劣势。商家在行业中的竞争地位是由其所拥有的竞争优势和劣势共同确立的。因此，在进行竞争对手分析时，需要对竞争对手在行业的优势和劣势进行衡量和评价，商家可以从商品、销售渠道、市场营销、生产与经营、研发能力、资金实力、组织能力、管理水平等方面展开。

（3）分析竞争对手的战略。竞争对手的战略会直接影响其市场运作的手段、方式及相关的各种决策，因此，在进行竞争对手分析时，应分析竞争对手的战略及其所处的战略群体，并及时采取相应的对策。

提 示

若某个行业中有若干个商家的竞争战略相似或相同，则称这些商家处于相同的战略群体中。在某个行业中，处于同一战略群体的商家往往互为竞争对手；且两个商家的竞争战略越相似，彼此之间的竞争就越激烈。

三、竞争对手分析的方法

竞争对手分析的方法

常用的竞争对手分析方法包括组合矩阵分析法、SWOT 分析法和标杆法，下面一一进行介绍。

（一）组合矩阵分析法

组合矩阵分析法属于前面提到的矩阵分析法的一种形式，它是在矩阵分析法的基础上，将横纵坐标进一步细化，形成九宫格形式的矩阵。运用组合矩阵分析法进行竞争对手分析，应首先确定每个竞争对手在矩阵中的位置，并与本店铺的位置加以比较，以准确定位和识别出对本商家威胁最大的竞争对手。

例如，某女装店铺的商家使用组合矩阵分析法对几个竞争对手进行了分析，如图 3-31 所示。

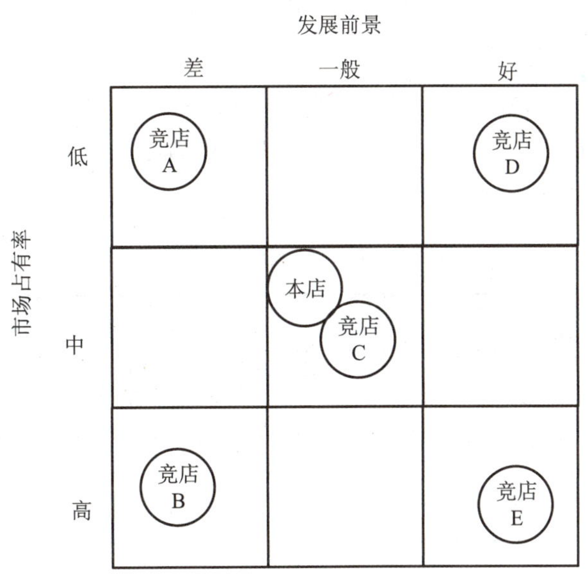

图 3-31 组合矩阵分析法

由图 3-31 可知，竞店 A 不仅发展前景差，且市场占有率低，这表示竞店 A 在行业中的竞争力不足；竞店 B 的市场占有率高，但发展前景并不好，这表示竞店 B 的市场竞争力

强，但未来发展存在停滞或倒退的可能；竞店 C 的市场占有率和发展前景均一般，这表示竞店 C 在行业中面临的风险与机遇并存；竞店 D 的发展前景很好，但市场占有率不高，本店铺可销售类似商品或替代商品，从而赢得一定的市场份额；竞店 E 的市场占有率很高，发展前景也很好，这表示竞店 E 处于行业领先地位。因此，综合来看，竞店 C 是目前本店最大的竞争对手。

（二）SWOT 分析法

SWOT 分析法是一种将自身与竞争对手的优劣势进行综合比较的经典分析方法，通过 SWOT 分析法，商家可总结自身的不足与长处，扬长避短，发现自身的核心竞争力，从而在激烈的市场竞争中占据主动。

“SWOT”是指该分析法的四大指标。其中，“S”是指优势（strengths），“W”是指劣势（weaknesses），O 是指机会（opportunities），“T”是指威胁（threats）。

（1）优势是指商家在内部运营、生产成本、营销推广、品牌影响力等方面具有竞争力的项目。

（2）劣势是指商家在内部运营、生产成本、营销推广、品牌影响力等方面存在不足的项目。

（3）机会是指社会中存在的能够提高商家竞争力的潜在因素，如人们观念的变化，商品的迭代更新，新型营销手段、销售渠道的出现等。

（4）威胁是指某些可能降低商家的市场竞争力的潜在因素，如行业的最新发展，相关法律法规、经济形势的变化，竞争对手的恶意竞争等。

商家在使用 SWOT 分析法进行竞争对手分析时，可通过如表 3-3 所示的模板进行各项指标的具体分析和分析结果的展现。

表 3-3　SWOT 分析法模板

外部环境	内部环境	
	优势（S）	劣势（W）
机会（O）	SO 战略：依靠内部优势，利用外部机会	WO 战略：克服内部劣势，利用外部机会
威胁（T）	ST 战略：依靠内部优势，回避外部威胁	WT 战略：克服内部劣势，回避外部威胁

（三）标杆法

标杆法是指将竞争对手中的优秀者定为标杆商家，通过将标杆商家与本商家的商品、服务及工作流程等进行对比分析，识别出标杆商家的运营系统是如何有效运作的，并据此制订自身的改进方案。

具体来说，标杆法包括立标、对标、达标和创标 4 个环节，围绕“创建规则”和“标准自身”的原则，形成前后衔接、持续改进、螺旋上升的良性循环。

（1）立标即树立行业标杆，塑造学习样板。学习样板可以是标杆商家先进的管理模式、生产流程，甚至是某个先进个人。

（2）对标是指将自身的某些指标与标杆商家的进行对比分析，发现自身的短板，从而分析总结问题、探索尝试出改进自身的方法。

（3）达标是指通过改进自身，在实践中达到标杆商家的管理水平或接近其行业地位。

（4）创标是指超越最初选定的标杆商家，进入标杆领域，直至自身成为行业标杆。

任务实施——分析女装店铺竞争对手

本任务实施利用生意参谋对女装行业某店铺进行竞争对手分析。

分析女装店铺竞争对手

一、确定竞争对手

步骤 1▶ 登录生意参谋，切换至“竞争”版块，选择“竞店识别”功能，在打开的“竞店识别”界面的“流失竞店识别”面板中将以四象限图的形式显示最近 30 天的所有流失竞店的分布情况，如图 3-32 所示。

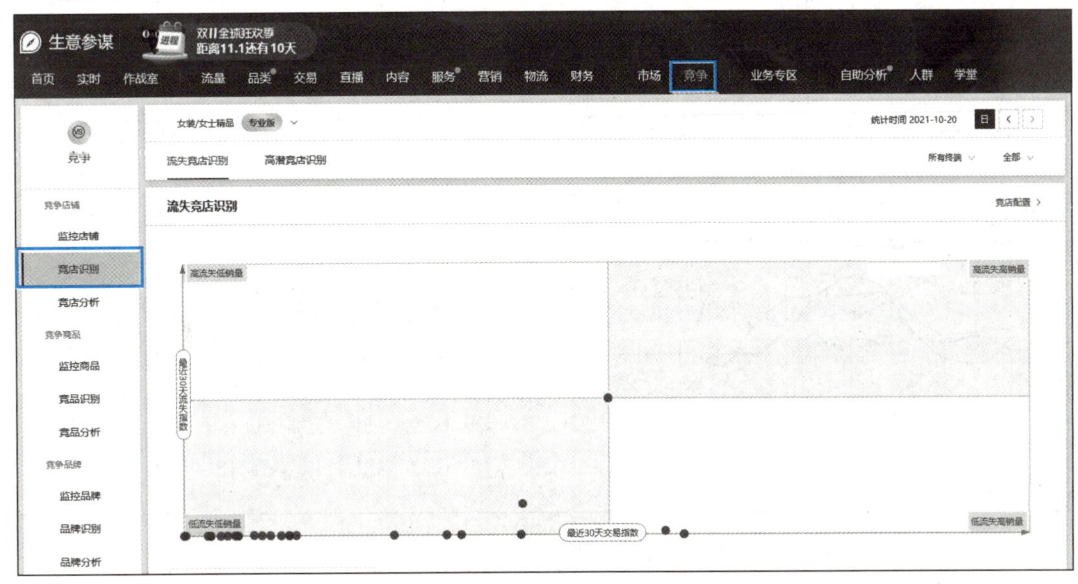

图 3-32　“流失竞店识别”面板

提　示

当一名访问本店铺但未购买商品的客户在竞争对手的店铺中发生收藏或购买行为时，该竞争店铺就是本店铺的流失竞店。图 3-32 中的每个点都代表一个流失竞店。一般来说，高流失、高销量的店铺是本店铺需要重点分析的竞店，这类店铺位于或靠近右上区域；而位于或靠近左下区域的店铺则属于低流失、低销量的店铺，目前尚不足以对本店铺构成严重的威胁，但商家仍需持续关注这些店铺的动向。

步骤 2▶ 发现竞店。单击最靠近右上边缘的竞店，可显示竞店名称、最近 30 天的交易指数和流失指数等信息，在下方的“趋势分析”面板中可查看反映该店铺近 30 天的流量指数、支付转化指数、交易指数和客群指数等数据变化趋势的复式折线图，如图 3-33 所示。

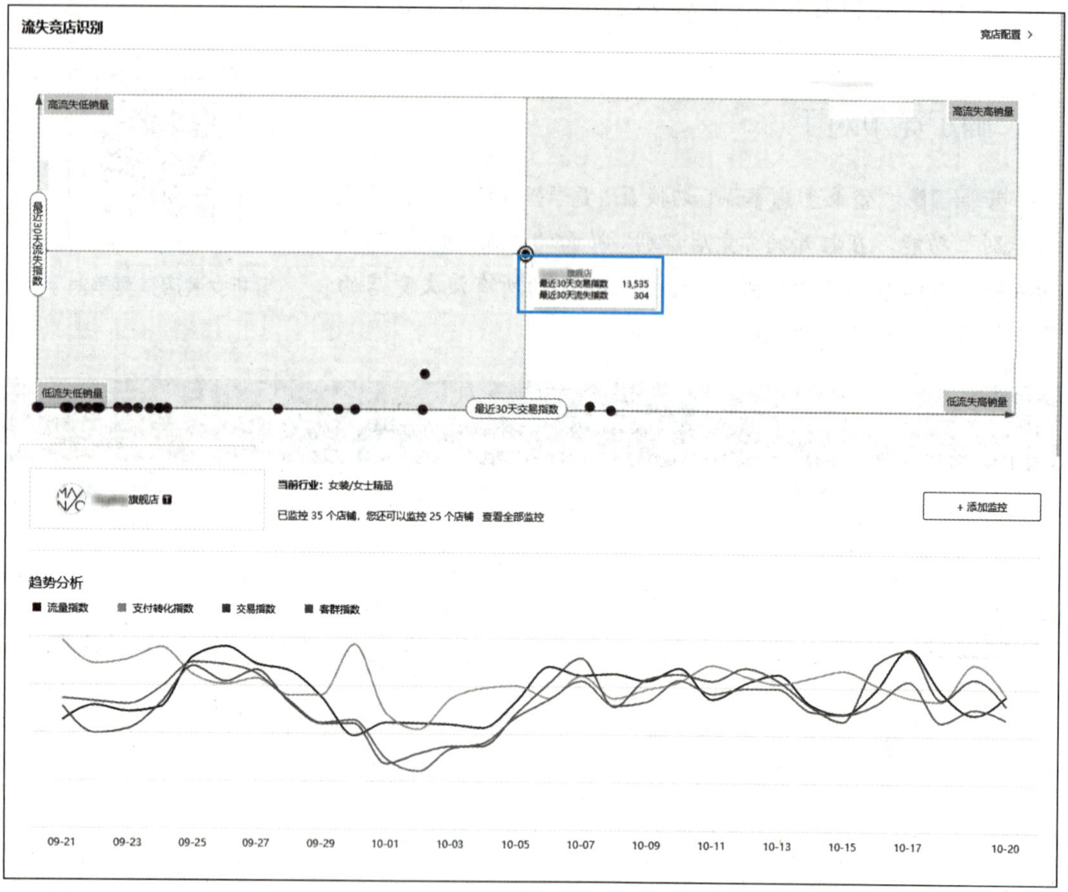

图 3-33　竞店详情信息

二、分析竞争对手

步骤 1▶ 监控竞店。单击所选竞店复式折线图上方的“添加监控”按钮，在弹出的提示框中单击“确定”按钮，即可将该店铺添加至监控列表。此时，“添加监控”按钮将变为“竞店分析”按钮，如图 3-34 所示。

图 3-34　将竞店添加至监控列表

提　示

生意参谋对商家可监控的竞店数量和移除条件进行了限制。因此，商家在将店铺添加至监控列表时应仔细对比、认真配置，选择真正符合条件的店铺作为竞店。

步骤 2▶ 竞店对比。单击“竞店分析”按钮，跳转至“竞店分析”界面。在“竞店对比”区域中单击“+”按钮，在弹出的搜索框中输入刚刚添加的竞店名称，然后在下方的搜索结果中选择该店铺，将其添加至对比栏，如图 3-35 所示。

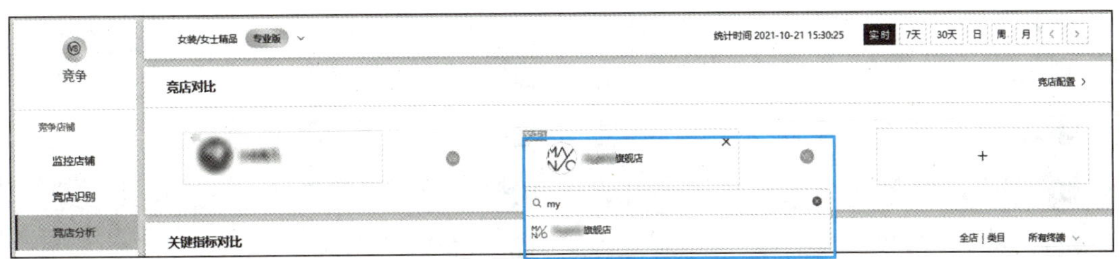

图 3-35　添加竞店至对比栏

步骤 3▶ 在下方的“关键指标对比”面板中可查看本店与竞店当日的交易指数、流量指数、搜索人气等数据指标，如图 3-36 所示。

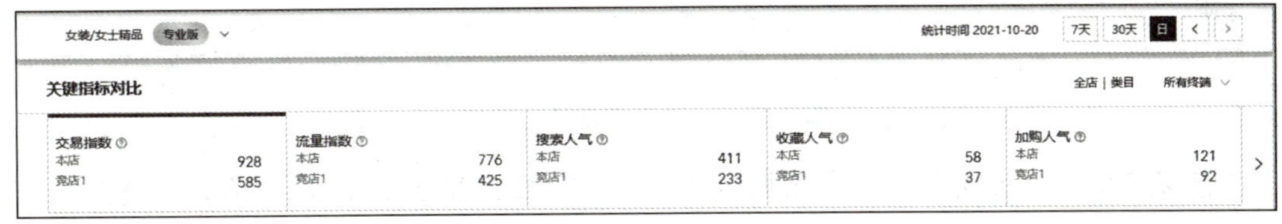

	交易指数	流量指数	搜索人气	收藏人气	加购人气
本店	928	776	411	58	121
竞店1	585	425	233	37	92

图 3-36　本店与竞店当日关键指标对比

步骤 4▶ 单击界面右上方的“30 天”按钮，在下方的“关键指标对比”面板中查看本店与竞店近 30 天的交易指数、流量指数、搜索人气等数据指标对比，并在下方查看本店与竞店近 30 天的交易指数对比复式折线图，如图 3-37 所示。

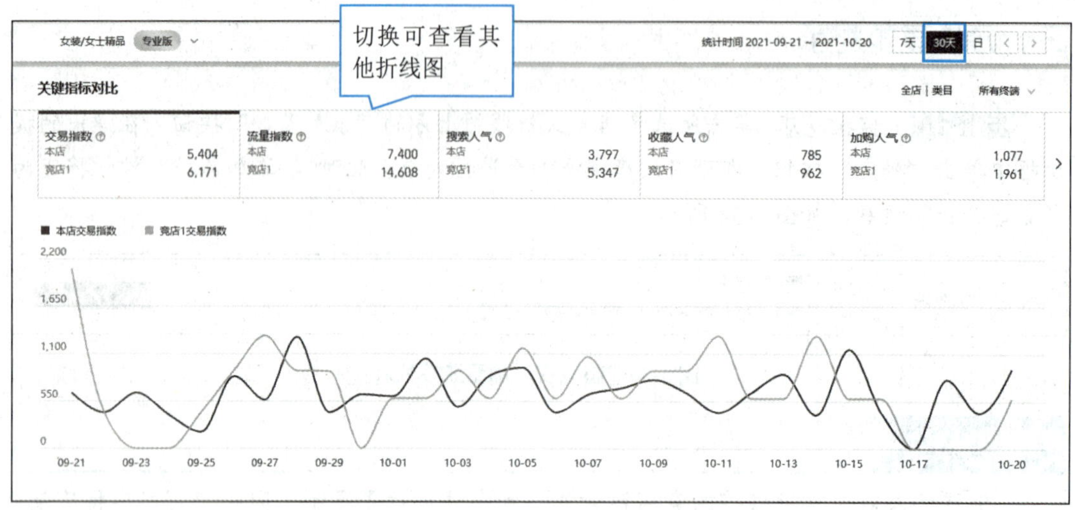

图 3-37　本店与竞店近 30 天的交易指数对比复式折线图

步骤 5▶　保持“30 天”按钮处于选中状态，向下拖动界面右侧的滚动条，在下方的“TOP 商品榜”面板中查看本店和竞店所有商品的交易指数排行，如图 3-38 所示。

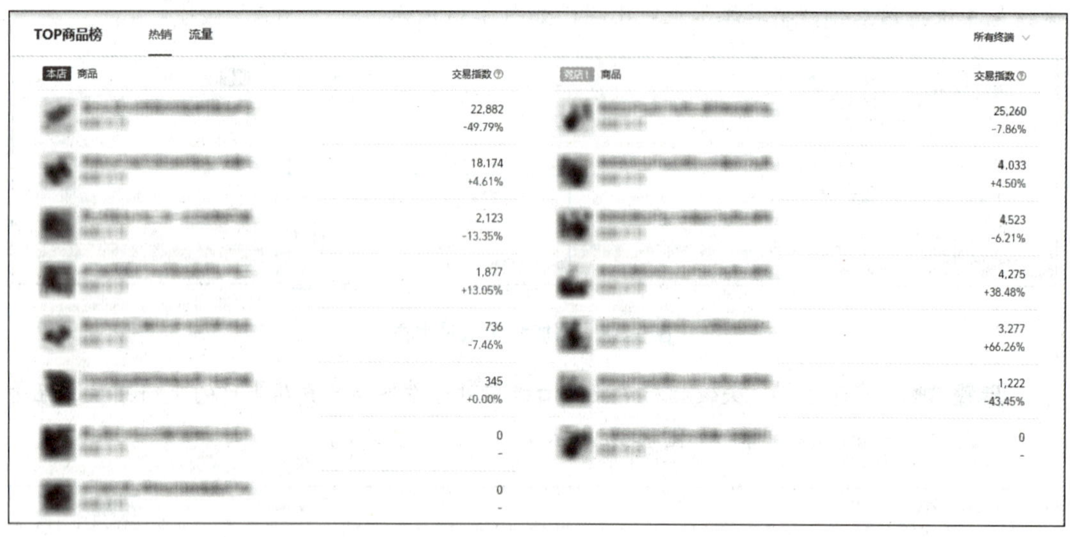

图 3-38　“TOP 商品榜”面板

步骤 6▶　分析竞争对手的优势和劣势。观察图 3-36 至图 3-38 中本店与竞店的关键指标和商品数据，使用 SWOT 分析法对本店与竞店的优势和劣势进行比较，如表 3-4 所示。

表 3-4　分析竞争对手的优势和劣势

外部环境	内部环境	
	优势（S）	劣势（W）
机会（O）	本店当日的各项关键指标均高于竞店，这表明本店当前采用的经营策略取得了较好的效果，商家可总结相关经验，帮助自身保持领先态势	本店近 30 天的各项关键指标均低于竞店，尤其是流量指数等流量相关的数据指标落后较多，本店可在商品的引流上下功夫，帮助自家商品获得更多曝光
威胁（T）	本店近 30 天的整体交易指数低于竞店，但本店销量排名第一的商品的交易指数高于竞店，本店可采取措施进一步提高该商品的销量，摆脱当前的不利局面	本店交易指数较高的商品数量仅 1 件，而竞店则有 2 件。因此，本店需要采取措施提升其他商品的销量，确保店铺交易量的稳定性

步骤 7▶ 分析竞争对手的战略。由图 3-37 可知，竞店近 30 天与流量相关的关键指标均远高于本店，这表明竞店可能投入了比本店更多的推广费用，使自家店铺获得了更多的曝光和流量。此外，由图 3-38 可知，竞店中排名第一的商品的交易指数远高于该店的其他商品，这表明竞店可能将这款商品打造成了店铺的明星商品，以帮助其获得更高的销量。

课堂互动

请参考上述方法，使用生意参谋“竞争”版块中的“竞品识别”和“竞品分析”功能，对本店商品的竞品进行分析并得出相关结论。

项目实训——箱包行业数据分析

请选择一个自己感兴趣的行业，使用生意参谋和 Excel 对该行业的市场数据和竞争对手进行分析。本实训以箱包行业为例介绍分析思路。

（1）访问生意参谋，订购“箱包皮具/热销男包/女包”品类的“市场洞察”和“竞争情报”功能。

（2）在“市场”版块中选择“市场大盘”功能，在此界面的“行业趋势”面板中分别查看箱包市场一级类目的访问人气、浏览热度、收藏人气及热度、加购人气及热度等行业趋势数据近 30 天的变化折线图。

（3）在“行业构成”和“卖家概况”面板中分别采集箱包市场当日、近 7 天和近 30 天的行业构成数据和卖家概况数据，将其分类整理到 Excel 的“行业构成数据”和“卖家概况数据”工作表中，并保存工作簿。

提　示

读者也可打开本书配套素材“项目三”/“任务实训”/“箱包行业数据分析实训.xlsx”工作簿获取数据。

（4）在“行业构成数据”工作表中利用数据透视表和数据透视图分析市场容量数据，并以“时间”为依据为数据透视图添加切片器，效果如图 3-39 所示。

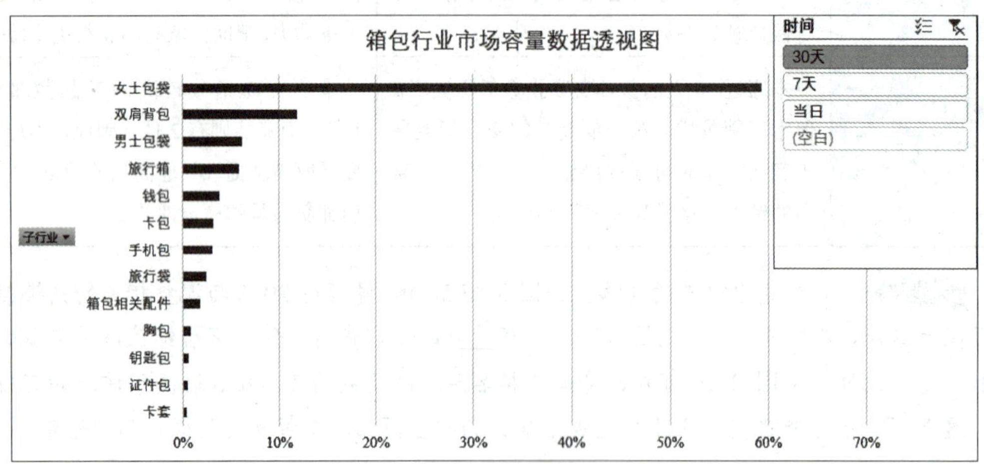

图 3-39　市场容量数据透视图

（5）计算箱包市场的蛋糕指数，然后使用数据透视图和数据透视表分析箱包行业的市场潜力数据，并以“时间”为依据为数据透视图添加切片器，效果如图 3-40 所示。

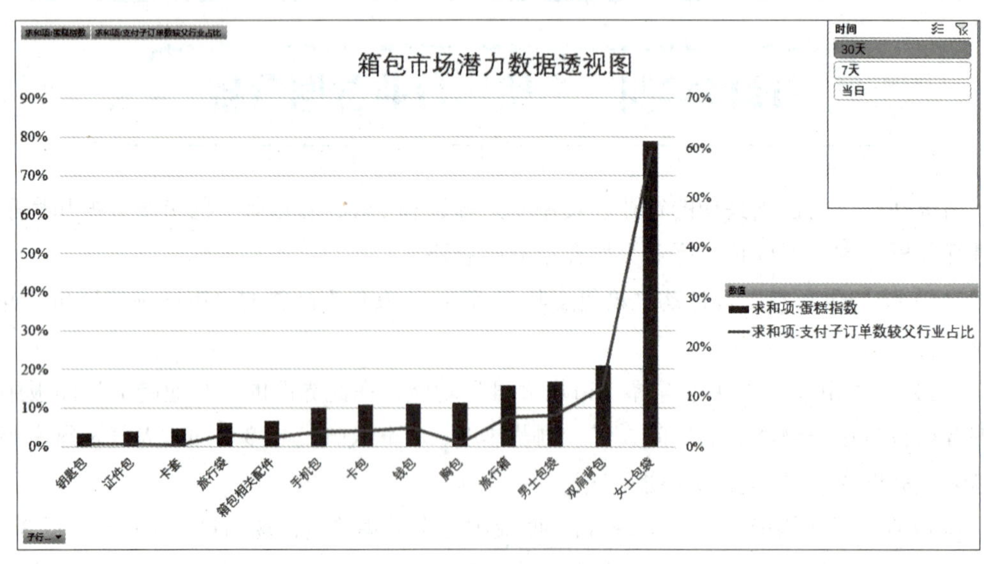

图 3-40　市场潜力数据透视图

（6）打开生意参谋“竞争”版块的“竞店识别”界面，利用“流失竞店识别”面板中的四象限图定位近 30 天内本店最有力的竞争对手，将其添加至监控列表中。

（7）在生意参谋“竞争”版块的“竞店分析”界面分别对不同时间范围内本店与竞争对手的关键指标进行对比分析，得出竞争对手的目标、优势、劣势和战略等。

（8）在生意参谋“竞争”版块的“竞品识别”界面识别出近 30 天内本店畅销商品的竞品，将其添加至监控列表中，然后在“竞品分析”界面分别对不同时间范围内本店畅销商品与竞品的关键指标进行对比分析，得出竞品的优势与劣势。

（9）对市场数据和竞争对手进行分析，得出具有参考价值的结论。

项目四

客户数据分析

项目导读

客户数据分析是指通过分析客户自身信息、消费特征及其与经济效益的关系，构建客户画像、评估客户价值的过程。通过合理、系统的客户数据分析，商家可以明确客户群体的需求，为不同的客户制定个性化营销策略与资源配置计划，从而实现营销成本最大化利用和资源配置最优化，帮助店铺得到快速发展。

学习目标

知识目标：了解客户画像和客户价值分析的概念和方法；熟悉客户画像和客户价值分析的基本数据指标。

能力目标：能根据客户的特征和行为数据构建客户画像，并采用恰当的方法对客户画像进行展现；能通过客户价值分析对客户进行细分。

素质目标：树立信息安全意识，自觉维护自身和他人的信息安全；培养“以人为本”的理念，尊重他人。

任务一　构建客户画像

任务导入

近年来，无论是新兴电商还是传统商家都越来越认同“以客户为中心”的经营理念。这一理念要求商家既要明确客户的群体特征，又要满足客户的个性化需求。因此，商家必须对客户有着全方位、多角度的了解。要做到这一点，就需要构建客户画像。那么，什么是客户画像？如何构建和展现客户画像呢？本任务就带领大家了解客户画像的相关知识。

相关知识

一、客户画像的概念

客户画像又称用户画像，它是一种通过分析客户数据总结出的用于描述客户群体形象的抽象模型。客户画像并不用来描述某个具体客户，而是用来描述整个或大部分客户群体，它具有标签化、虚拟化和概括性等特征。其中，标签化是客户画像的核心特征。换句话说，构建客户画像的核心工作就是给客户贴“标签”，即通过分析客户数据，提炼出高度概括的特征标识。

一般来说，标签常常以关键词的形式出现。例如，某电商平台可为经常在平台上购买儿童玩具的客户贴上“有孩子”这一标签，并根据玩具类型进一步判断孩子的大致年龄（如3～6岁），从而为其贴上“有3～6岁的孩子”这一更加具体的标签。基于客户的其他购买行为，平台还可为其贴上更多标签，如“女性”“现居××省××市”“中高等收入水平”“本科学历”等。标签越多，对客户的描述就越准确、越全面。构建客户画像的过程就是对客户的所有标签进行归纳总结，筛选出其中出现频次较多的标签用以描述整个客户群体的过程。

知识链接

作为一种十分有效的客户数据分析模型，客户画像在各个领域都有着广泛的应用。但与客户画像相比，用户画像这一说法更为人所熟知。“客户”（customer）与“用户”（user）虽然只有一字之差，含义却截然不同。前者是指商品的买单者，后者则是指产品的使用者。

一般来说，实体公司主要面向客户开展商品销售业务以实现盈利，而互联网公司则主要通过向用户提供互联网产品服务（如手机 App）和广告等流量增值业务实现盈利。因此，商务领域常使用“客户画像”这一说法，IT 领域则流行“用户画像”这一说法。

值得一提的是，构建完成的客户画像并不是一成不变的，而应随着市场的变化和业务的发展不断更新、丰富和完善。例如，早期的电商客户主要通过 PC 端购买商品，随着移动互联网的发展，越来越多的客户选择在手机 App 上购买商品，这使得客户数据的采集方式、客户的购物偏好和消费频次等发生极大变化，客户画像自然也应随之改变。

二、客户画像的作用

客户是商家的无形资产，商家要为客户提供量身定制的优秀商品或服务，就需要通过构建客户画像对客户的情况进行充分细致的了解，以实现精准营销、优化商品和指导决策。

（一）精准营销

精准营销是客户画像最直接、最有价值的作用。当下，很多电商平台都将客户画像与时下热门的大数据和人工智能技术相结合，通过分析客户的基本特征和购买行为等数据，精准定位目标客户群体，实现“千人千面”的精准营销，如图 4-1 所示。此外，基于客户画像，商家还可以发现潜在客户，从而进一步扩大市场规模，提高发展速度。

图 4-1　客户画像与精准营销

（二）优化商品

通过客户画像，商家可深入了解客户的基本特征、购买行为、兴趣爱好等方面的信息，并据此更好地研究客户需求和心理，以便投其所好，优化商品，推出符合市场需求且广受客户欢迎的商品。

（三）指导决策

通过客户画像，商家可实现对客户数据的深入挖掘，发现客户与客户、客户与商品、商品与商品、商品与品牌之间的关联，进而发现一些有价值的规律，并据此制定有利于自身发展的经营决策，从而发现并挖掘更大的商机。

三、构建客户画像的步骤

一般来说，构建客户画像可大致分为客户数据采集、客户数据分析和客户画像展现三大步骤，下面一一进行介绍。

（一）客户数据采集

在商务领域，构建客户画像所需采集的客户数据主要包括客户特征数据和客户行为数据两种。

（1）客户特征数据是指能描述客户基本属性的数据，如性别、年龄、职业、所在地（省市）、受教育程度、收入、婚姻状况等。客户特征数据通常是静止或变化缓慢的，且分布相对集中，采集难度较低。

（2）客户行为数据是指能描述客户消费行为的数据，如活跃时段、购物偏好、购物渠道、消费频次、消费水平等。客户行为数据通常是动态的，变化较快，且分散在客户消费的各个环节，采集难度较高。

客户数据的来源通常包括客户注册信息、会员信息、订单信息和交易记录等，商家也可通过前面提到的调查法、访问法（尤其是问卷调查）等数据采集方法主动采集。

（二）客户数据分析

构建客户画像需要对客户数据进行全面分析和总结，因此，可以说客户画像本质上就是客户数据分析结果的汇总。

商家在分析客户数据时，需要先提出数据分析需求，然后明确满足这一需求需要分析的客户数据类型，最后利用专业的数据分析工具分析这些数据并得出结论。例如，某经营运动服饰的商家希望通过分析客户数据优化店铺在售商品的款式和男女款比例，那么，该商家就可以分析客户的年龄段分布和性别占比。而在分析这两项数据时，可利用 Excel 中的分类汇总和可视化图表功能。

此外，商家还可利用 5W2H 分析法对采集到的客户数据进行分析，具体示例如下：

- what——客户购买了什么商品？
- why——客户为什么要购买此商品？
- who——购买此商品的是谁？他/她的性别、职业、收入等详细信息是什么？
- when——客户于什么时间购买此商品的？客户喜欢在哪个时间段购物？
- where——客户来自哪里？
- how——客户使用哪种方式购买的？客户从哪种渠道购买的？
- how much——客户花了多少钱？客户的消费能力如何？

（三）客户画像展现

客户数据分析的结果就是客户画像的基础，为了便于读者快速了解客户画像的全貌和重点，还需要使用一些方法对其进行展现。目前较常见的客户画像展现方法包括描述法、可视化图表和标签词云等，下面一一进行介绍。

（1）描述法是最简单的客户画像展现方法，它通过简单精练的语言对客户画像进行全面概括，从而让读者快速了解客户画像的具体内容。例如，某主营中老年女装的电商店铺的客户画像用描述法展现如下。

本店的客户群体中女性居多，年龄主要集中在 45～60 岁，地域主要集中在三四线城市，职业大多为家庭主妇或个体经营者，月收入区间多为 2 000～4 000 元。

10～12 时和 19～21 时是这些客户最活跃的时段，她们的购物渠道多为手机端，购物间隔多在 4～7 周，消费金额多为 100～200 元，复购率较高，价格较低或折扣商品更能吸引她们的注意。

（2）可视化图表是数据分析结果最为常用的展现方法，因此也常用作客户画像的展现方法。例如，某电商店铺使用可视化图表展现了自家店铺的客户画像，如图 4-2 所示。

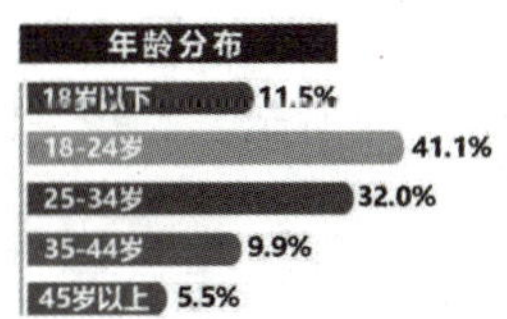

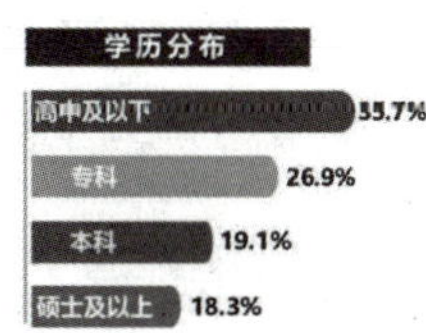

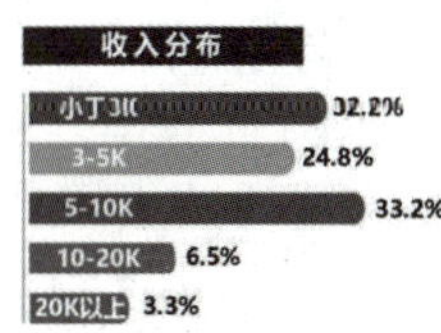

图 4-2　利用可视化图表展现的客户画像

（3）标签词云是一种新颖且有效的客户画像展现方法，它通过在词云中为标签设置不同大小、颜色等字体的形式制造视觉焦点，将客户画像中各标签的重要程度直观地展现出来，使读者可以一目了然地了解客户画像中的重点信息。一般来说，在标签词云中，颜色最显眼、大小最醒目的标签最能体现客户画像的特点。例如，某购物 App 客户画像的标签词云如图 4-3 所示。

图 4-3　使用标签词云展现的客户画像

任务实施——构建伊蔓坊女装店铺客户画像

伊蔓坊女装店铺在 2021 年 11 月 1 日统计了 2021 年 9—10 月店铺所有品类的订单信息。本任务实施将利用 Excel 对订单信息中的客户数据进行分析并构建客户画像。

分析客户特征数据

一、分析客户特征数据

步骤 1▶ 打开本书配套素材“项目四”/“任务一”/“客户画像.xlsx”工作簿，进入“订单信息”工作表，如图 4-4 所示。

商品类别	商品名称	支付金额（元）	下单日期	下单时间	客户端类型	买家昵称	性别	年龄（岁）	职业	所在地	是否关注店铺	历史总订单数（单）	总交易金额（元）
裤子	女裤复古千鸟格纹女宽松显瘦百搭抽绳束脚阔腿长裤	228	2021/9/1	23时18分	无线端	阳宝宝宝	女	25	媒体行业	广东省	否	1	228
裤子	网红同款女裤裤子女原宿风宽松显瘦高街高腰束脚运动卫裤	299	2021/9/1	0时13分	无线端	傲娇queen王恶魔心	女	31	互联网	宁夏回族自治区	否	1	299
裤子	抖音同款女裤五分裤街头高腰休闲阔腿黑色居家运动短裤	258	2021/9/1	1时57分	无线端	Micky	女	23	媒体行业	海南省	是	9	1309.2
裤子	网红同款女裤裤子女原宿风宽松显瘦高街高腰束脚运动卫裤	299	2021/9/2	19时57分	无线端	天使老BABY	女	28	企事业单位	河南省	否	1	299
外套	新款女装迷彩工装外套国潮宽松防风冲锋衣短款夹克	439	2021/9/2	11时33分	无线端	江城兔	女	21	学生	安徽省	是	8	1931.5
裤子	新款女裤收腹高腰弹力紧身字母印花黑色运动打底裤	149.9	2021/9/3	19时28分	无线端	苏苏TINA	女	24	媒体行业	北京市	否	1	149.9
卫衣	女装欧美个性炫彩油漆点点街拍焦点套头卫衣	56.6	2021/9/4	22时25分	无线端	潇湘	女	19	学生	湖北省	否	1	56.6
卫衣	女装小清新必备学院派彩色时尚拼色长袖卫衣	175	2021/9/4	21时08分	无线端	烟花易冷	女	28	个体经营者	湖北省	否	1	175
卫衣	女装新款圆领波浪下摆边米奇头像长袖卫衣	230	2021/9/4	15时04分	电脑端	黑森林巫sq	女	27	互联网	上海市	否	1	230
裤子	女裤复古灯芯绒宽松直筒休闲裤显瘦百搭阔腿长裤	289	2021/9/4	14时12分	无线端	懒癌奔疗	保密	33	互联网	江苏省	是	5	1228
裤子	抖音同款女裤五分裤街头高腰休闲阔腿黑色居家运动短裤	258	2021/9/5	22时14分	无线端	青玛	保密	28	互联网	河南省	是	7	1253
外套	新款女装拼色运动工装潮牌宽松冲锋衣	699	2021/9/6	13时24分	无线端	巨仙飘	保密	27	互联网	河北省	否	3	1037
裤子	女裤复古灯芯绒宽松直筒休闲裤显瘦百搭阔腿长裤	289	2021/9/6	12时03分	电脑端	金寓斯	保密	29	服务人员	黑龙江省	是	4	705.4
裤子	女裤黑色牛仔裤微喇叭裤商务高腰显瘦韩版修身阔腿长裤	159	2021/9/6	17时12分	电脑端	诺贝尔可爱奖	女	24	学生	四川省	是	4	1336
外套	新款女装迷彩工装外套国潮宽松防风冲锋衣短款夹克	439	2021/9/6	2时58分	无线端	VIP潇潇	保密	24	互联网	湖南省	是	6	1618.5
外套	新款女装拼色运动工装潮牌宽松冲锋衣	699	2021/9/6	22时58分	无线端	小双双	保密	31	互联网	北京市	是	6	1254.9
裤子	女裤复古千鸟格纹女宽松显瘦百搭抽绳束脚阔腿长裤	228	2021/9/7	19时31分	无线端	素染黛眉	女	28	公务员	浙江省	是	3	775
裤子	女裤黑色牛仔裤微喇叭裤商务高腰显瘦韩版修身阔腿长裤	159	2021/9/8	13时26分	无线端	克里斯张	女	27	科研人员	北京市	否	1	159
裤子	女裤黑色牛仔裤微喇叭裤商务高腰显瘦韩版修身阔腿长裤	159	2021/9/8	8时19分	无线端	掌心爱人	女	28	公司职员	江西省	否	1	159
裤子	女裤宽松显瘦抽绳束脚百搭休闲直筒ins风卫裤	249	2021/9/8	14时45分	无线端	刘亦菲的颜宠	女	19	学生	天津市	否	1	249
裤子	女裤复古千鸟格纹女宽松显瘦百搭抽绳束脚阔腿长裤	228	2021/9/8	18时44分	无线端	人未老心苍茫	保密	35	媒体行业	山东省	是	10+	2148.4
裤子	网红同款女裤裤子女原宿风宽松显瘦高街高腰束脚运动卫裤	299	2021/9/9	22时11分	无线端	食你笑眼明媚	女	28	全职太太	新疆维吾尔自治区	否	1	299
裤子	女裤复古千鸟格纹女宽松显瘦百搭抽绳束脚阔腿长裤	228	2021/9/10	21时10分	无线端	我是他儿子最帅	男	33	媒体行业	内蒙古自治区	否	1	228
裤子	女裤宽松显瘦抽绳束脚百搭休闲直筒ins风卫裤	249	2021/9/10	22时47分	无线端	小朵儿	女	23	个体经营者	广西壮族自治区	否	3	1006
裤子	女裤黑色牛仔裤微喇叭裤商务高腰显瘦韩版修身阔腿长裤	159	2021/9/10	16时10分	无线端	米修斯	女	24	个体经营者	湖南省	是	10+	2474
卫衣	女装休闲风徽章贴布休闲羊羔毛加厚卫衣	119.5	2021/9/10	21时59分	无线端	仙女下凡	女	27	公司职员	福建省	是	10+	4347.5
裙子	新款女裙针织连衣裙子毛衣裙小个子内搭打底时尚显瘦加厚裙子	209	2021/9/11	16时54分	无线端	柠檬不懂西瓜的瓤	男	29	未知	湖南省	否	1	209
卫衣	新款韩版宽松可爱圆领卫衣	39.9	2021/9/11	16时43分	无线端	人生是打不死的BOSS	保密	35	医务人员	重庆市	是	2	278.9
裤子	女裤宽松显瘦抽绳束脚百搭休闲直筒ins风卫裤	249	2021/9/11	1时39分	无线端	CandiceLv	女	29	公务员	广东省	是	3	1023.9
裤子	网红同款女裤裤子女原宿风宽松显瘦高街高腰束脚运动卫裤	299	2021/9/11	22时20分	无线端	董雨妹妹	女	27	互联网	广西壮族自治区	是	3	817
裤子	新款女裤收腹高腰弹力紧身字母印花黑色运动打底裤	149.9	2021/9/12	2时15分	无线端	Ms.包调的猫	女	24	学生	辽宁省	否	2	377.9
裤子	网红同款女裤裤子女原宿风宽松显瘦高街高腰束脚运动卫裤	299	2021/9/12	4时12分	无线端	自鲸鲸NC	女	25	金融行业	新疆维吾尔自治区	否	2	588
卫衣	女装欧美个性炫彩油漆点点街拍焦点套头卫衣	56.6	2021/9/13	0时21分	无线端	就-这样	女	38	企事业单位	湖南省	否	1	56.6
卫衣	女装灰色洋气蝙蝠宽松慵懒套头卫衣	148.5	2021/9/13	13时56分	无线端	殊楠	女	29	金融行业	上海市	否	1	148.5
裤子	新款女裤收腹高腰弹力紧身字母印花黑色运动打底裤	149.9	2021/9/13	21时18分	无线端	撩履江山权	女	27	互联网	重庆市	否	2	407.9
裤子	新款女裤休闲韩版显瘦直筒高腰宽松九分哈伦运动裤	299	2021/9/14	6时15分	无线端	初夏七雕	女	24	媒体行业	重庆市	否	2	448.9
裤子	新款女裤休闲韩版显瘦直筒高腰宽松九分哈伦运动裤	299	2021/9/14	20时24分	无线端	挑眉勾唇浅笑	女	28	个体经营者	山东省	否	2	338.9
裙子	新款女裙长袖雪纺连衣裙白色修身裙子气质优雅长裙	198.5	2021/9/14	23时20分	电脑端	邯郸	女	35	公务员	天津市	否	2	348.4
外套	新款女装摇粒绒拉链茄克保暖抓绒插肩袖长袖外套	475.9	2021/9/14	12时12分	无线端	精彩人生	女	44	医务人员	北京市	否	2	754.9
外套	新款女装摇粒绒拉链茄克保暖抓绒插肩袖长袖外套	475.9	2021/9/14	8时38分	无线端	何人一笑	女	28	企事业单位	江西省	否	2	624.4

订单信息

图 4-4　“客户画像.xlsx”工作簿的“订单信息”工作表

步骤 2▶ 分析客户的性别数据。单击工作表标签右侧的“新工作表”按钮⊕，新建一个工作表并重命名为“客户性别分析”，然后依次将“订单信息”工作表中的“买家昵称”列和“性别”列的数据复制到该工作表的 A 列和 B 列。

步骤 3▶ 汇总客户的性别类型。在“客户性别分析”工作表中将“性别”列中的数据复制到 D 列，然后单击 D 列的列标以选中该列，切换至“数据”选项卡，单击“删除重复项”按钮，如图 4-5 所示。

图 4-5　单击“删除重复项”按钮

步骤 4▶ 打开“删除重复项”对话框（见图 4-6），保持默认设置不变，单击“确定”按钮，弹出提示对话框（见图 4-7）后再次单击“确定”按钮，实现对所有客户的性别类型的汇总。

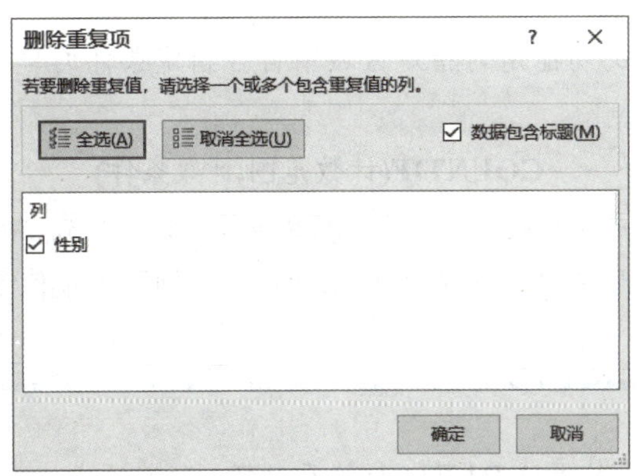

图 4-6　“删除重复项”对话框

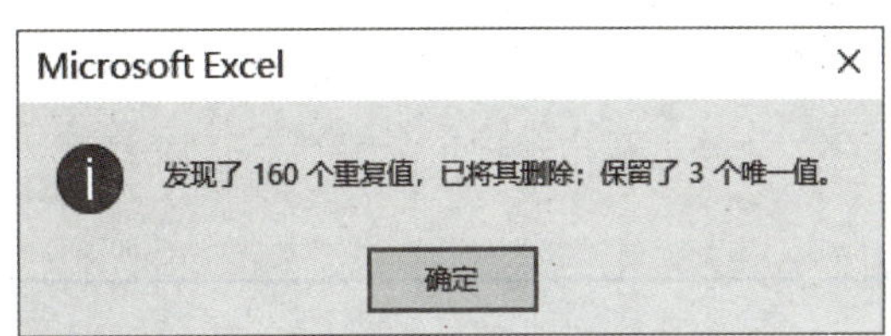

图 4-7　提示对话框

步骤 5▶ 统计各性别的客户人数。在 E1 单元格中输入列标题“人数”，在 E2 单元格中输入公式“=COUNTIF(B:B,D2)”并按“Enter”键，然后双击 E2 单元格右下角的填充柄，为 E3 和 E4 单元格自动填充公式，统计结果如图 4-8 所示。

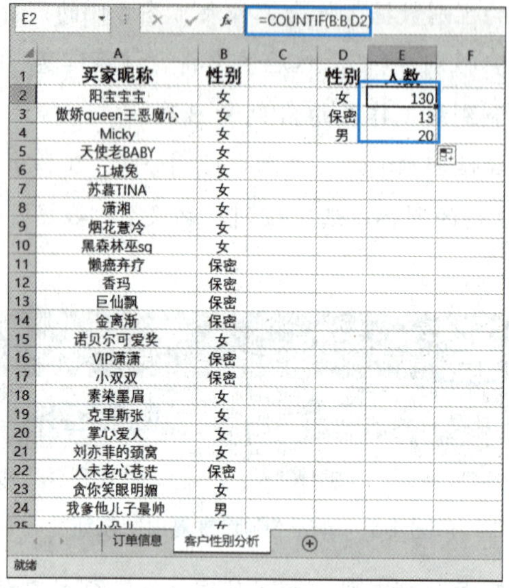

E2 =COUNTIF(B:B,D2)

	A	B	C	D	E	F
1	买家昵称	性别		性别	人数	
2	阳宝宝宝	女		女	130	
3	傲娇queen王恶魔心	女		保密	13	
4	Micky	女		男	20	
5	天使老BABY	女				
6	江城兔	女				
7	苏暮TINA	女				
8	潇湘	女				
9	烟花薏冷	女				
10	黑森林巫sq	女				
11	懒癌弃疗	保密				
12	香玛	保密				
13	巨仙飘	保密				
14	金离渐	保密				
15	诺贝尔可爱奖	女				
16	VIP潇潇	保密				
17	小双双	保密				
18	素染墨眉	女				
19	克里斯张	女				
20	掌心爱人	女				
21	刘亦菲的颈窝	女				
22	人未老心苍茫	保密				
23	贪你笑眼明媚	女				
24	我爹他儿子最帅	男				

订单信息 客户性别分析

就绪

图 4-8　统计店铺各性别的客户人数

知识链接

COUNTIF 函数的功能是对指定区域中符合指定条件的单元格进行计数，其语法为：

COUNTIF(计数范围,计数条件)

其中，计数条件可以是数字、表达式或文本等形式。公式“=COUNTIF(B:B,D2)”意为，统计当前工作表的 B 列中值等于 D2（即“性别”列中值等于“女”）的单元格个数。

步骤 6▶ 选中单元格区域 D1:E4，切换至“插入”选项卡，单击“图表”组中的“插入饼图或圆环图”按钮，在展开的下拉列表中选择“二维饼图”选项，在工作表中插入一个二维饼图，如图 4-9 所示。

知行合一

在采集数据时，可能会遇到难以统计或缺失的数据（如图 4-9 中的“保密”性别数据），这种现象是正常的。需要注意的是，在数据分析时应尊重和保持数据的客观性和真实性，绝不能忽略这些缺失的数据，更不能为了获得理想的分析结果而任意编造数据，以免影响分析结果的真实性。

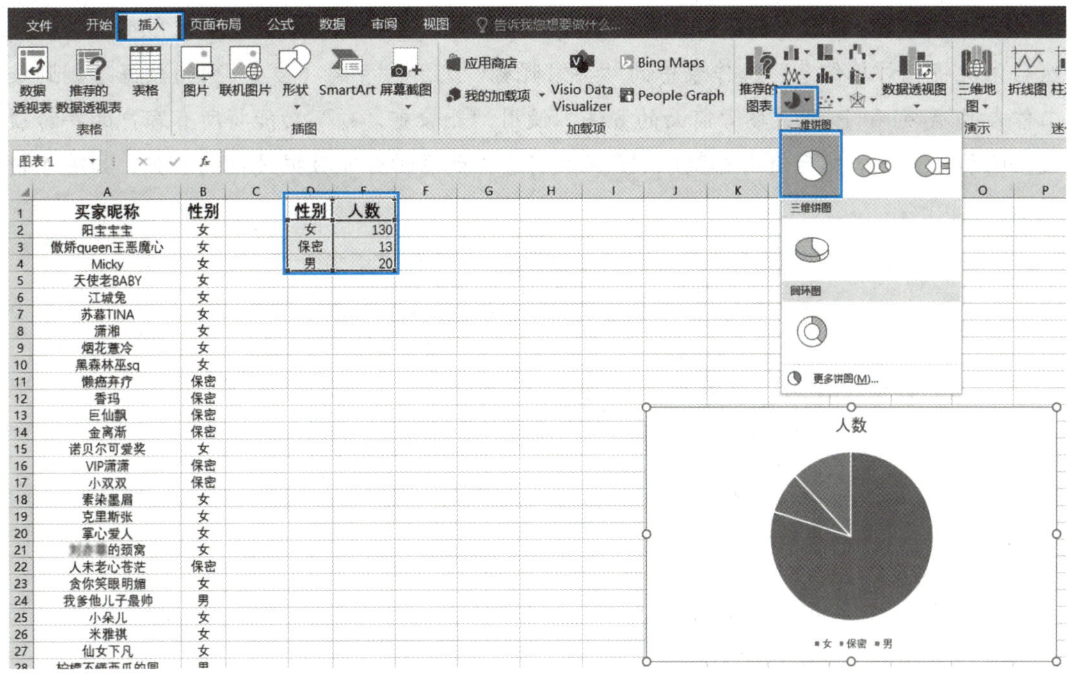

图 4-9　插入二维饼图

步骤 7▶ 参考前面的方法对二维饼图进行适当美化，如添加“店铺客户性别占比”标题和标签等，效果如图 4-10 所示。

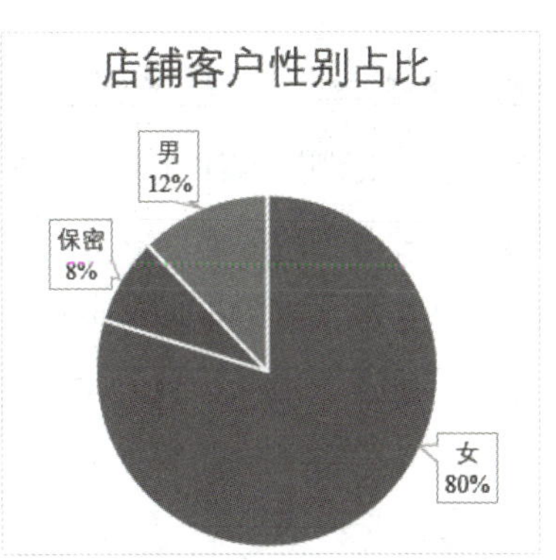

图 4-10　店铺客户性别占比饼图

提　示

为了便于计算，本任务实施中的订单均由不同的客户产生。但正常来说，由于存在复购行为，订单信息中大概率会出现一名客户有多个订单的情况。因此，商家在采集客户数据后，应先采取措施对订单信息中的重复项进行去重或合并处理，然后再对客户数据进行分析，以保证分析结果的准确性。

步骤 8▶ 分析客户的年龄数据。新建一个工作表并将其重命名为"客户年龄分析"，然后依次将"订单信息"工作表中的"买家昵称"列和"年龄（岁）"列的数据复制到该工作表的 A 列和 B 列。参考前面的方法，使用"删除重复项"功能将所有客户的年龄项数据汇总到 D 列，然后使用 COUNTIF 函数将客户的年龄分布数据统计到 E 列，如图 4-11 所示。

E2 =COUNTIF(B:B,D2)

	A	B	C	D	E	F
1	买家昵称	年龄（岁）		年龄（岁）	人数	
2	阳宝宝宝	25		25	9	
3	傲娇queen王恶魔心	31		31	5	
4	Micky	23		23	7	
5	天使老BABY	28		28	21	
6	江城兔	21		21	8	
7	苏暮TINA	24		24	17	
8	潇湘	19		19	7	
9	烟花薏冷	28		27	22	
10	黑森林巫sq	27		33	7	
11	懒癌弃疗	33		29	15	
12	香玛	28		35	7	
13	巨仙飘	27		38	1	
14	金离渐	29		44	1	
15	诺贝尔可爱奖	24		40	3	
16	VIP潇潇	24		26	6	
17	小双双	31		36	2	
18	素染墨眉	28		22	2	
19	克里斯张	27		46	1	
20	掌心爱人	28		34	3	
21	刘亦菲的颈窝	19		20	6	
22	人未老心苍茫	35		47	1	
23	贪你笑眼明媚	28		37	1	
24	我爹他儿子最帅	33		30	5	
25	小朵儿	23		48	1	
26	米雅祺	24		41	1	
27	仙女下凡	27		32	2	
28	柠檬不懂西瓜的圆	29		42	1	
29	人生是打不死的BOSS	35		43	1	
30	CandiceLv	29				
31	萧然娃娃	27				
32	Ms.低调的猫	24				
33	白鲸街NC	25				

订单信息 | 客户性别分析 | 客户年龄分析

图 4-11　统计店铺客户的年龄分布

步骤 9▶ 选中单元格区域 D1:E29，切换至"数据"选项卡，在"排序和筛选"组中单击"排序"按钮，打开"排序"对话框，在"主要关键字"下拉列表中选择"年龄（岁）"选项，在"次序"下拉列表中选择"升序"选项，然后单击"确定"按钮，如图 4-12 所示。

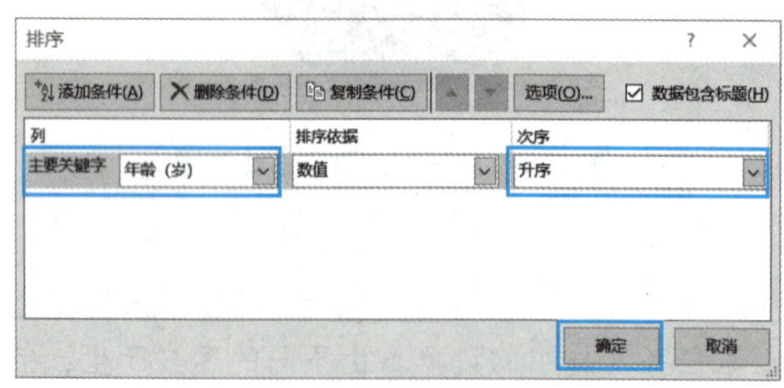

图 4-12　设置排序条件

步骤 10▶ 保持单元格区域 D1:E29 的选中状态，切换至"插入"选项卡，在"图表"组中单击"插入柱形图或条形图"按钮，在展开的下拉列表中选择"簇状柱形图"选项，

在工作表中插入一个簇状柱形图，如图 4-13 所示。

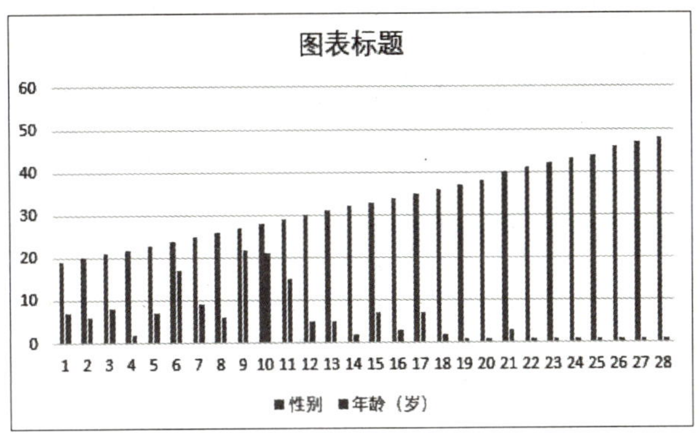

图 4-13　插入簇状柱形图

提　示

图 4-13 中的簇状柱形图存在问题，原因是 Excel 将 D 列的年龄也默认识别成了一个数据系列，因此需要对该柱形图进行调整。

步骤 11▶ 选中簇状柱形图，切换至“图表工具”组中的“设计”选项卡，单击“更改图表类型”按钮（见图 4-14），打开“更改图表类型”对话框，在默认打开的“簇状柱形图”窗格中选择第 2 个图表类型并单击“确定”按钮，如图 4-15 所示。

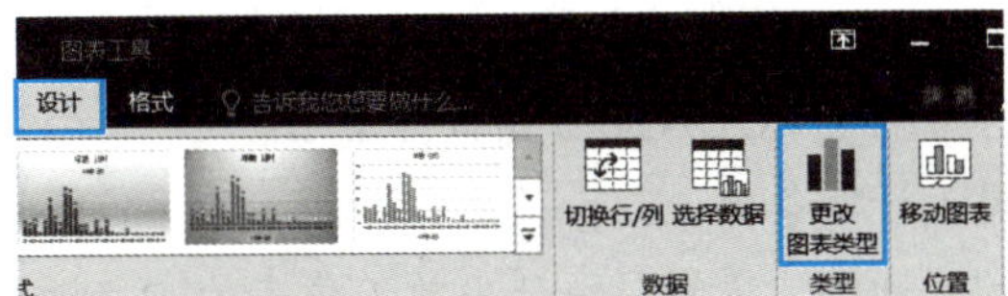

图 4-14　单击“更改图表类型”按钮

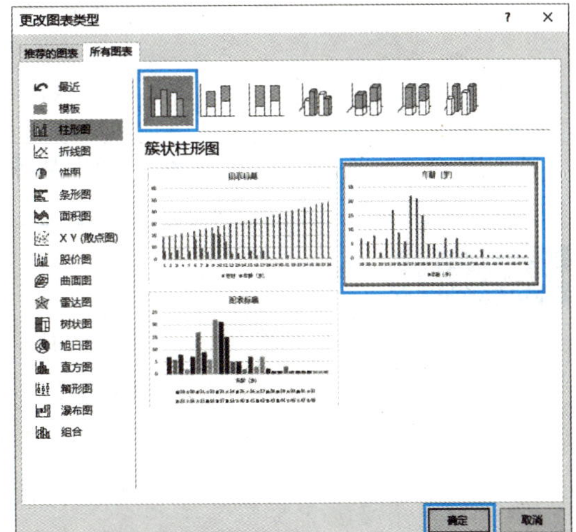

图 4-15　更改图表类型

步骤 12▶ 更正簇状柱形图后，参考前面的方法对其进行适当美化，效果如图 4-16 所示。

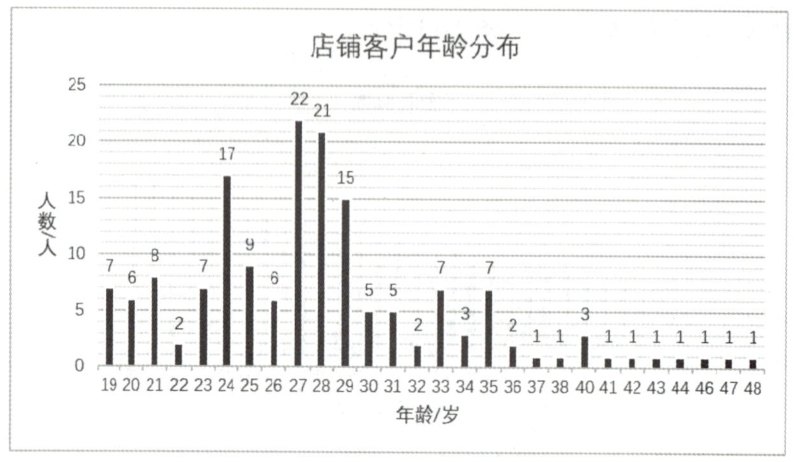

图 4-16　店铺客户年龄分布柱形图

步骤 13▶ 分析客户年龄段分布。在当前工作表的 G1 单元格中输入列标题“年龄段”，在单元格区域 G2:G4 中分别输入“30 岁以下”“30～40 岁”和“40 岁以上”；然后在 H1 单元格中输入列标题“人数”，在单元格区域 H2:H4 中分别输入公式“=COUNTIF(B:B,"<30")”“=COUNTIFS(B:B,">=30",B:B,"<=40")”“=COUNTIF(B:B,">40")”，统计店铺各年龄段的客户人数，结果如图 4-17 所示。

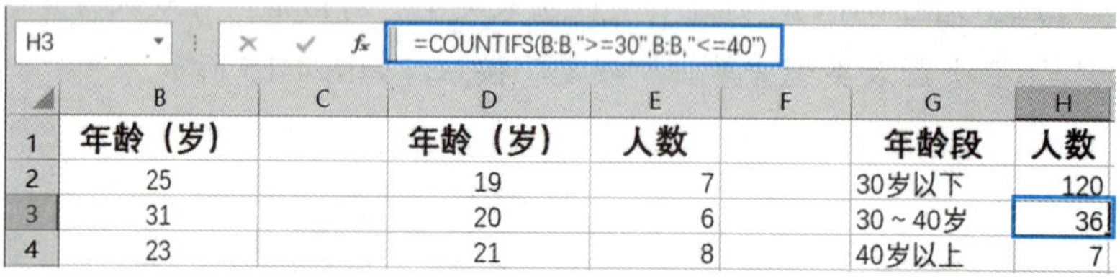

H3　=COUNTIFS(B:B,">=30",B:B,"<=40")

	B	C	D	E	F	G	H
1	年龄（岁）		年龄（岁）	人数		年龄段	人数
2	25		19	7		30岁以下	120
3	31		20	6		30～40岁	36
4	23		21	8		40岁以上	7

图 4-17　统计店铺各年龄段的客户人数

知识链接

同 COUNTIF 函数类似，COUNTIFS 函数的功能也是对指定区域中符合指定条件的单元格进行计数。不同的是，COUNTIF 函数只能指定 1 个区域，给定 1 个条件，而 COUNTIFS 函数则可指定多个区域，给定多个条件。COUNTIFS 函数的语法：

COUNTIFS(计数范围 1,计数条件 1,...)

上述公式“=COUNTIFS(B:B,">=30",B:B,"<=40")”意为，统计当前工作表的 B 列中值大于等于 30 且小于等于 40（即年龄段为 30～40 岁的人数）的单元格个数。

步骤 14▶ 选中单元格区域 G1:H4，为其中的数据插入二维饼图并进行适当美化，效果如图 4-18 所示。

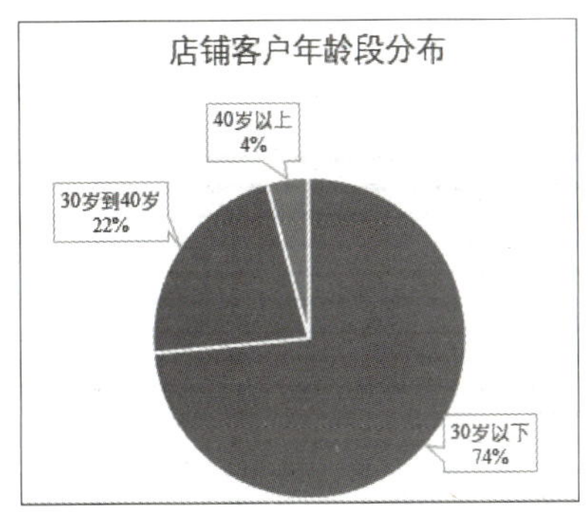

图 4-18 店铺客户年龄段分布饼图

步骤 15▶ 分析客户的职业数据。新建一个工作表并将其重命名为“客户职业分析”，然后依次将“订单信息”工作表中的“买家昵称”列和“职业”列的数据复制到该工作表的A列和B列。参考前面的方法，使用“删除重复项”功能将所有客户的职业类型数据汇总到D列，使用COUNTIF函数将不同职业的客户人数统计到E列，然后以“人数”为主要关键字对D列和E列进行升序排序，最后为D列和E列的数据插入簇状条形图并进行适当美化，效果如图4-19所示。

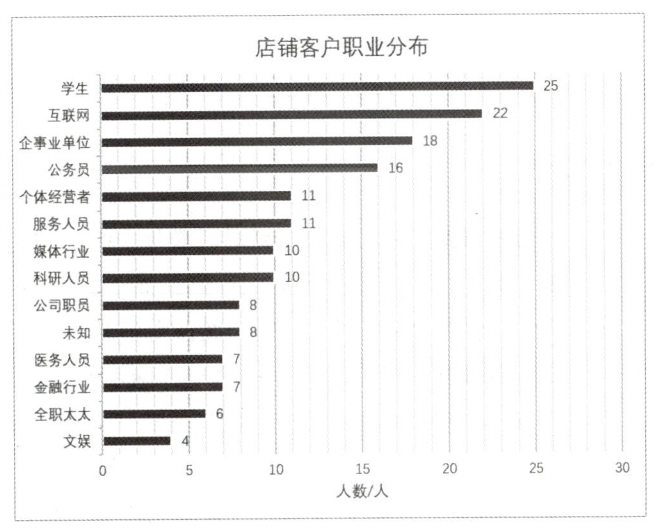

图 4-19 店铺客户职业分布条形图

步骤 16▶ 分析客户的所在地数据。新建一个工作表并将其重命名为“客户所在地分析”，然后依次将“订单信息”工作表中的“买家昵称”列和“所在地”列的数据复制到该工作表的A列和B列。参考前面的方法，使用“删除重复项”功能将所有客户的所在地数据汇总到D列，使用COUNTIF函数将客户的所在地分布数据统计到E列，然后以“人数”为主要关键字对D列和E列进行升序排序，最后为D列和E列统计的客户所在地分布数据插入簇状条形图并进行适当美化，效果如图4-20所示。

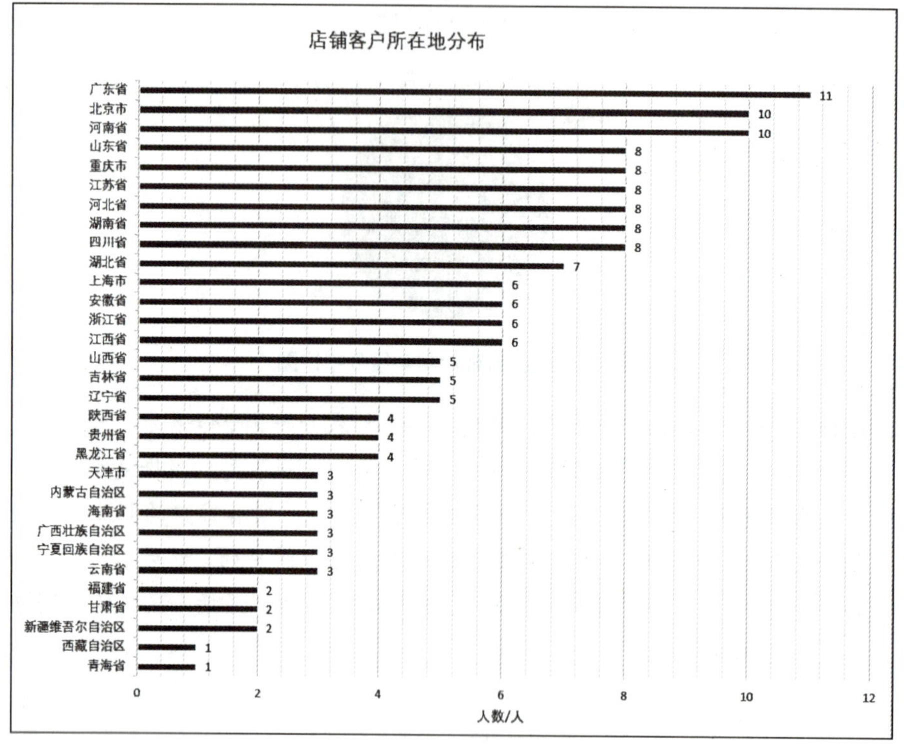

图 4-20 店铺客户所在地分布条形图

二、分析客户行为数据

分析客户行为数据

步骤 1▶ 分析客户活跃时段数据。新建一个工作表并将其重命名为“客户活跃时段分析”，然后依次将“订单信息”工作表中的“买家昵称”列和“下单时间”列的数据复制到该工作表的 A 列和 B 列。

步骤 2▶ 在 C1 单元格中输入列标题“活跃时段”，然后在 C2 单元格中输入公式“=HOUR(B2)”并按“Enter”键，将 B2 单元格中时间数据的“小时”数值填充到 C2 单元格。双击 C2 单元格右下角的填充柄，为单元格区域 C3:C164 自动填充公式，最终效果如图 4-21 所示。

步骤 3▶ 在 E1 单元格中输入列标题“活跃时段”，在单元格区域 E2:E25 中分别输入“0 时”“1 时”“2 时”……“24 时”，然后参考前面的方法，使用 COUNTIF 函数将各时段的客户人数统计到 F 列，最后为 E 列和 F 列的数据插入折线图并进行适当美化，效果如图 4-22 所示。

C2　=HOUR(B2)

	A	B	C	D
1	买家昵称	下单时间	活跃时段	
2	阳宝宝宝	23时18分	23	
3	傲娇queen王恶魔心	0时13分	0	
4	Micky	1时57分	1	
5	天使老BABY	19时57分	19	
6	江城兔	11时33分	11	
7	苏暮TINA	19时28分	19	
8	潇湘	22时25分	22	
9	烟花薏冷	21时06分	21	
10	黑森林巫sq	15时04分	15	
11	懒癌弃疗	14时12分	14	
12	香玛	22时14分	22	
13	巨仙飘	13时24分	13	
14	金离渐	12时03分	12	
15	诺贝尔可爱奖	17时12分	17	
16	VIP潇潇	2时58分	2	
17	小双双	22时58分	22	
18	素染墨眉	19时31分	19	
19	克里斯张	13时26分	13	

图 4-21　统计客户的活跃时段

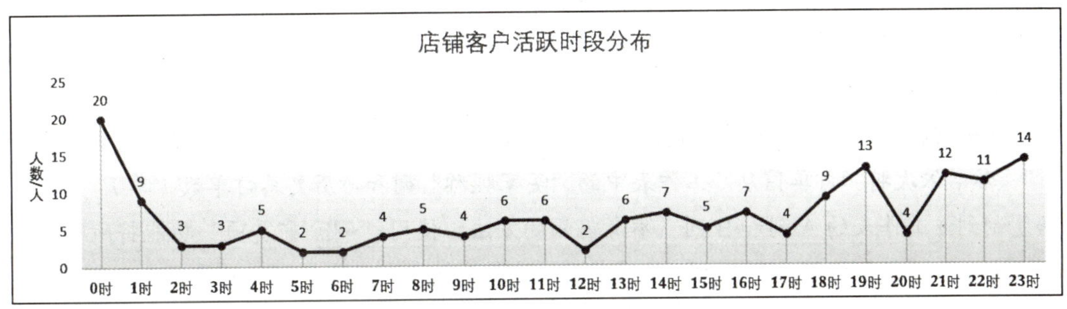

图 4-22　店铺客户活跃时段分布折线图

步骤 4▶ 分析客户活跃时段区间分布。在“客户活跃时段分析”工作表的 H1 单元格中输入列标题“活跃时段区间”，在单元格区域 H2:H5 中分别输入“1～6 时”“7～12 时”“13～18 时”“19～0 时”；在 I1 单元格中输入列标题“人数”，在单元格区域 I2:I5 中分别输入公式“=SUM(F2:F8)”“=SUM(F9:F14)”“=SUM(F15:F20)”“=SUM(F21:F25)+F2”，统计各活跃时段区间的客户人数。最后为 H 列和 I 列的数据插入折线图并进行适当美化，效果如图 4-23 所示。

步骤 5▶ 分析客户购物偏好数据。新建一个工作表并将其重命名为“客户购物偏好分析”，然后依次将“订单信息”工作表中的“买家昵称”列和“商品类别”列的数据复制到该工作表的 A 列和 B 列。参考前面的方法，使用“删除重复项”功能将店铺所有品类数据汇总到 D 列，使用 COUNTIF 函数将各品类的客户人数统计到 E 列，然后以“人数”为主要关键字对 D 列和 E 列进行升序排序，最后为 D 列和 E 列的数据插入二维饼图并进行适当美化，效果如图 4-24 所示。

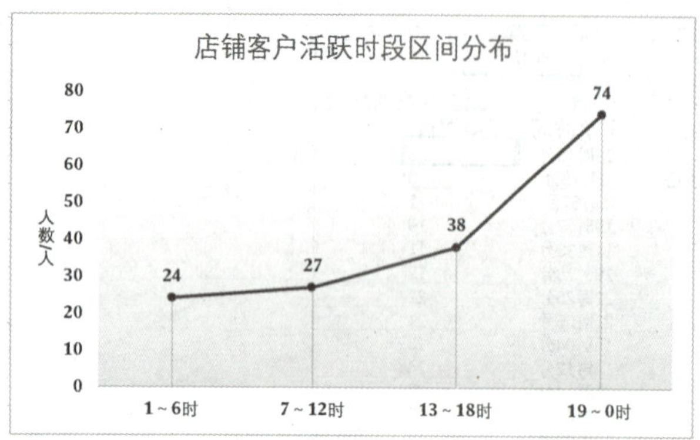

图 4-23　店铺客户活跃时段区间分布折线图

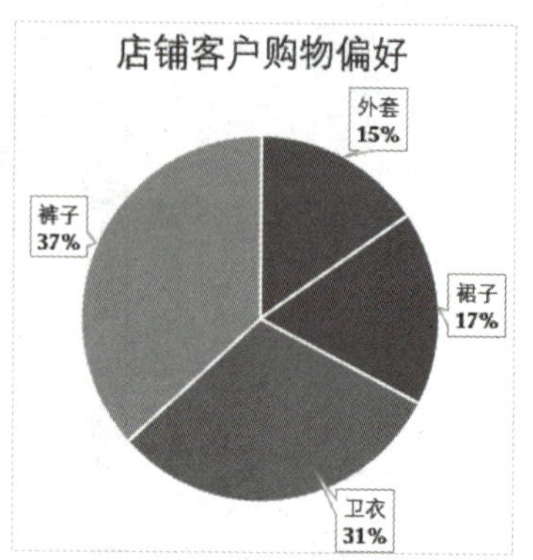

图 4-24　店铺客户购物偏好分布饼图

步骤 6▶　分析客户购物渠道数据。新建一个工作表并将其重命名为“客户购物渠道分析”，然后依次将“订单信息”工作表中的“买家昵称”列和“客户端类型”列的数据复制到该工作表的 A 列和 B 列。参考前面的方法，使用“删除重复项”功能将所有客户的客户端类型汇总到 D 列，使用 COUNTIF 函数将各客户端类型的客户人数统计到 E 列，然后为 D 列和 E 列的数据插入环形图并进行适当美化，效果如图 4-25 所示。

步骤 7▶　分析客户消费频次数据。新建一个工作表并将其重命名为“客户消费频次分析”，然后依次将“订单信息”工作表中的“买家昵称”列和“历史总订单数（单）”列的数据复制到该工作表的 A 列和 B 列。参考前面的方法，使用“删除重复项”功能将所有客户的历史总订单数数据汇总到 D 列，使用 COUNTIF 函数将不同消费频次的客户人数统计到 E 列，然后以“历史总订单数”为主要关键字对 D 列和 E 列进行升序排序，最后为 D 列和 E 列的数据插入簇状柱形图并进行适当美化，效果如图 4-26 所示。

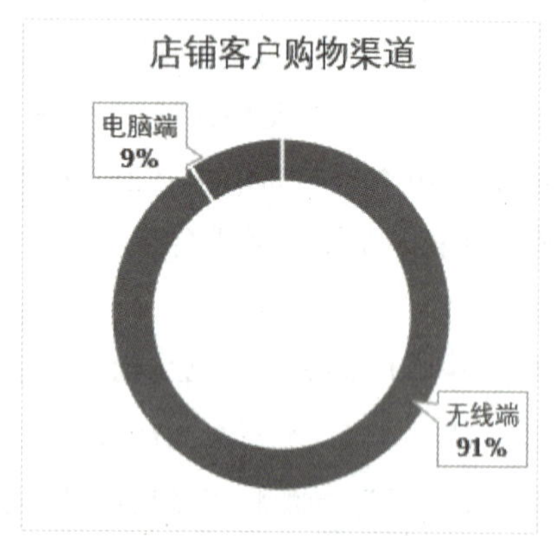

图 4-25　店铺客户购物渠道分布环形图

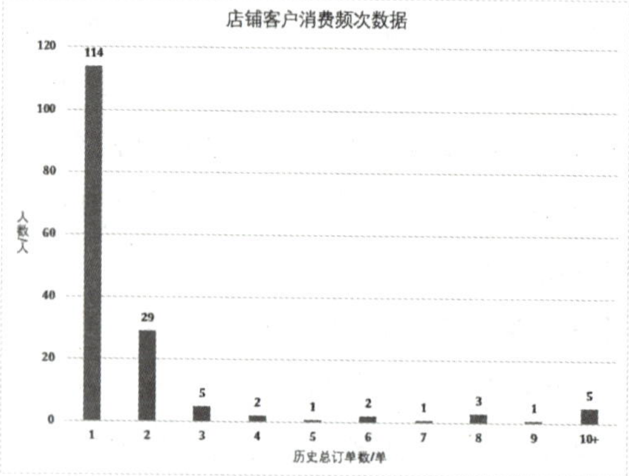

图 4-26　店铺客户消费频次分布柱形图

步骤 8▶　分析客户消费水平数据。新建一个工作表并将其重命名为“客户消费水平分析”，然后依次将“订单信息”工作表中的“买家昵称”列和“支付金额（元）”列的数据复制到该工作表的 A 列和 B 列。

步骤 9▶ 在当前工作表的 D1 单元格中输入列标题“消费水平”，在单元格区域 D2:D4 中分别输入“100 元以下”“100～300 元”“300 元以上”；在 E1 单元格中输入列标题“人数”，然后在 E2 单元格中输入公式“=COUNTIF(B:B,"<100")”并按“Enter”键，在 E3 单元格中输入公式“=COUNTIFS(B:B,">=100",B:B,"<=300")”并按“Enter”键，在 E4 单元格中输入公式“=COUNTIF(B:B,">300")”并按“Enter”键，统计各消费水平区间的客户人数。最后为 D 列和 E 列的数据插入二维饼图并进行适当美化，效果如图 4-27 所示。

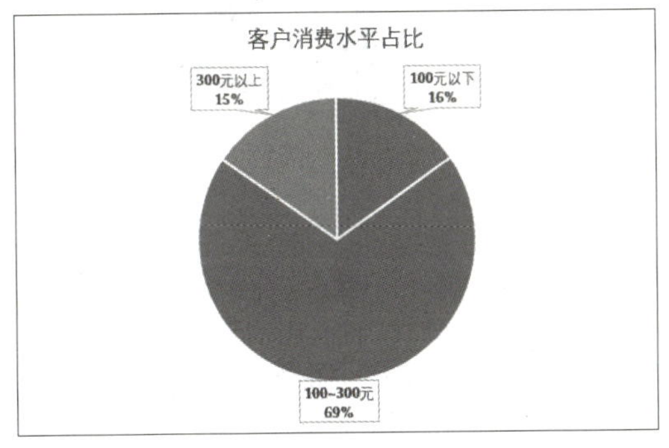

图 4-27　店铺客户消费水平分析饼图

三、展现客户画像

展现客户画像

步骤 1▶ 分析客户特征数据。由图 4-10、图 4-16，以及图 4-18 至图 4-20 可知，该店铺的客户群中，女性占绝大多数，且年龄多在 30 岁以下；广东省、北京市和河南省的客户位居前列；职业排名靠前的包括学生、互联网从业者、企事业单位职工和公务员。

步骤 2▶ 分析客户行为数据。由图 4-22 至图 4-27 可知，该店铺客户较为活跃的时段是 19～0 时；各商品中，裤子和卫衣较受客户青睐；仅在该店铺下单过 1 次的客户占绝大多数；消费水平在 100～300 元的客户居多。

步骤 3▶ 根据上述分析结果，可将该店铺的客户共性特征进行如下描述。

> 该店铺的客户以 30 岁以下的年轻女性为主，她们大多来自经济发展水平较高的地区，从事朝 9 晚 6 的工作，习惯在夜间使用手机购物，这些客户多为本店新客，对兼具潮流时尚和实用价值的商品情有独钟，她们的消费水平大多为 100～300 元。

步骤 4▶ 客户画像展现。将步骤 3 中的描述提炼为标签，并以标签词云的方式展现客户画像。在提炼标签时，可使用一些兼具概括性与潮流性的关键词。例如，“该店铺的客户以 30 岁以下的年轻女性为主”可提炼为“正值芳龄”；又如，“该店铺的客户大多来自经济发展水平较高的地区”可提炼为“都市丽人”。此外，在制作标签词云时，需要根据标签的重要程度设置字体大小、颜色等，参考效果如图 4-28 所示。

图 4-28 客户画像

任务二 客户价值分析

任务导入

客户价值是指客户能为商家提供的利润空间。不同的客户为商家提供的价值是不同的，要实现商家有限资源的最优化配置，就必须对不同价值的客户进行分类，因此，需要进行客户价值分析。本任务就带领大家了解客户价值分析的相关知识。

相关知识

一、客户价值分析的概念

客户价值分析是指对客户消费特征和行为数据进行分析，并据此评估客户价值的活动。客户价值分析的结果可用于客户细分，商家可针对细分后不同价值客户的特点进行个性化营销，从而最大限度地满足客户需求，促使交易产生的同时提高商家的经济效益。此外，客户价值分析还有利于商家制定更为合理的市场渗透策略，从而赢得、扩大和保持高价值的客户群体，吸引和培养潜力较大的客户群体。

知识链接

客户细分（customer segmentation）是客户价值分析的直接目的和核心手段，它是指根据某些特定的分类指标将客户划分为不同的客户群体。这些分类指标可以是客户的购买频率、忠诚度、成长性、流失概率等。

二、客户价值分析的方法

常用的客户价值分析方法包括新老客户分析法和 RFM 模型分析法两种，下面一一进行介绍。

（一）新老客户分析法

新老客户分析法是指根据购买次数这一指标将客户分为新客户和老客户两大客户群体，并在这两大客户群体中利用相同的指标（如人数、交易金额、客单价等）进行数据分析，帮助商家了解自家新老客户的价值，从而进行相应的资源配置和营销策略制定。

知识链接

客单价是指每个客户平均购买商品的金额，因此也称平均交易金额。客单价的计算公式如下：

客单价=总交易金额÷总客户人数

商家应根据新老客户的分析结果审视自身经营存在的不足，在巩固老客户数量的同时，及时采取措施将新客户转化为老客户，从而保持稳定快速增长。

（二）RFM 模型分析法

RFM 模型分析法是一种经典的客户价值分析方法，该模型将最近消费（recency）、消费频率（frequency）、消费金额（monetary）三大指标作为衡量标准描述客户的价值状况。

（1）最近消费（以下简称“R”指标）是指客户上一次的消费时间和统计当天的间隔。“R”指标的值越小，说明客户下单的时间间隔越小。如果“R”指标的值很大，则可认为该客户存在流失风险或已流失，在这部分客户中，可能存在一些优质客户，值得商家通过一定的营销手段进行“唤醒”。

（2）消费频率（以下简称“F”指标）是指客户在一段时间内的购买次数。“F”指标能够体现客户的忠诚度，其值越大，表示客户在本店铺的消费越频繁，不仅能为店铺带来人气，还能带来稳定的现金流。除忠诚度外，影响“F”指标值的因素还包括商品价格、

生命周期、品类等。例如，手机、笔记本电脑等商品的价格昂贵，生命周期通常在 1～3 年，因此 3C 数码店铺的“F”指标值通常较小；而日用百货、副食水果等商品的价格便宜，商品购买周期可能只有数天，因此超市的“F”指标值通常较大。这个例子说明，跨品类比较“F”指标的值是没有意义的。

此外，从上述例子中还能看出，“F”指标更适用于品类较多、规模较大的店铺。因此，对于一些品类较为单一、规模较小的店铺，用客户的历史总购买次数作为“F”指标的值更有参考价值。

（3）消费金额（以下简称“M”指标）是指客户在一段时间内的消费金额。“M”指标的值越大，说明客户在本店铺的消费金额越高，其对店铺的价值也越高。与“F”指标类似，对于小店铺而言，也可将客户的总消费金额作为“M”指标的值。

在获取店铺所有客户的“RFM”指标数据后，需要根据整体数据情况为每个指标确定判定值（一般为各指标数据的平均值），通过将每位客户的指标数据与判定值进行比较，可将客户细分为八种类型：重要价值客户、重要发展客户、重要保持客户、重要挽留客户、一般价值客户、一般发展客户、一般保持客户、一般挽留客户，如图 4-29 所示。

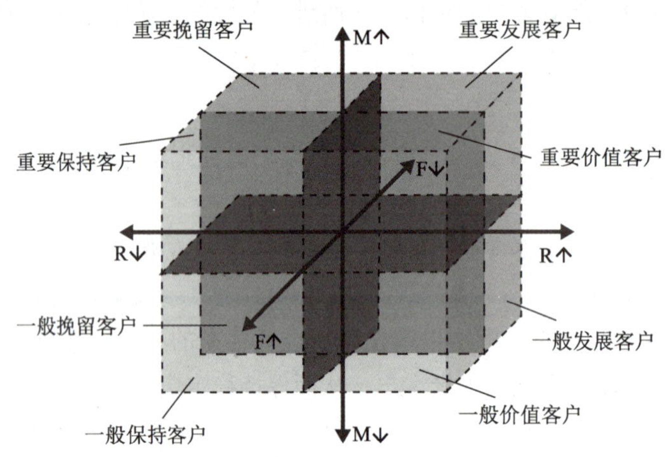

图 4-29　RFM 分析模型

在利用 RFM 模型对店铺客户进行价值划分后，可对其采取不同的营销策略（见表 4-1），以达到营销成本的最大化利用。

表 4-1　针对不同价值客户的营销策略

客户类型	营销策略
重要价值客户	这类客户的价值较高，应为其倾斜更多资源，向其提供 VIP 服务、高级定制服务等
重要发展客户	这类客户的消费频次较低，应进一步挖掘客户需求，通过发放优惠券、红包或者提升会员权益等方式提高他们的消费频率

续表

客户类型	营销策略
重要保持客户	这类客户的最近消费间隔较久，可在店铺有促销活动时采取邮件推送、短信提醒等方式主动和他们保持联系，提高其复购率
重要挽留客户	这类客户有即将流失的风险，可通过短信、邮件或 App 推送、发放有偿问卷等形式主动联系用户，询问流失原因，确定出现问题的环节，制定相应的挽回策略，提高客户留存率
一般价值客户	这类客户较为活跃，但消费金额较低，属于价格敏感型客户，可先通过性价比较高的商品在其心中奠定口碑和品牌信誉，从而使其逐步提高消费金额
一般发展客户	这类客户通常属于店铺新客，对店铺的了解有限，因此需要利用会员权限、新客优惠券等形式提升客户兴趣，在其心目中建立品牌知名度
一般保持客户	这类客户可能只是偶然在店铺购买过商品，对店铺的印象不深，因此可采用积分、节日问候、折扣等形式吸引客户
一般挽留客户	这类客户应采取一定的挽留策略，但不宜为此投入过多店铺资源

任务实施——分析伊蔓坊女装店铺客户价值

通过分析订单信息中的客户数据，伊蔓坊女装店铺构建了店铺的客户画像。随后，该店铺商家决定对客户的价值进行评估，以便制定后续的营销策略。本任务实施将利用 Excel 对订单信息中的客户进行价值分析。

一、新老客户分析

新老客户分析

步骤 1▶ 打开本书配套素材“项目四”/“任务二”/“客户价值分析.xlsx”工作簿，进入“订单信息”工作表。

步骤 2▶ 分析新老客户人数。新建一个工作表并将其重命名为“新老客户分析”，然后依次将“订单信息”工作表中的“买家昵称”列、“历史总订单数（单）”列和“总交易金额（元）”列的数据复制到该工作表的 A 列至 C 列。

步骤 3▶ 在当前工作表的单元格区域 E1:E3 中依次输入“客户类型”“新客户”“老客户”，在 F1 单元格中输入列标题“人数”，在 F2 单元格中输入公式“=COUNTIF(B:B,"1")”并按“Enter”键，在 F3 单元格中输入公式“=COUNTA(B:B)-1-F2”并按“Enter”键，统计新老客户的人数。然后参考前面的方法，为 E 列和 F 列的数据插入环形图并进行适当美化，效果如图 4-30 所示。

知识链接

COUNTA 函数的功能是统计指定区域中非空单元格的个数，其语法为：

COUNTA(计数区域)

公式“=COUNTA(B:B)-1-F2”意为，B 列非空单元格数量减去 1（即标题），再减去值为 1 的单元格数量（即新客户人数）后，即可得到老客户人数。

步骤 4▶ 分析新老客户交易额。在当前工作表的 G1 单元格中输入列标题“总交易额（元）”，在 G2 单元格中输入公式“=SUMIF(B:B,1,C:C)”并按“Enter”键，在 G3 单元格中输入公式“=SUM(C:C)-G2”，按“Enter”键统计新老客户的交易额。然后参考前面的方法，为 E 列和 G 列的数据插入环形图并进行适当美化，效果如图 4-31 所示。

知识链接

SUMIF 函数的功能是根据指定条件对若干个单元格求和。其语法为：

SUMIF(条件范围,判定条件,求和范围)

其中，条件范围是用于条件判断的单元格区域；求和范围是指确定需要求和的实际单元格。公式“=SUMIF(B:B,1,C:C)”意为，若 B 列某单元格的值为 1，则对该单元格对应的 C 列单元格中的数据进行求和。

步骤 5▶ 分析新老客户客单价。在当前工作表的 H1 单元格中输入列标题“客单价（元）”，在 H2 单元格中输入公式“=G2/F2”并按“Enter”键，在 H3 单元格中输入公式“=G3/F3”并按“Enter”键（计算结果均保留两位小数）。

步骤 6▶ 在 E4 单元格中输入“平均”，然后在 H4 单元格中输入公式“=SUM(G2:G3)/SUM(F2:F3)”并按“Enter”键，计算店铺整体的客单价，最后参考前面的方法，为 E 列和 H 列的数据插入柱形图并进行适当美化，效果如图 4-32 所示。

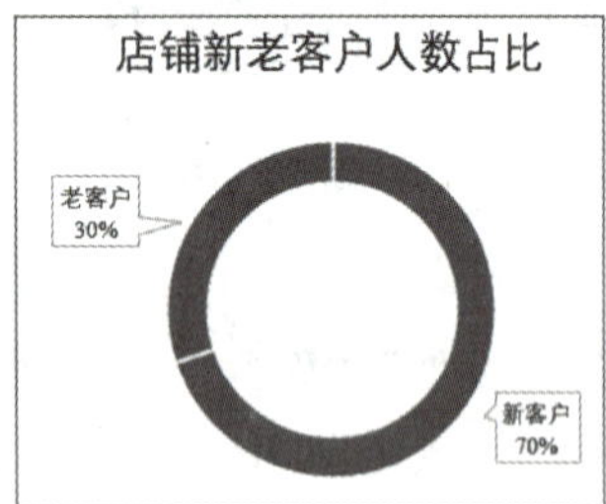

图 4-30　店铺新老客户人数占比环形图

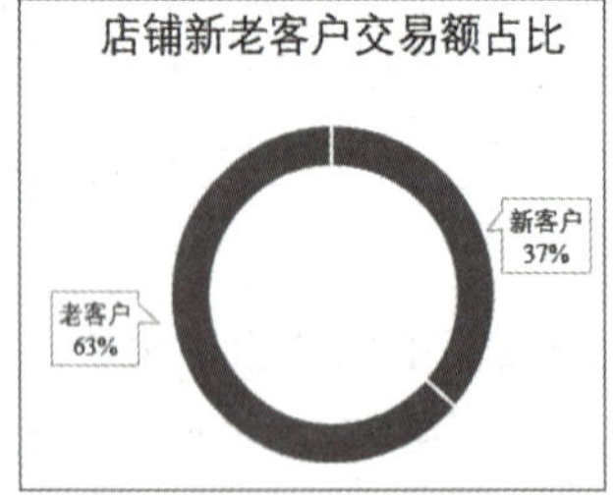

图 4-31　店铺新老客户交易额占比环形图

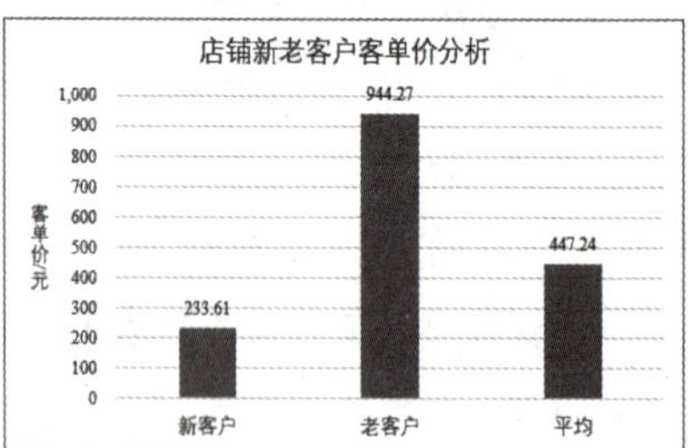

图 4-32　店铺新老客户客单价分析柱形图

步骤 7▶ 客户价值分析。由图 4-30 至图 4-32 可知，该店铺近两个月的全部客户中，新客户占比达到七成，但仅占三成的老客户却贡献了超六成的交易额。此外，老客户的客单价远高于店铺平均客单价，是新客户的 4 倍。从这些数据中，可得出以下结论。

该店铺的客户群体中，老客户的客户价值相对较高，是店铺保持稳定盈利的重要保障。因此，店铺应当将资源优先配置给这部分客户，如专属折扣、会员福利、回馈活动等，以进一步提高这部分客户的忠诚度。

此外，新客户群体的人数规模庞大，是极有可能转化为店铺的老客户、活跃客户乃至忠实客户的。因此，商家可对新客户实行回头客营销策略，如上新推荐、生日/节日祝福等，使更多的新客户转化为老客户。

二、客户 RFM 模型分析

客户 RFM 模型分析

步骤 1▶ 选择 RFM 指标。在“订单信息”工作表中，“下单日期”列与统计日期（2021 年 11 月 1 日）的差值可作为 RFM 模型中的“R”指标；由于工作表中的所有客户在固定时间内均只购买了 1 次商品，无法直接将“固定时间内的购买次数”作为“F”指标的值，可用“历史总订单数（单）”列中的数据代替；同理，可用“总交易金额（元）”列的数据作为“M”指标的值。

步骤 2▶ 新建一个工作表并将其重命名为“RFM 模型分析”，然后依次将“订单信息”工作表中的“买家昵称”列、“下单日期”列、“历史总订单数（单）”列和“总交易金额（元）”列的数据复制到该工作表的 A 列至 D 列。

步骤 3▶ 在 E1 单元格中输入列标题“下单日期间隔（天）”，在 E2 单元格中输入公式“=DATEDIF(B2,"2021/11/1","D")”并按“Enter”键，双击 E2 单元格右下角的填充柄，为单元格区域 E3:E164 自动填充公式，计算其他下单日期间隔，结果如图 4-33 所示。

E2　=DATEDIF(B2,"2021/11/1","D")

	A	B	C	D	E
1	买家昵称	下单日期	历史总订单数（单）	总交易金额（元）	下单日期间隔（天）
2	阳宝宝宝	2021/9/1	1	228	61
3	傲娇queen王恶魔心	2021/9/1	1	299	61
4	Micky	2021/9/1	9	1309.2	61
5	天使老BABY	2021/9/2	1	299	60
6	江城兔	2021/9/2	8	1931.5	60
7	苏暮TINA	2021/9/3	1	149.9	59
8	潇湘	2021/9/4	1	56.6	58
9	烟花薏冷	2021/9/4	1	175	58
10	黑森林巫sq	2021/9/4	1	230	58
11	懒癌弃疗	2021/9/4	5	1228	58
12	香玛	2021/9/5	7	1253	57
13	巨仙飘	2021/9/6	3	1037	56
14	金离渐	2021/9/6	4	705.4	56
15	诺贝尔可爱奖	2021/9/6	4	1336	56
16	VIP潇潇	2021/9/6	6	1618.5	56

图 4-33　计算客户的下单日期间隔

知识链接

DATEDIF 函数的功能是返回两个日期之间的间隔数，其语法为：

DATEDIF(开始日期,截止日期,返回类型)

其中，返回类型包括年数差、月数差和日数差三种，可根据需要分别在函数中以“Y”“M”“D”表明。公式“=DATEDIF(B2,"2021/11/1","D")”意为，以 B2 单元格中的日期为开始日期，以 2021 年 11 月 1 日为截止日期，返回日数差。

步骤 4▶ 计算“R”指标值。在 G1 单元格中输入列标题“最近消费（天）”，在 G2 单元格中输入公式“=AVERAGE(E2:E164)”，按“Enter”键确认。

步骤 5▶ 计算“F”指标值。使用“替换”功能将当前工作表中的“10+”替换为“10”，在 H1 单元格中输入“消费频次（单）”，在 H2 单元格中输入公式“=AVERAGE(C2:C164)”，按“Enter”键确认。

步骤 6▶ 计算“M”指标值。在 I1 单元格中输入“消费金额（元）”，在 I2 单元格中输入公式“=AVERAGE(D2:D164)”，按“Enter”键确认，结果如图 4-34 所示。

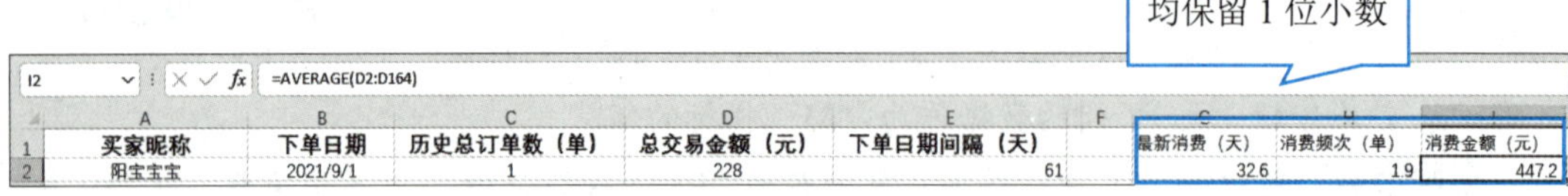

图 4-34　RFM 指标值计算结果

提　示

在“历史总订单数（单）”列中，客户的历史总订单数大于 10 单的统一使用“10+”表示。但“10+”并不是一个具体数值，因此 H2 单元格中的 AVERAGE 函数在计算平均消费频次时会将其排除在外，这样会使最终结果存在较大误差。为缩小误差，这里使用“替换”功能将工作表中的“10+”替换为“10”，将历史总订单数大于 10 单的客户统一按 10 单处理。

步骤 7▶ 建立评价体系。根据各指标的计算结果，可得出该店铺客户价值分析的 RFM 分析模型，如表 4-2 所示。

表 4-2　伊蔓坊女装店铺客户价值分析的 RFM 分析模型

下单日期间隔（天）	历史总订单数（单）	总交易金额（元）	客户类型
≤32.6	＞1.9	＞447.2	重要价值客户
≤32.6	≤1.9	＞447.2	重要发展客户
＞32.6	＞1.9	＞447.2	重要保持客户

续表

下单日期间隔（天）	历史总订单数（单）	总交易金额（元）	客户类型
＞32.6	≤1.9	＞447.2	重要挽留客户
≤32.6	＞1.9	≤447.2	一般价值客户
≤32.6	≤1.9	≤447.2	一般发展客户
＞32.6	＞1.9	≤447.2	一般保持客户
＞32.6	≤1.9	≤447.2	一般挽留客户

步骤 8▶ 判断客户价值。在 J1 单元格中输入列标题“客户重要程度”，在 J2 单元格中输入公式“=IF(D2>447.2,"重要","一般")”并按“Enter”键，然后拖动 J2 单元格右下角的填充柄至 J164 单元格，为单元格区域 J3:J164 自动填充公式；接着在 K1 单元格中输入列标题“客户细分类型”，在 K2 单元格中输入公式“=IF(E2<=32.6,IF(C2>1.9,"价值","发展"),IF(C2>1.9,"保持","挽留"))”并按“Enter”键，然后双击 K2 单元格右下角的填充柄，为单元格区域 K3:K164 自动填充公式。

知识链接

IF 函数的功能是根据逻辑计算的真假值返回不同结果。其基本语法为：

IF(条件表达式,表达式 1,表达式 2)

其中，条件表达式的计算结果为 TRUE 或 FALSE，若条件表达式为 TRUE，则返回表达式 1 的值；否则返回表达式 2 的值。例如，在公式“=IF(D2>447.2,"重要","一般")”中，“D2>447.2”就是一个逻辑表达式，如果 D2 单元格中的值大于 447.2，表达式即为 TRUE，IF 函数就返回“重要”，否则就返回“一般”。

IF 函数支持嵌套（最多可嵌套 7 层），利用这一特性可以构造复杂的条件判断语句。例如，公式“=IF(E2<=32.6,IF(C2>1.9,"价值","发展"),IF(C2>1.9,"保持","挽留"))”意为，若 E2 单元格的值小于等于 32.6，且 C2 单元格的值大于 1.9，则返回“价值”；若 E2 单元格的值小于等于 32.6，且 C2 单元格的值小于等于 1.9，则返回“发展”；若 E2 单元格的值大于 32.6，且 C2 单元格的值大于 1.9，则返回“保持”；若 E2 单元格的值大于 32.6，且 C2 单元格的值小于等于 1.9，则返回“挽留”。

步骤 9▶ 生成客户价值信息。在 F1 单元格中输入列标题“客户价值”，在 F2 单元格中输入公式“=CELL("contents",J2)&CELL("contents",K2)&"客户"”并按“Enter”键，然后双击 F2 单元格右下角的填充柄，为单元格区域 F3:F164 自动填充公式，如图 4-35 所示。

=@CELL("contents",J2)&@CELL("contents",K2)&"客户"

B	C	D	E	F	G	H	I	J	K
下单日期	历史总订单数（单）	总交易金额（元）	下单日期间隔（天）	客户价值	最新消费（天）	消费频次（单）	消费金额（元）	客户重要程度	客户细分类型
2021/9/1	1	228	61	一般挽留客户	32.6	1.9	447.2	一般	挽留
2021/9/1	1	299	61	一般挽留客户				一般	挽留
2021/9/1	9	1309.2	61	重要保持客户				重要	保持
2021/9/2	1	299	60	一般挽留客户				一般	挽留
2021/9/2	8	1931.5	60	重要保持客户				重要	保持
2021/9/3	1	149.9	59	一般挽留客户				一般	挽留
2021/9/4	1	56.6	58	一般挽留客户				一般	挽留
2021/9/4	1	175	58	一般挽留客户				一般	挽留
2021/9/4	1	230	58	一般挽留客户				一般	挽留
2021/9/4	5	1228	58	重要保持客户				重要	保持
2021/9/5	7	1253	57	重要保持客户				重要	保持
2021/9/6	3	1037	56	重要保持客户				重要	保持
2021/9/6	4	705.4	56	重要保持客户				重要	保持
2021/9/6	4	1336	56	重要保持客户				重要	保持
2021/9/6	6	1618.5	56	重要保持客户				重要	保持
2021/9/6	6	1254.9	56	重要保持客户				重要	保持
2021/9/7	3	775	55	重要保持客户				重要	保持
2021/9/8	1	159	54	一般挽留客户				一般	挽留

图 4-35　生成客户价值信息

知识链接

CELL 函数的功能是返回所引用单元格的格式、位置或内容等信息，其语法为：

CELL(返回信息类型,引用单元格)

其中，返回信息类型用于定义引用单元格的返回参数，支持返回多种信息类型，包括单元格的值（contents）、列标（col）、行号（row）、地址（address）等。

&符号称作逻辑与，它可将多个单元格、公式、函数和表达式的值组合显示在一起。

公式“=CELL("contents",J2)&CELL("contents",K2)&"客户"”意为，让当前单元格同时显示 J2 单元格的值、K2 单元格的值和“客户”二字。

步骤 10▶ 筛选重要价值客户。选中数据区域中任意一个单元格，然后切换至“数据”选项卡，单击“筛选”按钮，启动筛选功能。单击“客户价值”列上的筛选按钮▼，在展开的快捷菜单中仅选中“重要价值客户”复选框，单击“确定”按钮，即可筛选出店铺的重要价值客户，如图 4-36 所示。

	A	B	C	D	E	F
1	买家昵称	下单日期	历史总订单数（单）	总交易金额（元）	下单日期间隔	客户价值
96	[illegible]	2021/10/4	10	3621.5	28	重要价值客户
102	[illegible]	2021/10/6	10	2846	26	重要价值客户
118	[illegible]	2021/10/11	8	790.7	21	重要价值客户

图 4-36　筛选重要价值客户

步骤 11▶ 继续使用筛选功能筛选出其他价值的客户，并对不同价值类别的客户信息进行整理。

项目实训——体验生意参谋的“客群洞察”模块

作为一款出色的在线数据分析工具，生意参谋的“客群洞察”模块中提供了“行业客群”和“客群透视”两大功能，用于帮助用户了解和分析全行业在某一时间范围内的客户数据。

下面以女装行业近 30 天的客户数据为例，体验生意参谋的这两大功能，感受通过人工智能与大数据技术进行客户数据分析的便捷。

（1）访问并登录生意参谋，切换至“市场”版块，选择“客群洞察”模块中的“行业客群”选项，打开“行业客群”界面，如图 4-37 所示。

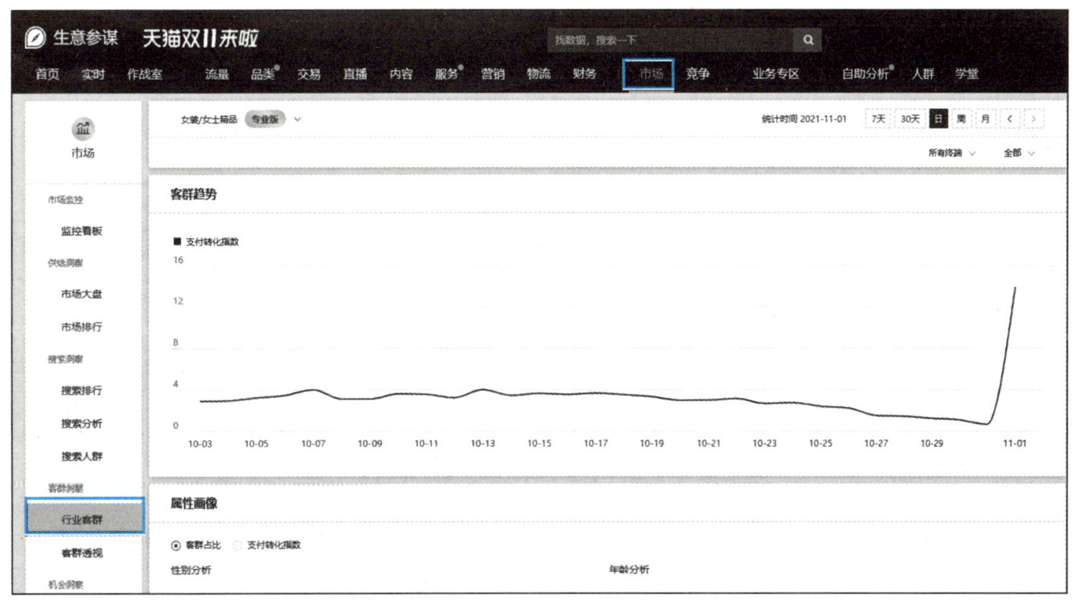

图 4-37 “行业客群”界面

（2）将数据统计时间切换至 30 天，然后拖动界面右侧的滚动条至“属性画像”面板，选中“客群占比”单选钮，在下方查看女装行业客户的性别分析和年龄分析图，如图 4-38 所示。

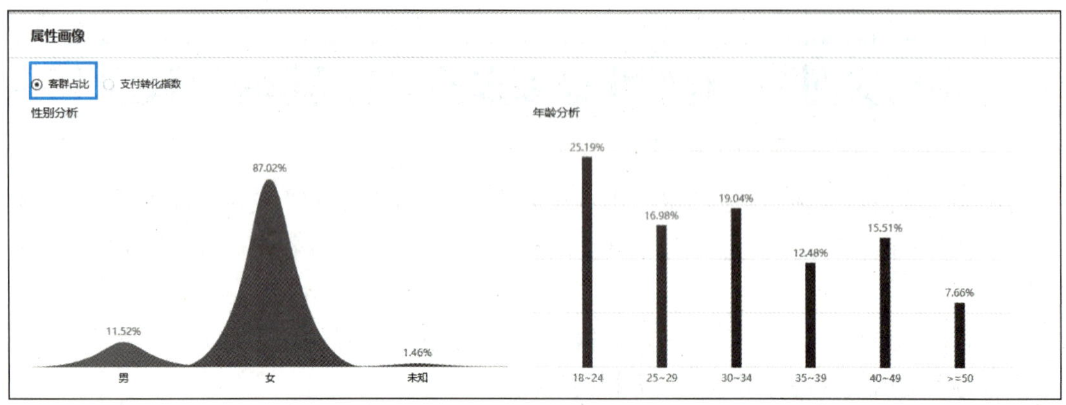

图 4-38　女装行业客户的性别分析与年龄分析

（3）拖动界面右侧的滚动条，查看女装行业客户的职业分析和所在省份数据，如图 4-39 所示。

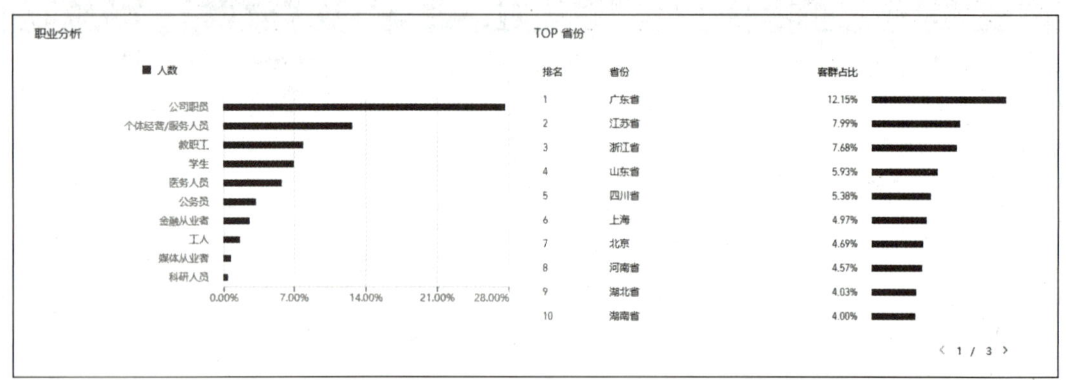

图 4-39　女装行业客户的职业与所在省份分析

（4）拖动界面右侧的滚动条，查看女装行业客户的所在城市数据，如图 4-40 所示。

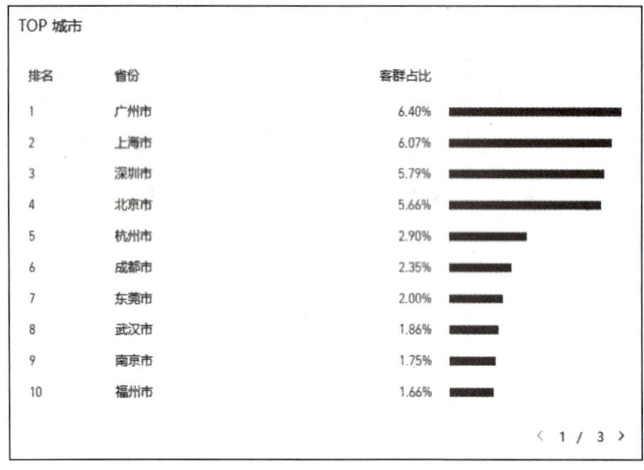

图 4-40　女装行业客户的所在城市分析

（5）拖动界面右侧的滚动条，在下方的“购买偏好”面板中查看女装行业客户的品牌偏好排行榜，单击榜单中的品牌项目可查看该品牌的交易商品榜，如图 4-41 所示。

购买偏好

品牌偏好

排名	品牌名称	交易指数
1	WIT NIGHT/...	123,288
2	Mo 安珂	94,664
3	COS	72,821
4	NAN UELINE	64,555
5	CM	63,759
6	SHU NG	54,387
7	Boo	44,308
8	JNB 衣	44,220
9	maj	43,840
10	JOR end	37,122

〈上一页　1　2　3　下一页〉

交易商品榜

外套2021秋冬 促销价：1,089.00 交易指数：27,213

2021冬新款 促销价：2,299.00 交易指数：23,822

2021秋冬新款 促销价：1,199.00 交易指数：23,524

衣裙2021秋冬 促销价：909.00 交易指数：22,630

外套2021秋冬 促销价：1,399.00 交易指数：22,035

半裙套 装女2021秋冬 促销价：1,359.00 交易指数：19,281

大裙摆半裙套装 女2021秋冬 促销价：1,179.00 交易指数：18,552

新款波点网纱 半身裙套装女秋 促销价：1,179.00 交易指数：18,342

〈　1　/　2　〉

图 4-41　女装行业客户的品牌偏好

（6）拖动界面右侧的滚动条，查看女装行业客户的类目偏好排行榜，单击榜单中的类目可查看该类目的交易商品榜，如图 4-42 所示。

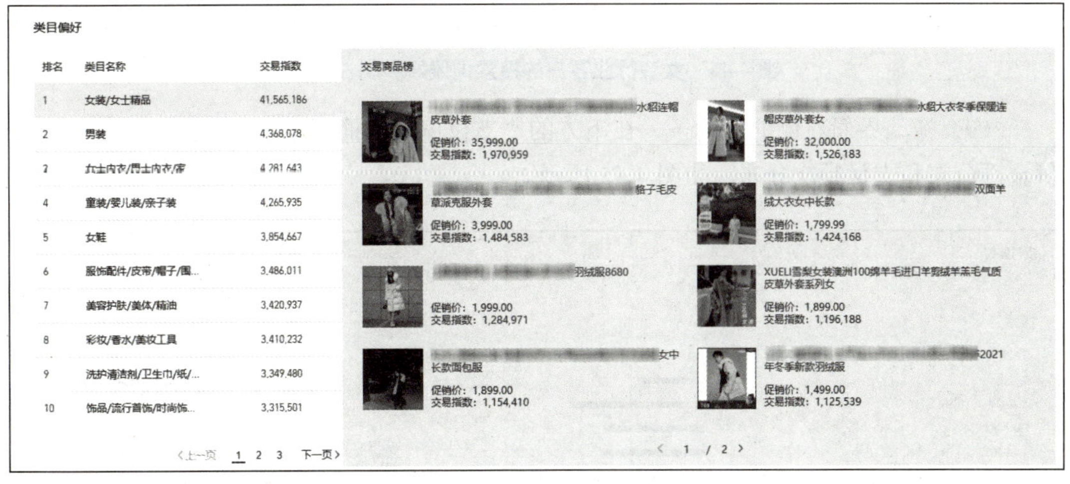
类目偏好

排名	类目名称	交易指数
1	女装/女士精品	41,565,186
2	男装	4,368,078
3	女士内衣/男士内衣/家	4,281,643
4	童装/婴儿装/亲子装	4,265,935
5	女鞋	3,854,667
6	服饰配件/皮带/帽子/围...	3,486,011
7	美容护肤/美体/精油	3,420,937
8	彩妆/香水/美妆工具	3,410,232
9	洗护清洁剂/卫生巾/纸/...	3,349,480
10	饰品/流行首饰/时尚饰...	3,315,501

〈上一页　1　2　3　下一页〉

交易商品榜

水貂连帽 皮草外套 促销价：35,999.00 交易指数：1,970,959

水貂大衣冬季保暖连 帽皮草外套女 促销价：32,000.00 交易指数：1,526,183

格子毛皮 草派克服外套 促销价：3,999.00 交易指数：1,484,583

双面羊 绒大衣女中长款 促销价：1,799.99 交易指数：1,424,168

羽绒服8680 促销价：1,999.00 交易指数：1,284,971

XUELI雪梨女装澳洲100狮羊毛进口羊剪绒羊羔毛气质 皮草外套系列女 促销价：1,899.00 交易指数：1,196,188

女中 长款面包服 促销价：1,899.00 交易指数：1,154,410

2021 年冬季新款羽绒服 促销价：1,499.00 交易指数：1,125,539

〈　1　/　2　〉

图 4-42　女装行业客户的类目偏好

（7）拖动界面右侧的滚动条，查看女装行业客户的下单及支付时段偏好，如图 4-43 所示。

下单及支付时段偏好
客群指数
800,000
600,000
400,000
200,000
0
00:00
02:00
04:00
06:00
08:00
10:00
12:00
14:00
16:00
18:00
20:00
23:00

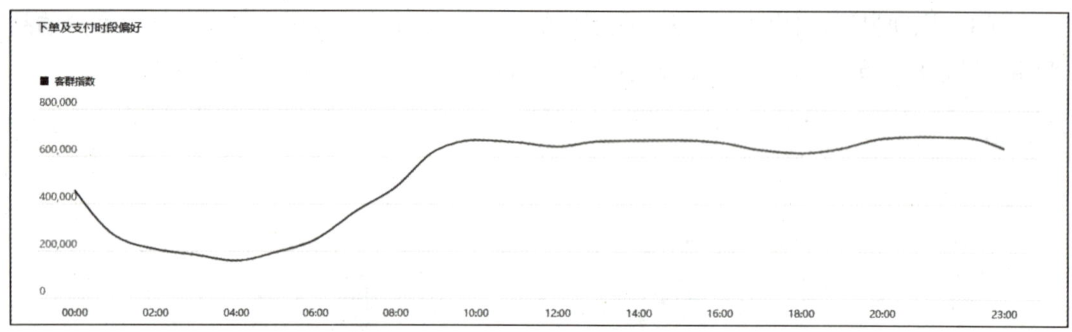

图 4-43　女装行业客户的下单及支付时段偏好

（8）拖动界面右侧的滚动条，查看女装行业客户的搜索词偏好和属性偏好，如图 4-44 所示。

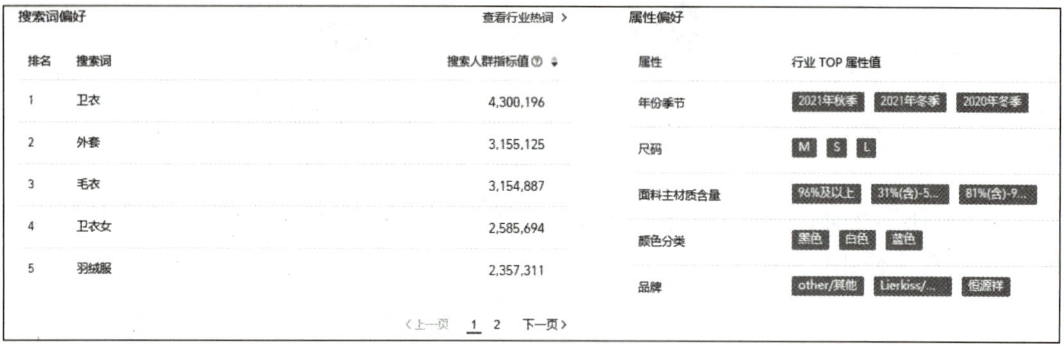

搜索词偏好
查看行业热词 >
排名　搜索词　搜索人群指标值
1　卫衣　4,300,196
2　外套　3,155,125
3　毛衣　3,154,887
4　卫衣女　2,585,694
5　羽绒服　2,357,311
〈上一页　1　2　下一页〉
属性偏好
属性　行业 TOP 属性值
年份季节　2021年秋季　2021年冬季　2020年冬季
尺码　M　S　L
面料主材质含量　96%及以上　31%(含)-5...　81%(含)-9...
颜色分类　黑色　白色　蓝色
品牌　other/其他　Lierkiss/...　恒源祥

图 4-44　女装行业客户的搜索词偏好和属性偏好

（9）拖动界面右侧的滚动条，在下方的“支付偏好”面板中查看女装行业客户的支付金额分布和支付频次分布，如图 4-45 所示。

支付偏好
支付金额分布
支付金额　客群占比
0-35.0　10.28%
35.0-70.0　22.68%
70.0-110.0　17.24%
110.0-180.0　17.56%
180.0-320.0　14.73%
320.0以上　17.51%
支付频次分布
支付频次　客群占比
1次　66.75%
2次　19.13%
3次　6.50%
4次　2.86%
5次　1.45%
5次以上　3.31%

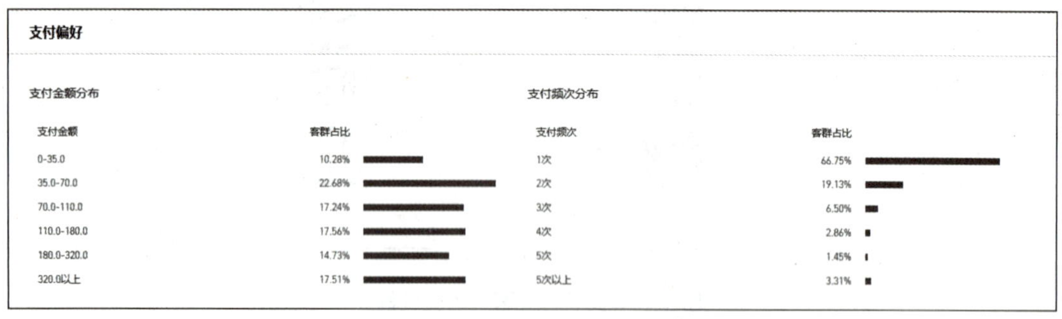

图 4-45　女装行业客户的支付金额分布和支付频次分布

（10）选择“客群洞察”模块中的“客群透视”选项，切换至“客群透视”界面，在“客群透视分析”面板的“多维维度”组中选中“年龄段-性别”单选钮，在“分析指标”组中选中“客群指数”单选钮，在下方色阶表中选择要查看的年龄段和性别的交叉色块（如

“18-22 岁，女”)，色块中会显示该客户群体当前的客群指数，该客群指数可体现此客户群体的人数。同时，在色阶表下方会显示该客户群体的客群指数趋势（即近 1 年客群指数的变化），如图 4-46 所示。

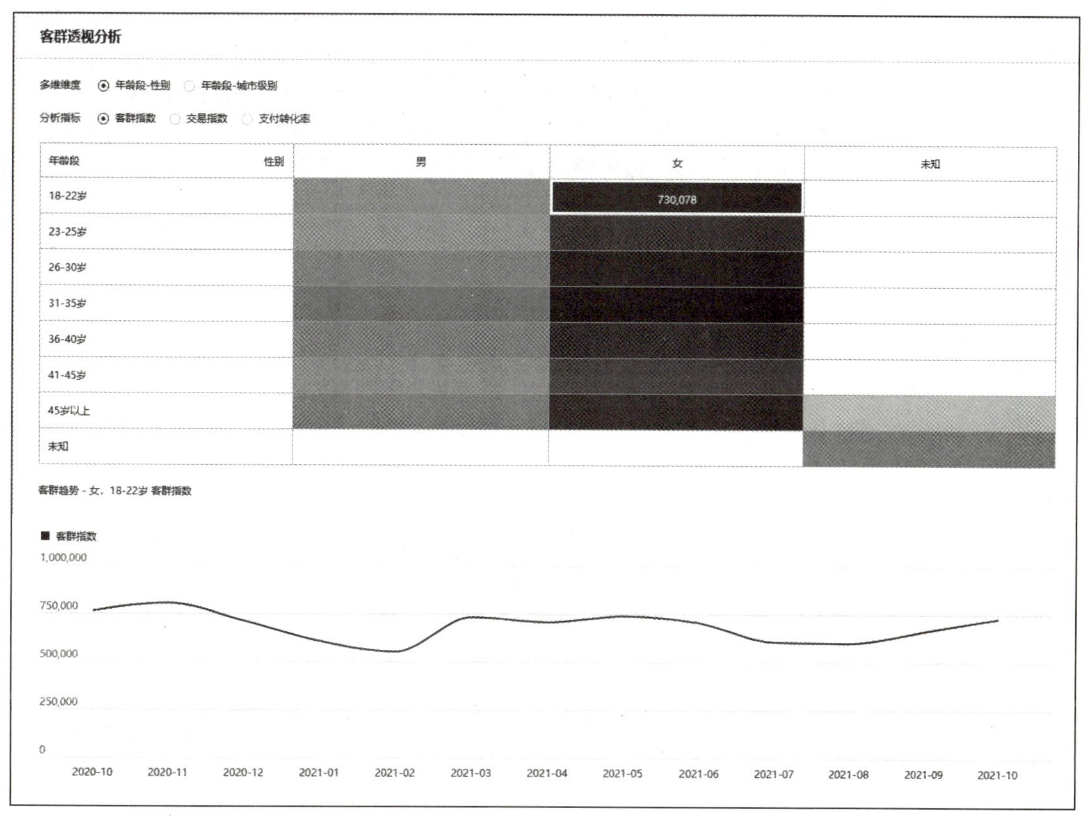

图 4-46 女装行业客户的客群指数和客群指数趋势

（11）在“客群透视分析”面板的“多维维度”组中选中“年龄段-城市级别”单选钮，在“分析指标”组中选中“交易指数”单选钮，在下方色阶表中选择要查看的年龄段和城市级别的交叉色块（如“31-35 岁，四线及以下”)，色块中会显示该客户群体当前的交易指数，该交易指数可体现此客户群体的支付金额。同时，在色阶表下方会显示该客户群体的交易指数趋势（即近 1 年交易指数的变化），如图 4-47 所示。

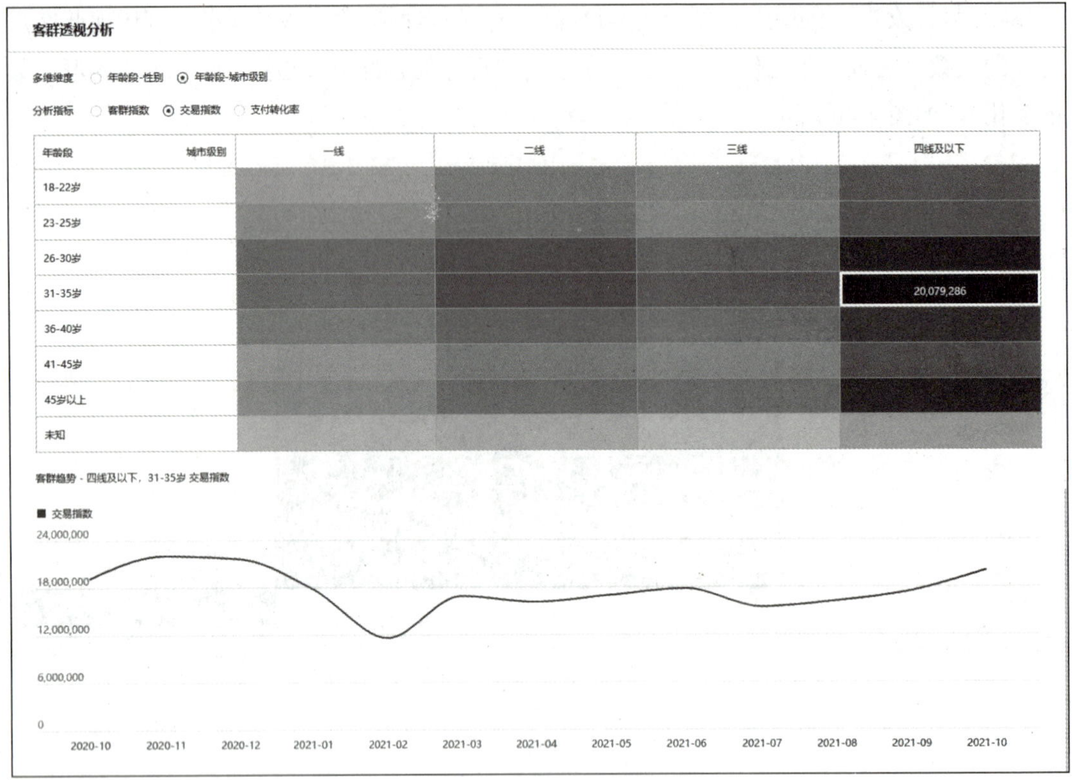

图 4-47　女装行业客户的交易指数和交易指数趋势

（12）结合“行业客群”界面中的图表，构建女装行业的客户画像。

项目五

店铺运营数据分析

项目导读

商家在日常运营店铺的过程中会产生大量数据，对这些数据进行分析可以掌握店铺的流量情况、销售情况和营销推广情况。因此，商家应周期性地对店铺运营数据进行分析，并据此优化店铺的营销策略，从而达到成交量稳定增长、引流精准化和营销推广最优化的效果。

学习目标

知识目标：了解店铺流量的分类和分析指标；了解店铺销售数据分析的指标和方法；了解店铺营销推广分析的意义和方法。

能力目标：能从多维度分析店铺的流量、销售和营销推广数据，并根据分析结果评估店铺流量结构和转化的合理性，给出店铺营销策略的优化建议和性价比最高的付费推广渠道选择方案。

素质目标：培养百折不挠、持之以恒的钻研精神；培养敬业乐业的职业态度；注重践行社会责任，增强社会责任感和使命感。

任务一　店铺流量分析

任务导入

影响店铺销售业绩的因素有很多，但流量往往是最直接的影响因素之一。尤其是在电子商务领域，一个店铺的流量越大，其商品在搜索结果中的排名就越靠前，也就越有利于商品的销售。因此，很多电商店铺将流量视作自己的“生命线”，流量分析也成了店铺运营数据分析的重要组成部分和所有商家的必修课。那么，店铺流量都有哪些来源？店铺流量分析又有哪些指标呢？本任务就以淘宝网店铺为例，带领大家了解店铺流量分析的相关知识。

相关知识

一、店铺流量的分类

对于电子商务领域，根据来源的不同，店铺流量可分为站内流量和站外流量两种。其中，站内流量通常占据店铺流量的绝大多数，是店铺流量分析的重点。根据付费方式的不同，又可将站内流量分为站内免费流量和站内付费流量两种。

（一）站内免费流量

站内免费流量是指客户通过电子商务平台内部各种免费推广渠道进入店铺产生的流量。根据推广渠道的不同，站内免费流量包括淘内免费流量、自主访问流量和大促会场流量3种。

（1）淘内免费流量是指客户通过关键词搜索或其他宣传界面进入店铺产生的流量，它在站内免费流量中占据主体地位。淘内免费流量的来源多种多样，如淘宝搜索、淘宝首页、淘宝海外、爱淘宝、手淘天天特卖、短视频全屏页上下滑、闲鱼、淘宝特价版、聚划算百亿补贴、手淘淘金币、每日好店、手淘买家秀等。

（2）自主访问流量是指客户主动访问店铺产生的流量。自主访问流量的来源主要包括直接访问、购物车、店铺收藏、宝贝收藏、我的淘宝、已买到的宝贝等，是店铺所有流量中质量最高的流量，不仅下单转化率高，而且具有很强的稳定性。这是因为自主访问店铺的客户通常之前已在店铺有过成功的交易经历，需求明确、目的性强，产生订单的可能性较大。

（3）大促会场流量是指客户通过各种大促活动会场界面进入店铺产生的流量。大促

会场类似于商场的促销活动，不同的大促会场活动通常只在1年中的特定时期展开，具有较强的时效性。常见的大促会场活动包括“双11”“女神节”“618年中大促”等。活动期间，平台中的流量会大量流入大促会场中，会场中的店铺和商品会获得较往常数倍的曝光和流量。

站内免费流量具有推广成本低、质量好、下单转化率和客户回头率较高等特点。因此，对于商家来说，站内免费流量是店铺流量的根基。一个店铺的所有流量中，若免费流量的占比较大，则说明商家SEO的效果良好，店铺的评分和排名都较高。

知识链接

SEO是指搜索引擎优化（search engine optimization），商家要想使店铺获得更多流量，就需要通过各种优化技术和手段，让店铺及商品与客户搜索的关键词更加匹配，从而在众多搜索结果中处于靠前的位置，达到提高店铺及商品曝光和流量的目的。

（二）站内付费流量

站内付费流量是指客户通过电子商务平台内部付费推广渠道访问店铺产生的流量。与站内免费流量相比，站内付费流量的类型较少。一般来说，站内付费流量的主要来源包括直通车、淘宝客、超级推荐、万相台、智钻等。其中，又以直通车和淘宝客最具代表性。

（1）直通车是一种按点击量计费的营销推广工具，可以广告位的形式优先推荐商家店铺中的商品，帮助商家实现精准引流。直通车可将商品描述与搜索关键词绑定，在客户输入关键词搜索某类商品时，商家店铺中符合关键词的商品会显示在搜索结果页中显眼的位置，当客户点击访问该商品时，直通车就算引流成功了。

商家通过直通车获取的流量较为精准，但是无法确保客户最终下单。因此，商家在付费使用直通车前，务必要对引流关键词仔细斟酌，并将商品的其他细节优化到位，以促进潜在客户的下单转化。

（2）淘宝客是一种按成交量计费的营销推广模式，在这种模式中，商家可以在淘宝联盟（淘宝官方推出的专业推广平台）上招募淘宝客推广店铺及商品，当客户通过淘宝客的专属推广链接进入店铺并产生订单后，商家需要按一定比例向淘宝客支付佣金。

与直通车相比，淘宝客的风险更低，但淘宝客掌握的客户资源有多有少，其推广效果也参差不齐。因此，商家在招募淘宝客时应进行充分考察，尽量选择资历深、信誉好的淘宝客为店铺吸引流量。

站内付费流量具有流量获取快速、引流精准等特点，是帮助商家，尤其是新商家迅速提高自身层级，打开局面的利器。需要注意的是，站内付费流量在店铺流量中的占比越大，就意味着商家的获客成本越高，因此在使用付费推广渠道获取流量前一定要明确引流目标，做好成本估算，获取流量后还需力争使新客户转变为老客户，发挥出付费流量的最大价值。

（三）站外流量

站外流量是指客户从电子商务平台以外的途径（如搜索引擎、社交平台、视频网站、导购网站和 App 等）进入店铺所产生的流量。

站外流量可以为店铺带来潜在的消费群体，帮助商家提升店铺在各平台的品牌知名度。但是，站外流量的精准性和质量通常一般，引流见效慢，且难以直接影响店铺在站内的搜索排名，故站外流量通常不在一个店铺的流量结构中占主体部分。

大爱接力

2021 年 7 月，河南省遭遇特大暴雨灾情。一方有难，八方支援，众多企业纷纷捐款捐物，驰援河南。在众多企业中，运动服饰品牌鸿星尔克虽自身尚举步维艰，却慷慨解囊，低调捐赠了 5 000 万元。这样的善举激发了人们的民族情怀，相关话题迅速登上各大社交平台热搜排行榜。舆论发酵后，网友盛赞其为“国货之光”，数百万网友涌入鸿星尔克的线上直播间和线下门店，开启了“野性消费”模式，将鸿星尔克店铺的库存抢购一空。

赠人玫瑰，手有余香。鸿星尔克之所以能在短时间内获得如此多的流量和关注，与其在同胞危难之际表现出的担当是分不开的。正如网友所说，这样一家具有社会责任感的良心企业，获得多少流量和销量都不为过。中国人的善良是刻在骨子里的，每一个无私付出的举动都会被铭记，每一个善良朴实的个体都会被善待。

二、店铺流量分析指标

店铺流量是产生销量的基础，它的主要分析指标包括流量结构和流量转化，下面一一进行介绍。

（一）流量结构

流量结构是指店铺内流量的组成和占比情况。分析流量结构有助于商家对店铺流量的合理性进行评估，找出其中的优质流量来源，从而进一步调整店铺的营销推广策略，扩大其引流效果。

不同店铺的流量结构会因行业和运营模式而异，但通常情况下，一个店铺最健康的流量结构应为站内免费流量占多数，站内付费流量和站外流量占少数。这是因为若站内付费流量占比较大，会给店铺带来较大的成本负担，不利于店铺盈利；若站外流量占比较大，由于其难以直接影响店铺的站内搜索排名，会对店铺的长期发展造成不良影响。

例如，某店铺的所有流量中，站内免费流量占 72%，站内付费流量占 22%，站外流量占 6%，那么就可以称这个店铺的流量结构是合理的。

（二）流量转化

对于商家来说，为店铺吸引更多流量只是手段，实现利润最大化才是最终目的。因此，仅分析流量结构是不够的，还需要对引流最终取得的效果进行分析，即进行流量转化分析。流量转化分析的重要指标是下单转化率，其计算公式如下：

$$下单转化率 = 下单客户数 \div 访客数 \times 100\%$$

店铺的下单转化率越高，表明其流量的利用率越高，利润空间越大。因此，商家通过流量转化分析可实现对各类流量的质量评估，从而最大限度地利用流量，以赚取更多的利润。

任务实施——分析伊蔓坊女装店铺流量

伊蔓坊女装店铺统计了店铺近 1 个月的流量数据，本任务实施将利用 Excel 对这些数据进行分析，评估店铺流量结构的合理性，筛选出优质的流量来源。

店铺流量结构分析

一、店铺流量结构分析

步骤 1▶ 打开本书配套素材“项目五”/“任务一”/“店铺流量分析.xlsx”工作簿，进入“流量数据”工作表，如图 5-1 所示。

流量来源	来源明细	访客数	下单客户数
站内付费流量	直通车	1529	235
站内付费流量	超级推荐	1791	249
站内付费流量	智钻	808	50
站内付费流量	淘宝客	443	52
站内付费流量	红包签到	750	25
站内付费流量	万相台	168	15
站内付费流量	聚划算	626	90
站内付费流量	红包省钱卡	189	6
站外流量	折800	510	25
站外流量	QQ空间	499	30
站外流量	美丽说	422	14
站外流量	嗨淘	254	6
站外流量	百度	214	1
站外流量	白菜价	157	8
站外流量	九块九包邮	102	6
站外流量	站外流量其他	99	5
站外流量	米折	97	2

图 5-1　“店铺流量分析.xlsx”工作簿的“流量数据”工作表

步骤 2▶ 单击工作表标签右侧的“新工作表”按钮⊕，新建一个工作表并重命名为“店铺流量结构分析”，然后依次将“流量数据”工作表中的“流量来源”列、“来源明细”列和“访客数”列的数据复制到该工作表的 A 列至 C 列。

步骤 3▶ 在“店铺流量结构分析”表中，选中数据区域的任意一个单元格，切换至“数据”选项卡，在“分级显示”组中单击“分类汇总”按钮，如图 5-2 所示。

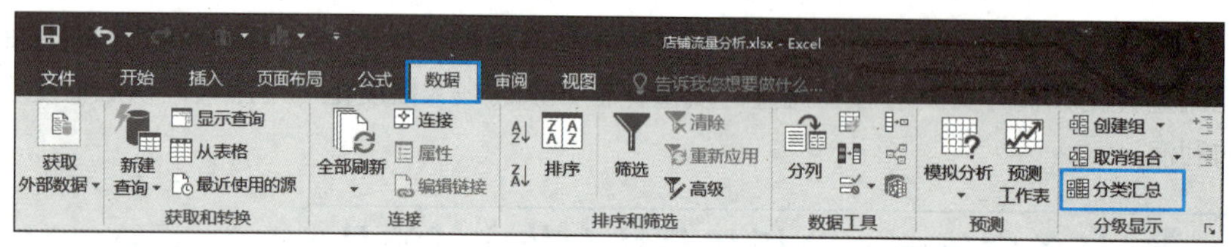

图 5-2　单击“分类汇总”按钮

步骤 4▶ 打开“分类汇总”对话框，在“分类字段”下拉列表中选择“流量来源”选项，在“汇总方式”下拉列表中选择“求和”选项，在“选定汇总项”列表中仅选中“访客数”复选框，其他保持默认设置不变，单击“确定”按钮（见图 5-3），对工作表进行分类汇总，结果如图 5-4 所示。

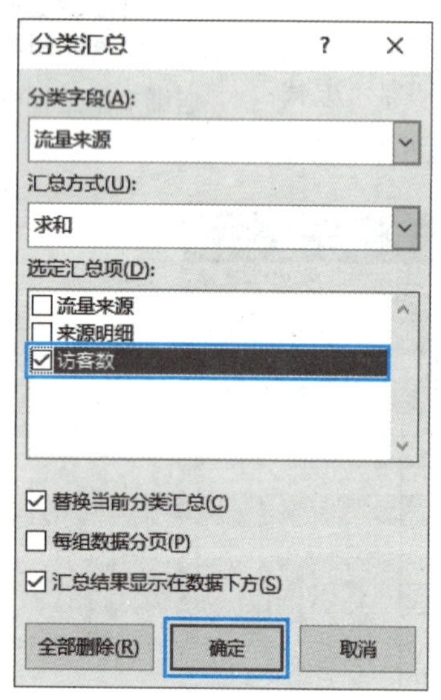

图 5-3　设置分类汇总参数

	A	B	C	D
1	流量来源	来源明细	访客数	
2	站内付费流量	直通车	1529	
3	站内付费流量	超级推荐	1791	
4	站内付费流量	智钻	808	
5	站内付费流量	淘宝客	443	
6	站内付费流量	红包签到	750	
7	站内付费流量	万相台	168	
8	站内付费流量	聚划算	626	
9	站内付费流量	红包省钱卡	189	
10	站内付费流量 汇总		6304	
11	站外流量	折800	510	
12	站外流量	QQ空间	499	
13	站外流量	美丽说	422	
14	站外流量	嗨淘	254	
15	站外流量	百度	214	
16	站外流量	白菜价	157	
17	站外流量	九块九包邮	102	
18	站外流量	站外流量其他	99	
19	站外流量	米折	97	
20	站外流量 汇总		2354	
21	淘内免费流量	淘工厂直营	1898	
22	淘内免费流量	手淘搜索	1842	
23	淘内免费流量	分享购物车活动	1815	
24	淘内免费流量	手淘买家秀	1731	
25	淘内免费流量	手淘我的评价	1641	
26	淘内免费流量	淘宝特价版	1519	
27	淘内免费流量	手猫商品详情	1469	
28	淘内免费流量	芭芭农场	1391	

流量数据　店铺流量结构分析

图 5-4　分类汇总结果（部分）

知识链接

在图 5-4 中，工作表列标左侧显示的数字按钮 1 2 3 称为分级显示按钮，单击数字按钮“1”可查看一级汇总结果，包括工作表的标题行和“总计”行；单击数字按钮“2”可查看二级汇总结果，包括工作表的标题行、“汇总”行和“总计”行；单击

数字按钮“3”可查看所有数据明细和分类汇总结果，这也是分类汇总后的默认显示状态。此外，分级显示按钮下方的“–”按钮称作“隐藏明细数据”按钮，单击该按钮可隐藏当前汇总项的明细数据，且此按钮将变为“+”，再次单击该按钮可显示当前汇总项的明细数据。

步骤 5▶ 单击列标左侧的数字按钮“2”，查看二级汇总结果，即各流量来源和访客数的“汇总”行和“总计”行，如图 5-5 所示。

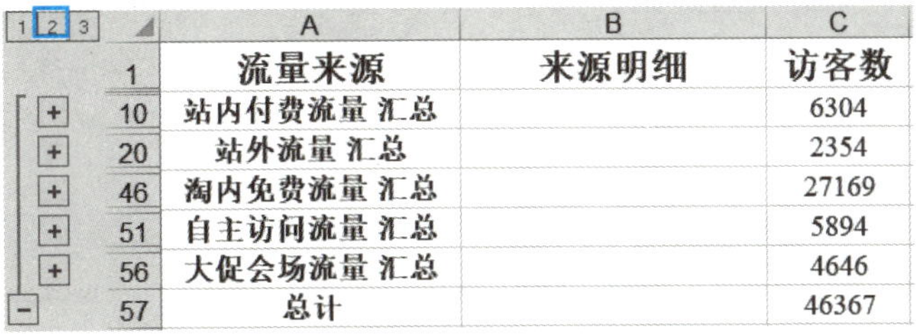

	A	B	C
1	流量来源	来源明细	访客数
10	站内付费流量 汇总		6304
20	站外流量 汇总		2354
46	淘内免费流量 汇总		27169
51	自主访问流量 汇总		5894
56	大促会场流量 汇总		4646
57	总计		46367

图 5-5 查看二级汇总结果

步骤 6▶ 选中“流量来源”列和“访客数”列的标题和“汇总”行的数据，切换至“插入”选项卡，单击“图表”组中的“插入饼图或圆环图”按钮，在展开的下拉列表中选择“二维饼图”组中的“子母饼图”选项，在工作表中插入一个子母饼图，如图 5-6 所示。

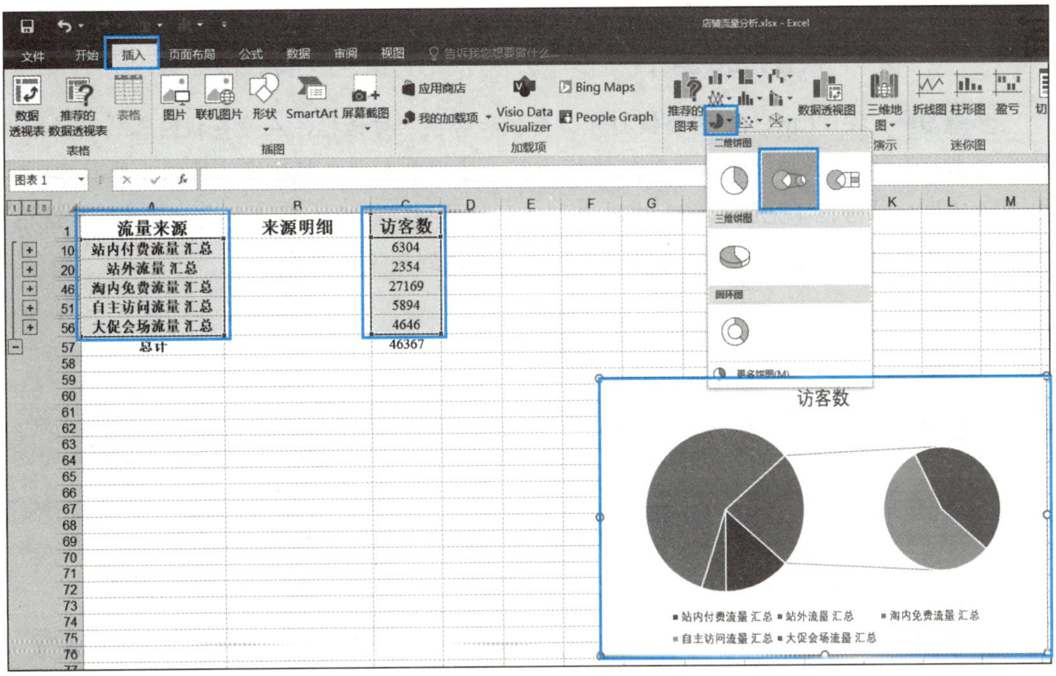

图 5-6 插入子母饼图

步骤 7▶ 右击子母饼图中的子图，在弹出的快捷菜单中选择“设置数据系列格式”选项，打开“设置数据系列格式”任务窗格，在“系列分割依据”下拉列表中选择“位置”选项，在“第二绘图区中的值”编辑框中输入 3 并按“Enter”键（见图 5-7），使子图由所选数据的后 3 行（即所有站内免费流量）组成。

步骤 8▶ 单击图表右侧的“图表元素”按钮，展开“图表元素”列表，将鼠标指针移到“数据标签”选项上，然后单击其右侧的▸按钮，在展开的子列表中选择“数据标注”选项（见图 5-8），为子母饼图添加数据标签。

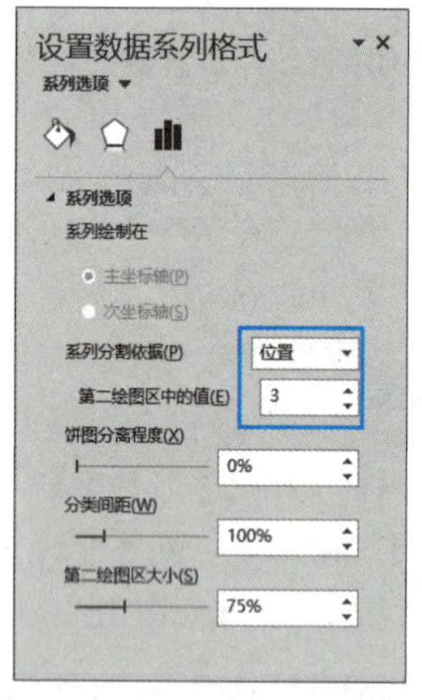

图 5-7　设置子图数据范围

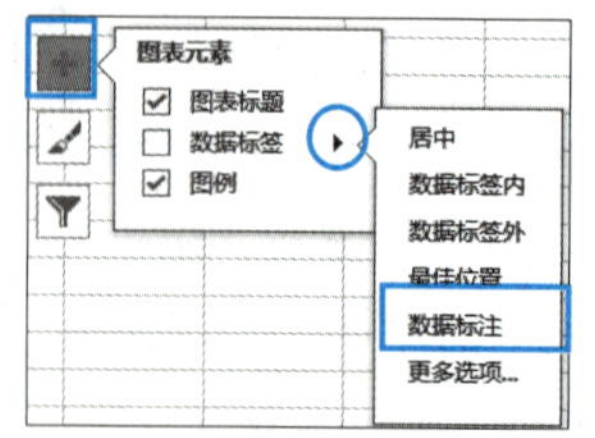

图 5-8　添加数据标签

步骤 9▶ 按“Ctrl+H”组合键打开“查找和替换”对话框，在“查找内容”编辑框中输入文本“汇总”，保持“替换为”编辑框为空，然后单击“全部替换”按钮（见图 5-9），在弹出的提示对话框（见图 5-10）中单击“确定”按钮，然后关闭“查找和替换”对话框，即可将汇总项中的“汇总”字样替换为空白，从而达到删除的效果。

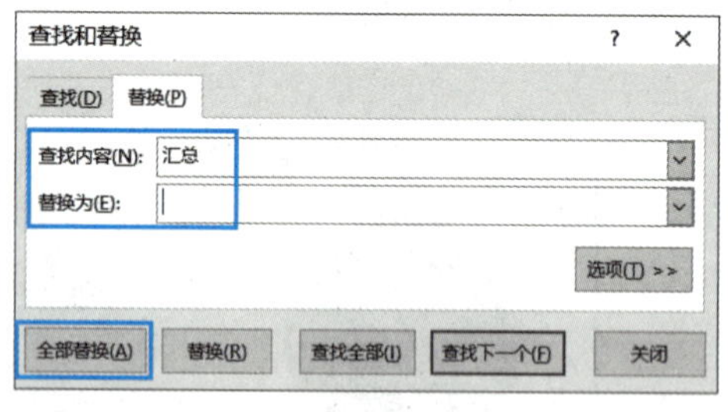

图 5-9　“查找和替换”对话框

图 5-10　提示对话框

步骤 10▶ 双击“其他 81%”数据标签的边框，进入编辑模式，删除“其他”文本，重新输入文本“站内免费流量”，然后将图表标题修改为“店铺流量结构”，参考前面的方法对子母饼图进行美化，最终效果如图 5-11 所示。

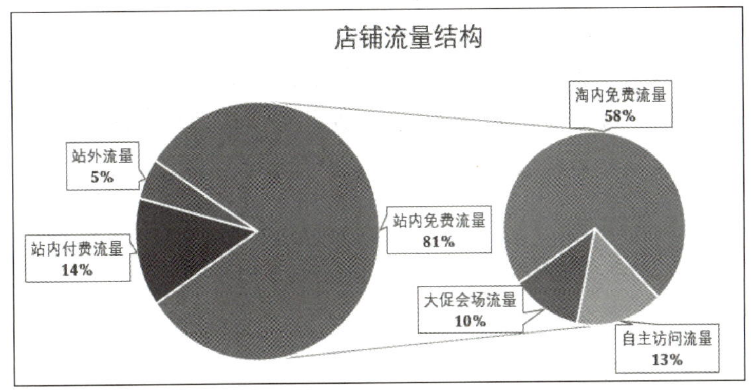

图 5-11　店铺流量结构分析子母饼图

步骤 11▶　站内付费流量细分结构分析。单击“站内付费流量”单元格左侧的“显示明细数据”按钮⊞，展开站内付费流量的来源明细，如图 5-12 所示。

步骤 12▶　参考前面的方法，用二维饼图对站内付费流量各来源明细的访客数占比进行可视化展现，最终效果如图 5-13 所示。

	A	B	C
1	流量来源	来源明细	访客数
2	站内付费流量	直通车	1529
3	站内付费流量	超级推荐	1791
4	站内付费流量	智钻	808
5	站内付费流量	淘宝客	443
6	站内付费流量	红包签到	750
7	站内付费流量	万相台	168
8	站内付费流量	聚划算	626
9	站内付费流量	红包省钱卡	189
10	站内付费流量		6304
20	站外流量		2354
46	淘内免费流量		27169
51	自主访问流量		5894
56	大促会场流量		4646
57	总计		46367

图 5-12　查看站内付费流量的来源明细

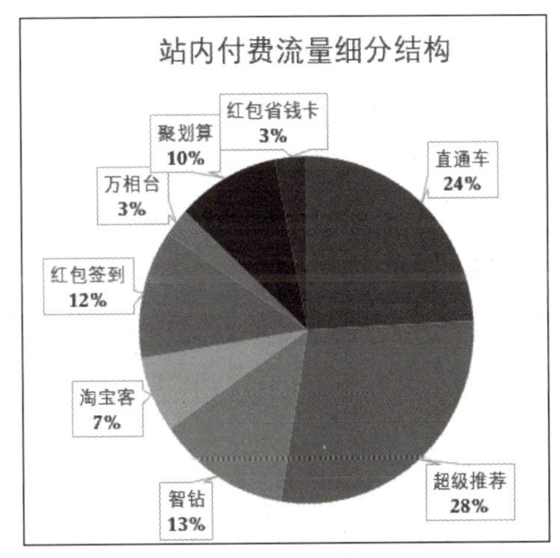

图 5-13　站内付费流量细分结构分析饼图

步骤 13▶　店铺流量结构分析。由图 5-11 可知，该女装店铺的流量中，站内免费流量占比 81%，站内付费流量占比 14%，站外流量占比 5%，店铺流量的整体结构较为合理；由图 5-13 可知，该女装店铺站内付费流量来源中引流较多的为直通车和超级推荐，商家可在后续重点关注和运营这两大付费流量来源，从而最优化利用营销推广预算。

二、店铺流量转化分析

步骤 1▶　复制一份“流量数据”工作表，将其重命名为“店铺流量转化分析”，然后在 E1 单元格中输入列标题“下单转化率”，在 E2 单元格中输入公式“=D2/C2”，按“Enter”键计算直通车的下单转化率。双击 E2 单元格右下角的填充柄，为单元格区域 E3:E51 自动填充公式，计算其他流量来源的下单转化率。

步骤 2▶ 设置单元格格式。选中单元格区域 E2:E51，单击“开始”选项卡“数字”组右下角的“数字格式”按钮，在打开的“设置单元格格式”对话框中选择“百分比”选项，在“小数位数”编辑框中输入 2，单击“确定”按钮，如图 5-14 所示。

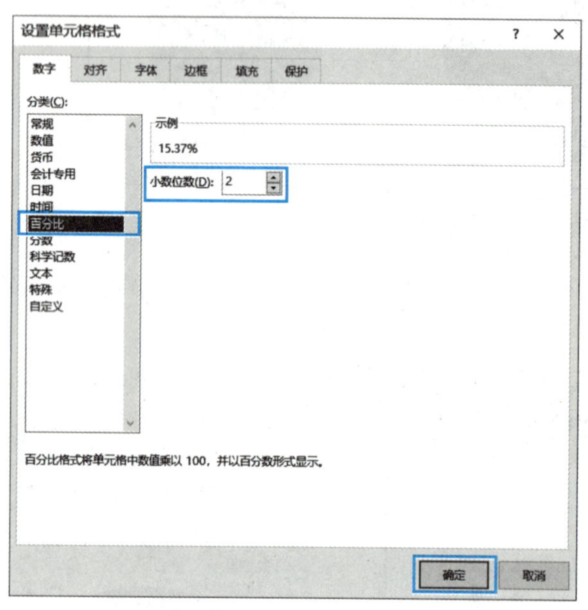

图 5-14 设置单元格格式

店铺流量转化分析

步骤 3▶ 选中数据区域的任意一个单元格，切换至“数据”选项卡，单击“分类汇总”按钮，打开“分类汇总”对话框，在“汇总方式”下拉列表中选择“平均值”选项，在“选定汇总项”列表中仅选中“下单转化率”复选框，生成分类汇总结果后，单击列标左侧的数字按钮“2”，查看二级汇总结果，即店铺各流量来源和整体流量的平均下单转化率，如图 5-15 所示。

	A	B	C	D	E
1	流量来源	来源明细	访客数	下单客户数	下单转化率
10	站内付费流量 平均值				9.63%
20	站外流量 平均值				3.91%
46	淘内免费流量 平均值				11.39%
51	自主访问流量 平均值				12.36%
56	大促会场流量 平均值				6.15%
57	总计平均值				9.42%

图 5-15 查看店铺各流量来源和整体流量的平均下单转化率

步骤 4▶ 在 F1 单元格中输入列标题“平均下单转化率”，在下方的 5 个单元格中均输入“9.42%”，然后选中 A 列、E 列和 F 列的标题和数据单元格，为其插入一个类型为“簇状柱形图 - 折线图”的组合图。

步骤 5▶ 参考前面的方法，删除各汇总项中的“平均值”字样并对组合图进行美化，最终效果如图 5-16 所示。

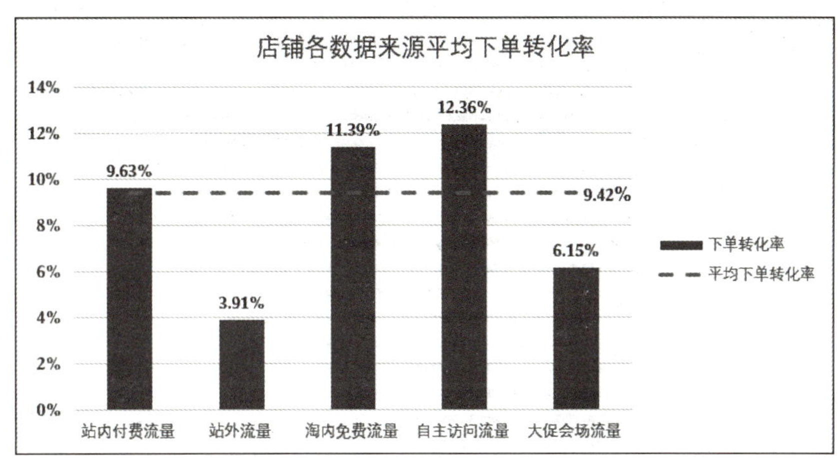

图 5-16　店铺各流量来源平均下单转化率分析柱形-折线图

步骤 6▶ 复制一份“流量数据”工作表，将其重命名为“店铺优质流量来源分析”，然后参考前面的方法，计算各流量来源的下单转化率，将计算结果显示在 E 列中。

步骤 7▶ 选中 E2 单元格，切换至“数据”选项卡，在“排序和筛选”组中单击“升序”按钮。然后选中“来源明细”列和“下单转化率”列的标题和数据单元格，在“插入”选项卡的“图表”组中单击“插入柱形图或条形图”按钮，在展开的下拉列表的“二维条形图”组中选择“簇状条形图”选项，在工作表中插入一个簇状条形图，将图表标题修改为“下单转化率排行”并参考前面的方法对其进行美化。

步骤 8▶ 选中 E1 单元格，在“数据”选项卡的“排序和筛选”组中单击“筛选”按钮，启动筛选功能。单击“流量来源”列标题上的筛选按钮，在展开的快捷菜单中仅选中“自主访问”复选框，单击“确定”按钮，簇状条形图会实时更新显示自主访问流量各来源的下单转化率排行，如图 5-17 所示。

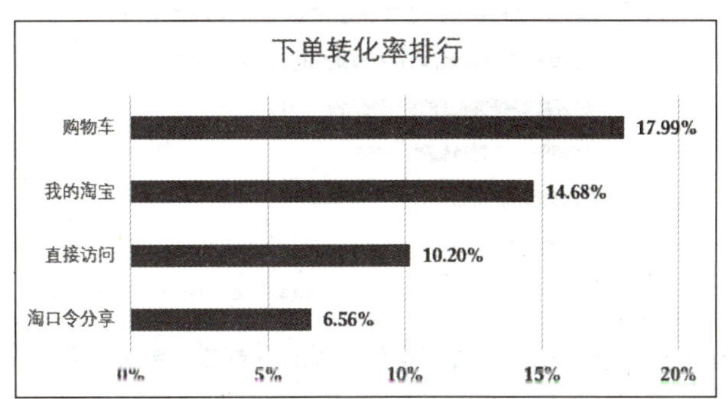

图 5-17　店铺自主访问流量各来源的下单转化率排行条形图

步骤 9▶ 使用相同的方法，筛选出店铺的淘内免费流量并查看各来源的下单转化率排

行，如图 5-18 所示。

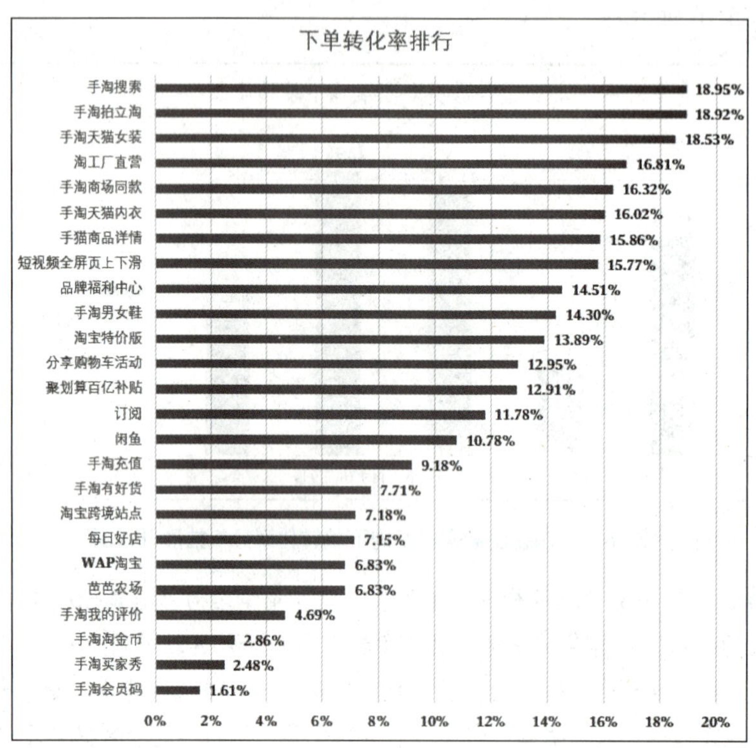

图 5-18　店铺淘内免费流量各来源的下单转化率排行条形图

步骤 10▶　参考前面的方法，筛选出店铺的站内付费流量并查看各来源的下单转化率排行，如图 5-19 所示。

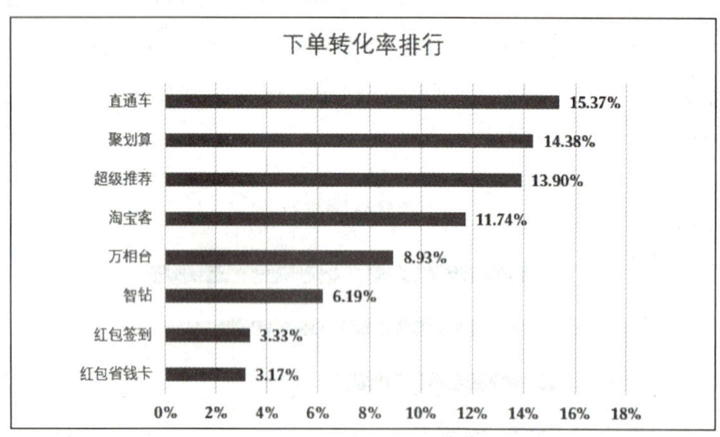

图 5-19　店铺站内付费流量各来源的下单转化率排行条形图

步骤 11▶　流量转化分析。由图 5-16 可知，该店铺流量的平均下单转化率为 9.42%；在各流量来源中，自主访问流量、淘内免费流量和站内付费流量的平均下单转化率高于整体

流量的平均下单转化率。由图 5-17 至图 5-19 可知，该店铺的淘内免费流量的优质来源最多。此外，在自主访问流量来源中，购物车、我的淘宝和直接访问的下单转化率较高；在淘内免费流量来源中，手淘搜索、手淘拍立淘和手淘天猫女装的下单转化率较高；在站内付费流量来源中，直通车、聚划算和超级推荐的下单转化率较高。

根据流量转化分析结果可得出以下结论：

（1）商家在后续的经营中应重点关注站内免费流量。

（2）站内付费流量中的直通车、聚划算和超级推荐属于高下单转化率的优质流量来源，商家可在后续的经营中为这 3 项流量来源配置更多预算。

任务二　店铺销售数据分析

任务导入

对于商家来说，店铺的销售业绩和盈亏情况是其最关心的数据，而分析店铺销售数据可帮助商家制订和优化店铺销售方案，从而提高店铺的销售额和利润。因此，周期性地对店铺的销售数据进行分析是十分有必要的。本任务就带领大家了解店铺销售数据分析的相关知识。

相关知识

一、店铺销售数据指标

店铺销售数据的常见指标包括成交量、采购成本、销售额、利润、利润率等。

（1）成交量是指一段时间内店铺中商品的总销售数量。

（2）采购成本是指一段时间内店铺中已售出商品的进价总和。

（3）销售额是指一段时间内店铺中已售出商品的价格总和。

（4）利润是指一段时间内店铺中销售额与采购成本的差值。

（5）利润率是指一段时间内店铺获得的利润与采购成本的比值。

二、店铺销售数据分析方法

一般来说，店铺销售数据分析的主要方法包括店铺品类分析和店铺销售策略分析两种，下面一一进行介绍。

（一）店铺品类分析

店铺品类分析是指通过店铺中各品类商品的成交量和销售额数据，计算出各品类商品对店铺销量的贡献率，得出店铺成交量与销售额的影响因素，从而为以后的销售规划提供参考和指导。品类分析的结果对店铺的库存准备、发货准备、物流方式、销售规划、利润计划等各方面都具有非常重要的参考价值。

提　示

品类即商品类别，它是店铺中具有相同属性的商品的种类统称。例如，某女装店铺中有数百件在售商品，而这些商品可分为上衣、裤子、裙子、鞋帽等若干个品类。

（二）店铺销售策略分析

店铺中的商品通常可分为爆款商品和利润款商品两类。其中，爆款商品的特点是高曝光量、高访问量、高成交量和低利润率，其主要作用是通过低价吸引客户，从而为店铺带来更多流量；利润款商品则是真正为店铺带来高额利润的商品，它们的成交量通常不及爆款商品，但利润率却远高于爆款商品。因此，商家可通过分析店铺中各商品的销售额和利润率，找出店铺的爆款商品和利润款商品，并据此调整和优化店铺现有的销售策略，达到收益的最大化。

嘉言善行

2021 年 11 月，正值各大网购平台“双 11”大促期间，一则“福建一网店女老板发寻亲快递”的话题引起网络热议。故事的主人公庄女士是福建省福州市一家线上女装店的店主，她自 2019 年开始在商品快递包装盒上义务印制失踪儿童的信息，两年多来共发出了 20 多万个快递盒。在庄女士的感召下，纸箱工厂老板也准备在网销的快递纸箱上印刷寻人启事。庄女士表示，这是件挺简单的小事，未来会一直做下去。

对于商家而言，谋求利润虽然是店铺运营的根本目标，但与此同时，作为社会的一分子，商家也应当在力所能及的范围内承担一些社会责任，为构建和谐社会贡献自己的一份力量。

任务实施——分析伊蔓坊女装店铺销售数据

伊蔓坊女装店铺统计了店铺近 1 年的销售数据，本任务实施将利用 Excel 对这些数据进行品类分析和销售策略分析，并给出店铺的品类配置和销售策略的优化建议。

店铺品类分析

一、店铺品类分析

步骤 1▶ 打开本书配套素材“项目五”/“任务二”/“店铺销售数据分析.xlsx”工作簿，进入“销售数据”工作表，如图 5-20 所示。

	A	B	C	D	E	F	G	H	I
1	商品类别	商品名称	商品价格（元）	商品进价（元）	成交量（件）	采购成本（元）	销售额（元）	利润（元）	利润率
2	裤子	抖音同款女裤五分裤街头高腰休闲阔腿黑色居家运动短裤	258	90	227	20430	58566	38136	186.67%
3	裤子	女裤复古灯芯绒宽松直筒休闲裤显瘦百搭阔腿长裤	289	95	48	4560	13872	9312	204.21%
4	裤子	女裤复古千鸟格纹女宽松显瘦百搭抽绳束脚阔腿长裤	228	84	46	3864	10488	6624	171.43%
5	裤子	女裤黑色牛仔裤微喇叭裤商务高腰显瘦韩版修身阔腿长裤	159	63	242	15246	38478	23232	152.38%
6	裤子	女裤宽松显瘦抽绳束脚百搭休闲直筒ins风卫裤	249	85	153	13005	38097	25092	192.94%
7	卫衣	女装潮牌简约百搭几何图案套头卫衣	79	45	1695	76275	133905	57630	75.56%
8	卫衣	女装灰色洋气蝙蝠宽松慵懒套头卫衣	148.5	87	2761	240207	410008.5	169801.5	70.69%
9	卫衣	女装明星同款超美复古猫星人超爱卫衣	99	55.4	1060	58724	104940	46216	78.70%
10	卫衣	女装欧美个性炫彩油漆点点街拍焦点套头卫衣	56.6	30	1851	55530	104766.6	49236.6	88.67%
11	卫衣	女装小清新必备学院派彩色时尚拼色长袖卫衣	175	115.5	960	110880	168000	57120	51.52%
12	卫衣	女装新款圆领波浪下摆边米奇头像长袖卫衣	230	150	261	39150	60030	20880	53.33%
13	卫衣	女装休闲风徽章贴布休闲羊羔毛加厚卫衣	119.5	80	1828	146240	218446	72206	49.38%
14	裤子	网红同款女裤裤子女原宿风宽松显瘦高街高腰束脚运动卫裤	299	100	135	13500	40365	26865	199.00%
15	卫衣	新款韩版宽松可爱圆领卫衣	39.9	19.5	1624	31668	64797.6	33129.6	104.62%
16	裤子	新款女裤收腹高腰弹力紧身字母印花黑色运动打底裤	149.9	63	265	16695	39723.5	23028.5	137.94%
17	裤子	新款女裤休闲韩版显瘦直筒高腰宽松九分哈伦运动裤	299	105	222	23310	66378	43068	184.76%
18	裤子	新款女裤修身牛仔小脚休闲潮流显瘦时尚牛仔裤女裤	279	90	92	8280	25668	17388	210.00%
19	裙子	新款女裙波点碎花连衣裙v领长袖法式复古收腰显瘦雪纺裙子	239	90	304	27360	72656	45296	165.56%
20	裙子	新款女裙长袖连衣裙宽松慵懒风潮设计感小众长款过膝女神范裙子	169	70	455	31850	76895	45045	141.43%
21	裙子	新款女裙长袖雪纺连衣裙白色修身裙子气质优雅长裙	198.5	80	136	10880	26996	16116	148.13%
22	裙子	新款女裙针织连衣裙子毛衣裙小个子内搭打底时尚显瘦加厚裙子	209	83	184	15272	38456	23184	151.81%
23	裙子	新款女裙中长款直筒裙千鸟格半身裙洋气优雅复古时尚加绒半身裙	199	75	68	5100	13532	8432	165.33%
24	外套	新款女装美式复古棒球服宽松hiphop运动外套	409	135	267	36045	109203	73158	202.96%
25	外套	新款女装迷彩工装外套国潮宽松防风冲锋衣短款夹克	439	145	370	53650	162430	108780	202.76%
26	外套	新款女装拼色运动工装潮牌宽松冲锋衣	699	255	298	75990	208302	132312	174.12%
27	卫衣	新款女装日韩甜美爱心百搭气质宽松圆领长袖卫衣上衣	69.8	33.8	2086	70506.8	145602.8	75096	106.51%
28	卫衣	新款女装休闲款清丽大帽檐超百搭单品外单多色卫衣	299	164	127	20828	37973	17145	82.32%
29	外套	新款女装摇粒绒拉链茄克保暖抓绒插肩袖长袖外套	475.9	155	226	35030	107553.4	72523.4	207.03%
30	外套	新款女装炸街冲锋衣外套ins潮款防风衣运动上衣	458	160	172	27520	78776	51256	186.25%
31	裤子	新款束脚工装裤女显瘦高腰宽松中性百搭黑色休闲裤	278	90	285	25650	79230	53580	208.89%

图 5-20　“店铺销售数据分析.xlsx”工作簿的“销售数据”工作表

步骤 2▶ 单击工作表标签右侧的“新工作表”按钮⊕，新建一个工作表并重命名为“店铺品类分析”，然后依次将“销售数据”工作表中的“商品类别”列、“成交量（件）”列和“销售额（元）”列的数据复制到该工作表的 A 列至 C 列。

步骤 3▶ 选中 A2 单元格，在“开始”选项卡中选择“排序和筛选”/“升序”选项。然后切换至“数据”选项卡，单击“分类汇总”按钮，打开“分类汇总”对话框，在“选定汇总项”列表中选中“成交量（件）”和“销售额（元）”两项的复选框（见图 5-21），单击“确定”按钮，对数据进行分类汇总，结果如图 5-22 所示。

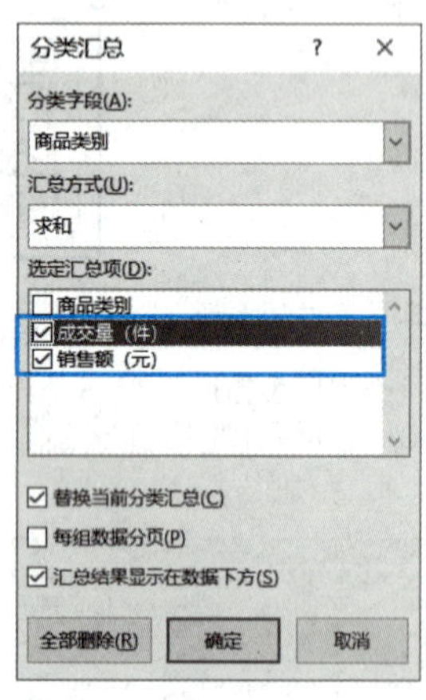

图 5-21　“分类汇总”对话框

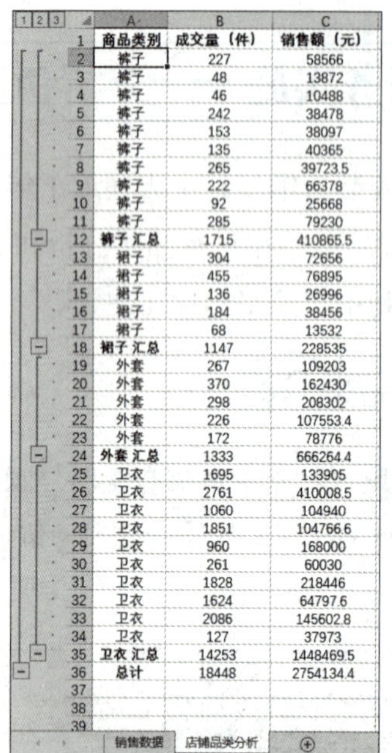

	A	B	C
1	商品类别	成交量（件）	销售额（元）
2	裤子	227	58566
3	裤子	48	13872
4	裤子	46	10488
5	裤子	242	38478
6	裤子	153	38097
7	裤子	135	40365
8	裤子	265	39723.5
9	裤子	222	66378
10	裤子	92	25668
11	裤子	285	79230
12	裤子 汇总	1715	410865.5
13	裙子	304	72656
14	裙子	455	76895
15	裙子	136	26996
16	裙子	184	38456
17	裙子	68	13532
18	裙子 汇总	1147	228535
19	外套	267	109203
20	外套	370	162430
21	外套	298	208302
22	外套	226	107553.4
23	外套	172	78776
24	外套 汇总	1333	666264.4
25	卫衣	1695	133905
26	卫衣	2761	410008.5
27	卫衣	1060	104940
28	卫衣	1851	104766.6
29	卫衣	960	168000
30	卫衣	261	60030
31	卫衣	1828	218446
32	卫衣	1624	64797.6
33	卫衣	2086	145602.8
34	卫衣	127	37973
35	卫衣 汇总	14253	1448469.5
36	总计	18448	2754134.4

图 5-22　分类汇总结果

步骤 4▶　单击列标左侧的数字按钮“2”，查看各商品类别的“汇总”行和“总计”行，然后选中“商品类别”列和“成交量（件）”列的标题和“汇总”行的数据，为其插入一个二维饼图，如图 5-23 所示。

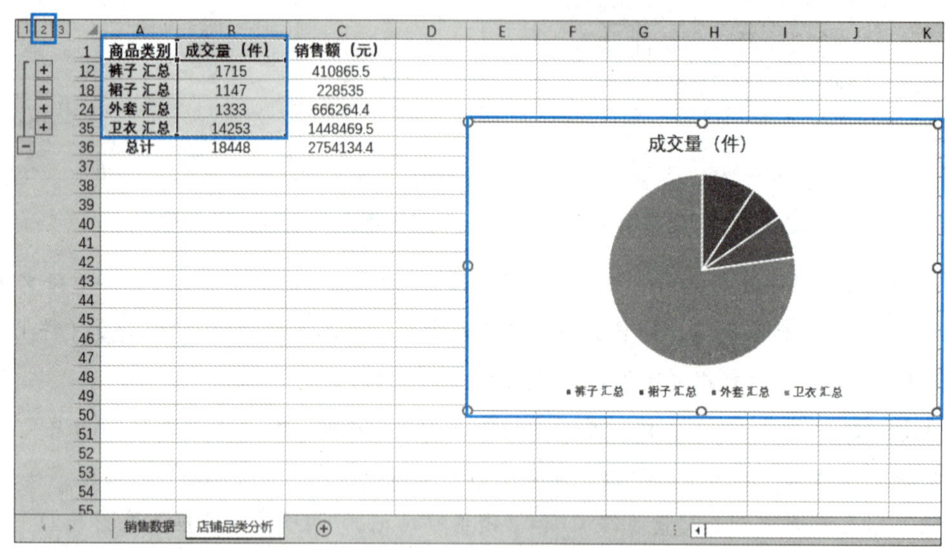

	A	B	C
1	商品类别	成交量（件）	销售额（元）
12	裤子 汇总	1715	410865.5
18	裙子 汇总	1147	228535
24	外套 汇总	1333	666264.4
35	卫衣 汇总	14253	1448469.5
36	总计	18448	2754134.4

图 5-23　插入二维饼图

步骤 5▶　参考前面的方法，删除“汇总”行中的“汇总”字样并对饼图进行适当美化，效果如图 5-24 所示。

步骤 6▶ 使用相同的方法，制作并美化店铺销售额占比二维饼图，效果如图 5-25 所示。

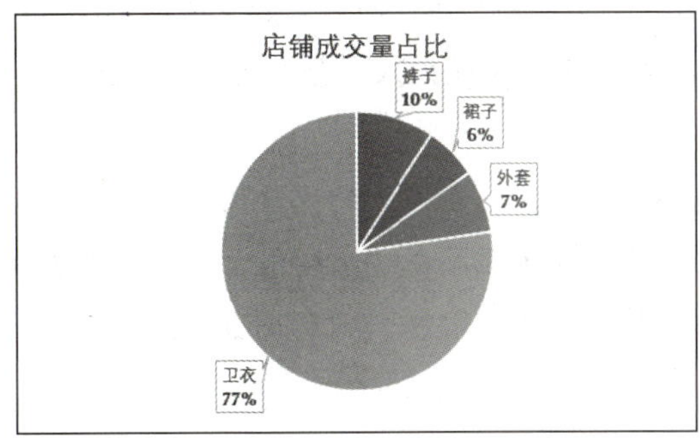

图 5-24　店铺成交量占比饼图

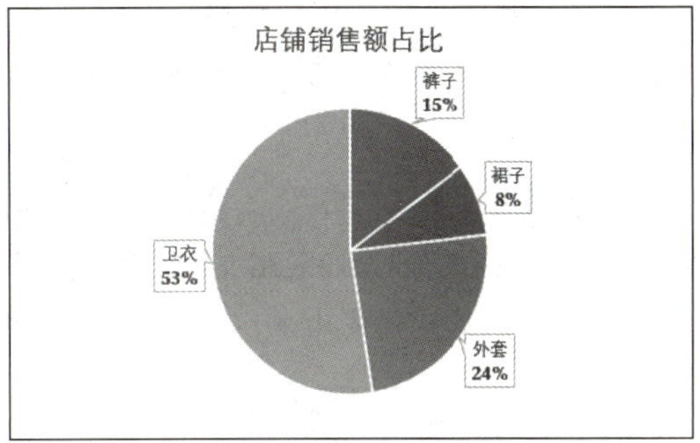

图 5-25　店铺销售额占比饼图

步骤 7▶ 店铺品类分析。由图 5-24 和图 5-25 可知，该店铺的各品类中，卫衣的成交量和销售额占比最高，据此可判断出卫衣对店铺销量的贡献率最高。此外，对比图 5-24 和图 5-25 还可以看出，对比成交量，卫衣的销售额所占比重有所降低。已知销售额由成交量和商品价格共同决定，据此可判断出导致卫衣销售额占比不及成交量的原因是卫衣的商品价格较低。

二、店铺销售策略分析

店铺销售策略分析

步骤 1▶ 切换至“销售数据”工作表，选中数据区域的任意一个单元格，切换至“插入”选项卡，在“图表”组的“数据透视图”下拉列表中选择“数据透视图”选项，打开“创建数据透视图”对话框，系统会自动选中工作表的数据区域，选中“新工作表”单选钮，然后单击“确定”按钮，如图 5-26 所示。

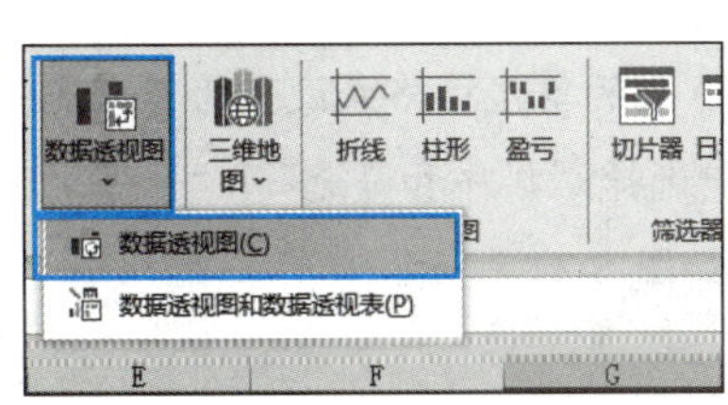

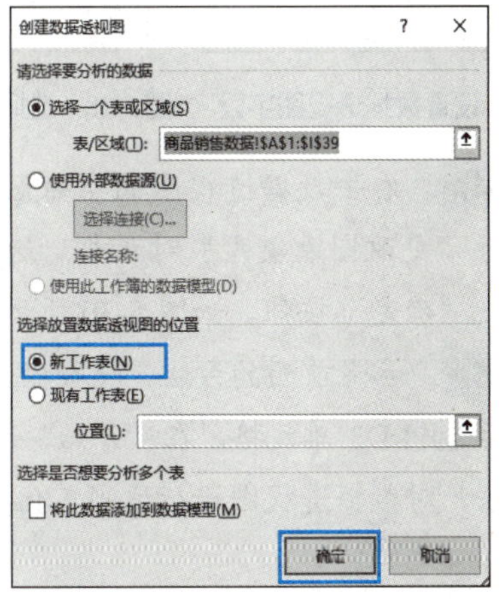

图 5-26　创建数据透视图

步骤 2▶ 设置数据透视图字段。Excel 会在新工作表中创建一个空白数据透视表和数据透视图，在“数据透视图字段”任务窗格中将“商品类别”字段拖入“轴（类别）”区域，然后依次将“销售额（元）”“采购成本（元）”“利润率”字段拖入“值”区域，如图 5-27 所示。

步骤 3▶ 单击“值”区域的“求和项:利润率”字段，在弹出的快捷菜单中选择“值字段设置”选项（见图 5-28），打开“值字段设置”对话框，在“选择用于汇总所选字段数据的计算类型”列表中选择“平均值”选项，单击“确定”按钮，如图 5-29 所示。

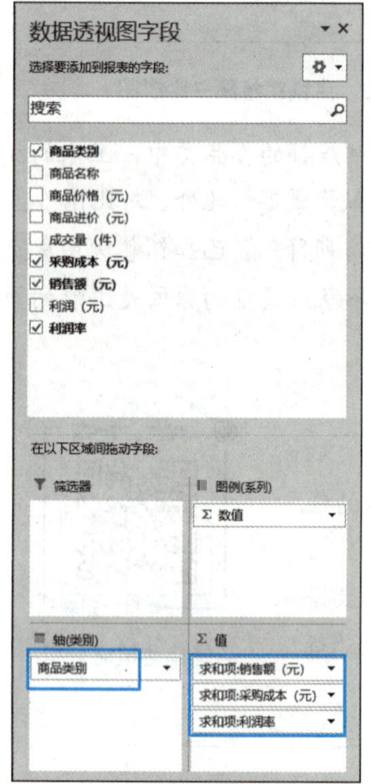

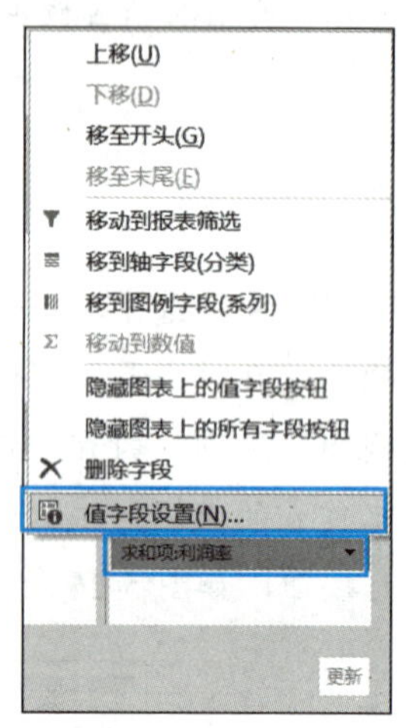

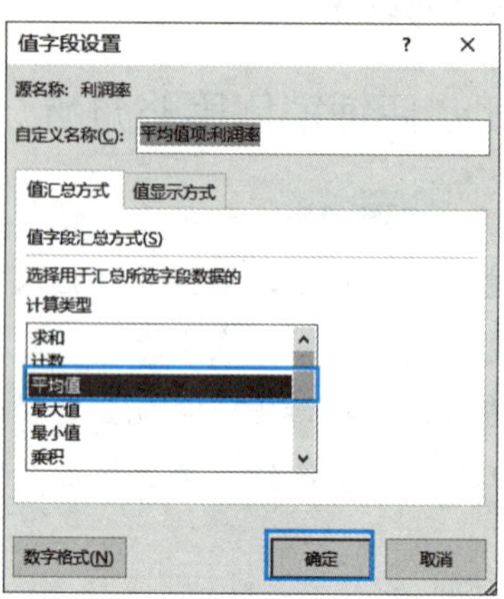

图 5-27 设置数据透视图字段　图 5-28 选择“值字段设置”选项　图 5-29 “值字段设置”对话框

步骤 4▶ 右击数据透视图的空白区域，在弹出的快捷菜单中选择“更改图表类型”选项，打开“更改图表类型”对话框，选择“组合”/“簇状柱形图-次坐标轴上的折线图”选项，单击“确定”按钮，如图 5-30 所示。

步骤 5▶ 参考前面的方法，将数据透视表 D 列的单元格格式设置为百分比并保留两位小数，然后选中 D2 单元格，在“开始”选项卡中选择“排序和筛选”/“升序”选项。参考前面的方法，对数据透视图进行适当美化，效果如图 5-31 所示。

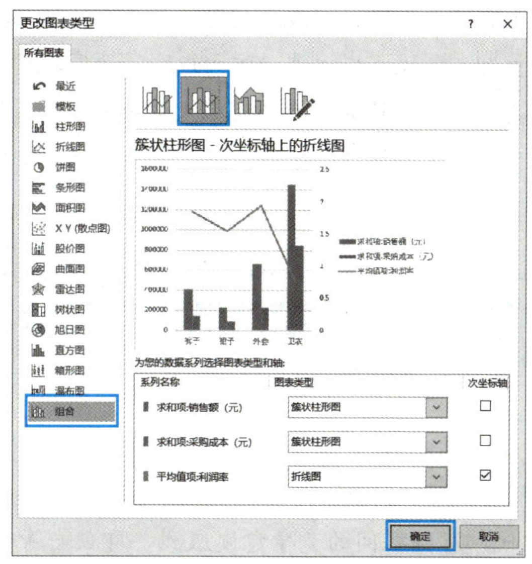

图 5-30　更改图表类型

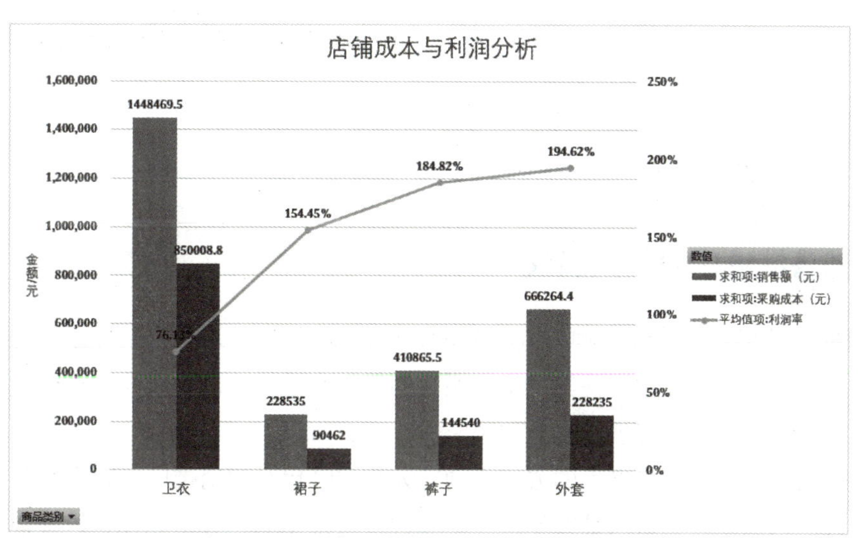

图 5-31　店铺成本与利润分析数据透视图

步骤 6▶ 店铺销售策略分析。由图 5-31 可知，该店铺的四大品类商品中，卫衣的销售额最高，利润率最低；裙子、裤子和外套的销售额虽远不及卫衣，但利润率均在 150%以上，远高于卫衣。据此可总结出该女装店铺的销售策略如下：

（1）该店铺将卫衣品类中的商品作为爆款商品，通过低价、促销等方式使其获得高曝光、高销量，从而为店铺引流；

（2）该店铺将裙子、裤子和外套品类中的商品作为利润款商品，这些商品具有较高的利润率，是该店铺获得利润的主要来源。

步骤 7▶ 店铺销售策略优化建议。该店铺卫衣品类中的商品数量仅占店铺全部商品数量的约三成，但成交量却占到近八成，这一方面说明了商家现阶段销售策略的成功，另一方面也显示出该店铺其他品类的商品销量还有很大的提升空间。因此，商家可利用卫衣的高销量，采取诸如配套穿搭、凑满减等手段，将卫衣与其他商品搭配销售，从而提高其他商品的成交量。

任务三 店铺营销推广分析

任务导入

在如今的大数据时代，店铺之间的竞争愈发激烈，即使自身的商品非常优质，如果不注重营销推广，也容易陷入“酒香也怕巷子深”的窘境。因此，商家在店铺经营过程中，要科学地分析营销推广的投入与它带来的效益之间的关系，制定科学的营销推广策略，以便有效提高商家知名度和店铺销量。本任务就带领大家了解店铺营销推广分析的相关知识。

相关知识

一、店铺营销推广分析的意义

营销推广是指商家通过各种方式，将所经营的商品和提供的服务信息传递给目标市场，刺激消费者的购买欲望，使其产生购买行为的综合性策略活动。在任何时代，营销推广都是店铺经营活动中不可或缺的重要环节。

与传统营销推广“广撒网”的方式不同，大数据时代对营销推广的精准性和时效性要求很高。因此，商家只有对店铺营销推广工作进行定期总结、分析和评估，并根据分析结果对营销推广策略进行及时调整，才能有效避免自身精力和成本投放的浪费，从而最大限度提高店铺的流量和销量。

值得一提的是，商家营销推广分析的对象一般是付费推广渠道。虽然付费推广渠道吸引的流量通常不在店铺所有流量中占据主体地位，但几乎所有店铺若想获取稳定优质的免费流量，都要先从付费引流开始，而即使是已具有稳定免费流量的店铺，通常也会保持对付费推广渠道的固定投入，以帮助自身在层出不穷的平台活动和瞬息万变的市场局势中占据主动。

二、店铺营销推广分析的方法

一般来说，店铺营销推广的分析方法主要包括获客分析和投入产出比（ROI）分析两种，下面一一进行介绍。

（一）获客分析

获客分析是指对店铺中各种营销推广渠道的获客成本和获客率进行分析，以帮助商家更好地配置营销推广预算，推动流量的持续高效转化。

（1）获客成本是指商家每获取 1 名客户需要付出的平均营销推广成本，其计算公式如下：

获客成本 = 营销推广成本 ÷ 下单客户数

（2）获客率是指访客最终转化为客户的概率，其计算公式如下：

获客率 = 下单客户数 ÷ 访客数 × 100%

通过获客分析，商家可筛选出效果较好的付费推广渠道，并根据自身情况制定合适的营销推广策略。通常情况下，付费推广渠道的选择依据如下：

- **获客成本高，获客率高**　该付费推广渠道适合预算充足的商家。
- **获客成本高，获客率低**　不建议使用该付费推广渠道。
- **获客成本低，获客率低**　该付费推广渠道适合预算有限的商家。
- **获客成本低，获客率高**　这是十分理想的付费推广渠道，应在能力允许的范围内给予更多预算。

（二）ROI 分析

ROI 分析是指对店铺中各种营销推广渠道的 ROI 进行分析，以帮助商家找出性价比最高的营销推广渠道。其计算公式如下：

ROI = 销售额 ÷ 推广成本

ROI 是衡量商家营销推广盈亏的重要指标。若 ROI 大于 1，则代表商家付出的营销推广成本小于销售额，这种情况下，商家尚有利可图；否则，说明推广成本大于销售额，这对商家而言是得不偿失的。

商家可结合 ROI 和下单客户数占比对各付费推广渠道的性价比进行评估。

- **ROI 高，下单客户数占比高**　这是性价比最高的付费推广渠道，应在能力允许的范围内给予更多预算。
- **ROI 高，下单客户数占比低**　该付费推广渠道适合预算有限的商家。
- **ROI 低，下单客户数占比低**　不建议使用该付费推广渠道。
- **ROI 低，下单客户数占比高**　该付费推广渠道适合预算充足的商家。

任务实施——分析伊蔓坊女装店铺营销推广数据

伊蔓坊女装店铺统计了店铺近 1 个月的付费推广渠道的营销推广数据，本任务实施将利用 Excel 对这些数据进行获客分析和 ROI 分析，并给出获客效果最好、性价比最高的付费推广渠道选择方案。

扫一扫

分析伊蔓坊女装店铺营销推广数据

一、店铺获客分析

步骤 1▶ 打开本书配套素材"项目五"/"任务三"/"店铺营销推广分析.xlsx"工作簿，进入"营销推广数据"工作表，如图 5-32 所示。

营销推广渠道	访客数	下单客户数	营销推广成本（元）	销售额（元）	ROI	下单客户数占比	获客成本（元）	获客率
直通车	1529	235	21710	47759				
超级推荐	1791	149	8153.4	21278				
智钻	808	30	3741.4	4850				
淘宝客	443	22	2035.9	3718.9				
红包签到	750	15	2295.8	2135.8				
万相台	168	15	1173	2304.1				
聚划算	626	9	1193.6	1525.5				
红包省钱卡	189	6	591.9	941.6				
其他	179	5	1169	521.1				

图 5-32 "店铺营销推广分析.xlsx"工作簿的"营销推广数据"工作表

步骤 2▶ 新建一个工作表并重命名为"店铺获客分析"，然后依次将"营销推广数据"工作表中的"营销推广渠道"列、"访客数"列、"下单客户数"列和"营销推广成本（元）"列的数据复制到该工作表的 A 列至 D 列。

步骤 3▶ 计算获客成本。在当前工作表的 E1 单元格中输入列标题"获客成本（元）"，在 E2 单元格中输入公式"=D2/C2"，按"Enter"键计算直通车的获客成本。双击 E2 单元格右下角的填充柄，为单元格区域 E3:E10 自动填充公式，计算其他营销推广渠道的获客成本。

步骤 4▶ 计算获客率。采用相同的方法，在 F 列中利用公式计算各营销推广渠道的获客率。

步骤 5▶ 参考前面的方法，将单元格区域 E2:E10 的单元格格式设置为数值，保留两位小数；将单元格区域 F2:F10 的单元格格式设置为百分比，同样保留两位小数，结果如图 5-33 所示。

营销推广渠道	访客数	下单客户数	营销推广成本（元）	获客成本（元）	获客率
直通车	1529	235	21710	92.38	15.37%
超级推荐	1791	149	8153.4	54.72	8.32%
智钻	808	30	3741.4	124.71	3.71%
淘宝客	443	22	2035.9	92.54	4.97%
红包签到	750	15	2295.8	153.05	2.00%
万相台	168	15	1173	78.20	8.93%
聚划算	626	9	1193.6	132.62	1.44%
红包省钱卡	189	6	591.9	98.65	3.17%
其他	179	5	1169	233.79	2.79%

图 5-33　获客成本和获客率的计算结果

步骤 6▶　选中 F2 单元格，在“开始”选项卡中选择“排序和筛选”/“升序”选项，然后同时选中“营销推广渠道”列、“获客成本（元）”列和“获客率”列的标题和数据单元格，切换至“插入”选项卡，单击“插入组合图”按钮，在展开的下拉列表中选择“簇状柱形图-次坐标轴上的折线图”选项，在工作表的空白处插入组合图，如图 5-34 所示。

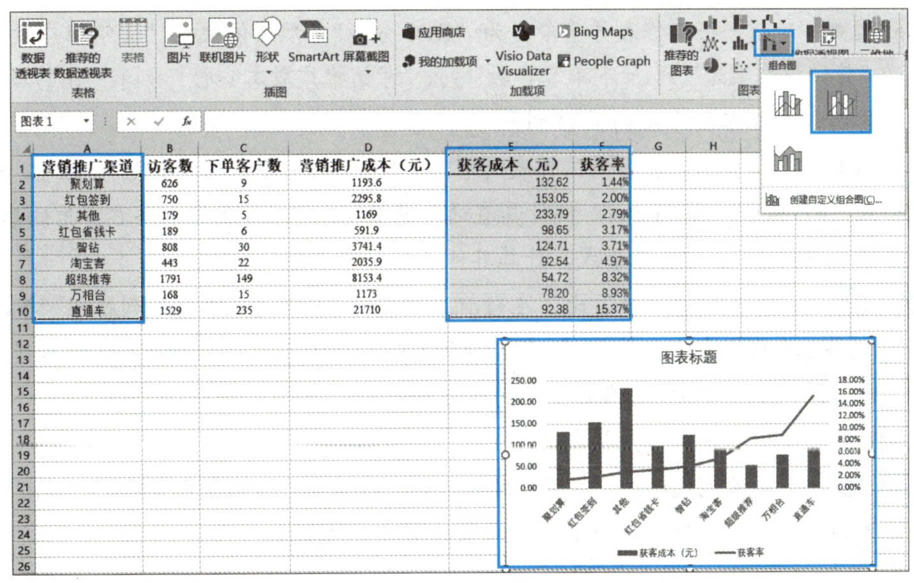

营销推广渠道	访客数	下单客户数	营销推广成本（元）	获客成本（元）	获客率
聚划算	626	9	1193.6	132.62	1.44%
红包签到	750	15	2295.8	153.05	2.00%
其他	179	5	1169	233.79	2.79%
红包省钱卡	189	6	591.9	98.65	3.17%
智钻	808	30	3741.4	124.71	3.71%
淘宝客	443	22	2035.9	92.54	4.97%
超级推荐	1791	149	8153.4	54.72	8.32%
万相台	168	15	1173	78.20	8.93%
直通车	1529	235	21710	92.38	15.37%

图 5-34　插入组合图

步骤 7▶　参考前面的方法，对组合图进行适当美化，效果如图 5-35 所示。

步骤 8▶　店铺获客分析。由图 5-35 可知，该店铺所有的付费推广渠道中，获客成本最低的是超级推荐，获客率最高的是直通车；直通车、万相台的获客成本较低，获客率较高，综合获客效果较理想。由此可以给出优化建议：该店铺未来可结合销售目标，重点布局直通车、万相台、超级推荐这 3 种付费推广渠道。例如，若店铺的推广预算有限，并希望尽可能多地招徕下单客户，可选择超级推荐；若店铺的推广预算充足，并希望获客率最大化，可选择直通车；若店铺希望兼顾获客率和获客成本，可选择万相台。

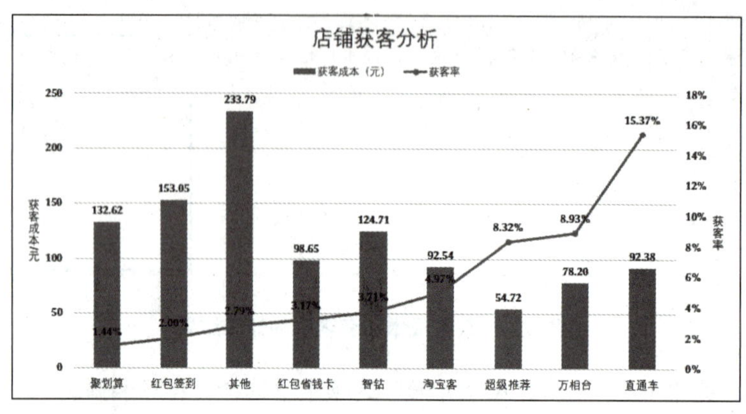

图 5-35　店铺获客分析柱形-折线图

二、店铺 ROI 分析

步骤 1▶　新建一个工作表并重命名为“ROI 分析”，然后依次将“营销推广数据”工作表中的“营销推广渠道”列、“下单客户数”列、“营销推广成本（元）”列和“销售额（元）”列的数据复制到该工作表的 A 列至 D 列。

步骤 2▶　计算 ROI。在当前工作表的 E1 单元格中输入列标题“ROI”，在 E2 单元格中输入公式“=D2/C2”，按“Enter”键计算直通车的 ROI。双击 E2 单元格右下角的填充柄，为单元格区域 E3:E10 自动填充公式，计算其他营销推广渠道的 ROI。

步骤 3▶　计算下单客户数占比。在当前工作表的 F1 单元格中输入列标题“下单客户数占比”，在 F2 单元格中输入公式“=B2/SUM($B$2:$B$10)”，按“Enter”键计算直通车的下单客户数占比。双击 F2 单元格右下角的填充柄，为单元格区域 F3:F10 自动填充公式，计算其他营销推广渠道的下单客户数占比。

步骤 4▶　设置单元格格式。参考前面的方法，将单元格区域 E2:E10 和 F2:F10 的单元格格式设置为百分比，小数位数为 1 位，结果如图 5-36 所示。

	A	B	C	D	E	F
1	营销推广渠道	下单客户数	营销推广成本（元）	销售额（元）	ROI	下单客户数占比
2	直通车	235	21710	47759	2.2	48.4%
3	超级推荐	149	8153.4	21278	2.6	30.7%
4	智钻	30	3741.4	4850	1.3	6.2%
5	淘宝客	22	2035.9	3718.9	1.8	4.5%
6	红包签到	15	2295.8	2135.8	0.9	3.1%
7	万相台	15	1173	2304.1	2.0	3.1%
8	聚划算	9	1193.6	1525.5	1.3	1.9%
9	红包省钱卡	6	591.9	941.6	1.6	1.2%
10	其他	5	1169	521.1	0.4	1.0%

图 5-36　ROI 和下单客户数占比的计算结果

步骤 5▶　选中 F2 单元格，在“开始”选项卡中选择“排序和筛选”/“升序”选项，同时选中“营销推广渠道”列、“ROI”列和“下单客户数占比”列的标题和数据单元格，

切换至“插入”选项卡，单击“插入组合图”按钮，在展开的下拉列表中选择“簇状柱形图-次坐标轴上的折线图”选项，在工作表的空白处插入组合图，然后参考前面的方法，对组合图进行适当美化，效果如图 5-37 所示。

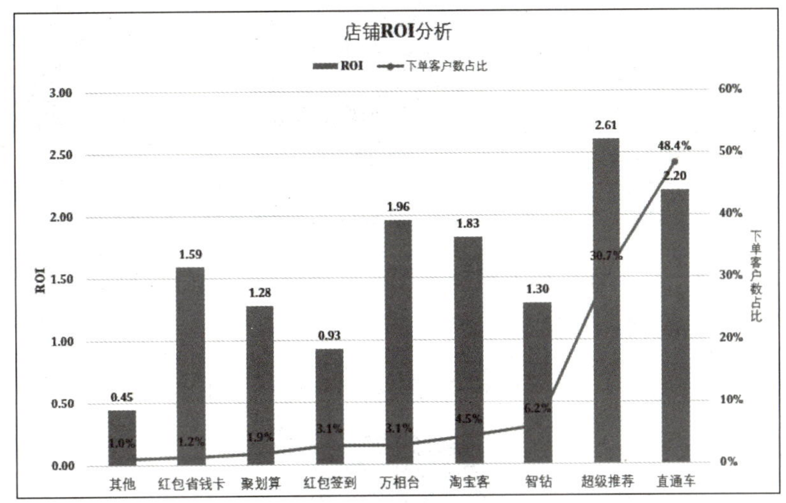

图 5-37 ROI 分析柱形-折线图

步骤 6▶ ROI 分析。由图 5-37 可知，该店铺所有的付费推广渠道中，ROI 最高的是超级推荐，下单客户数占比最高的是直通车，且直通车的 ROI 与下单客户数占比均较高。由此可以给出建议：该店铺未来可结合销售目标，重点布局直通车和超级推荐这两种付费推广渠道。例如，若店铺的推广预算有限，并希望 ROI 最大化，可选择超级推荐；若店铺的推广预算充足，并希望下单客户数最大化，可选择直通车；若店铺希望兼顾 ROI 和下单客户数，也可选择直通车。

项目实训——某箱包店铺流量及营销推广分析

请选择一个自己感兴趣的商品类目，利用 Excel 对该类目下的店铺流量及营销推广数据进行分析。本实训以箱包类目为例介绍分析思路。

（1）打开本书配套素材“项目五”/“任务实训”/“箱包店铺流量及营销推广分析.xlsx”工作簿，切换至“流量数据”工作表。

（2）店铺流量结构分析。在新工作表中利用分类汇总功能统计该店铺各流量来源的总访客数（见图 5-38），然后利用子母饼图对店铺流量结构进行可视化展现，最终效果如图 5-39 所示。

	A	B
1	流量来源	访客数
7	站内付费流量 汇总	3678
12	站外流量 汇总	373
27	淘内免费流量 汇总	7451
32	自主访问流量 汇总	1245
37	大促会场流量 汇总	1714
38	总计	14461

图 5-38 分类汇总结果

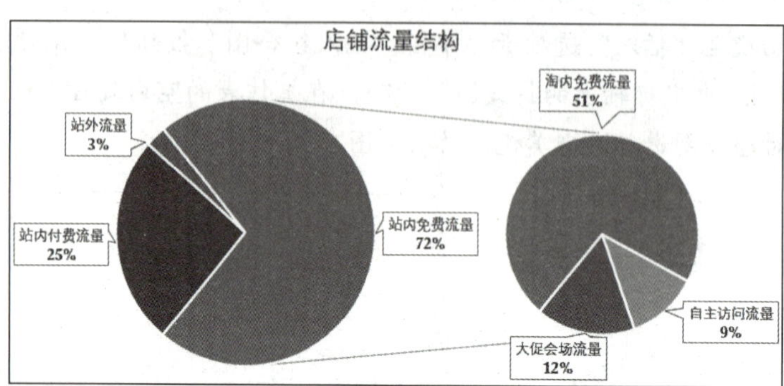

图 5-39 店铺流量结构分析子母饼图

（3）站内付费流量细分结构分析。使用二维饼图对站内付费流量各来源的访客数占比进行可视化展现，如图 5-40 所示。

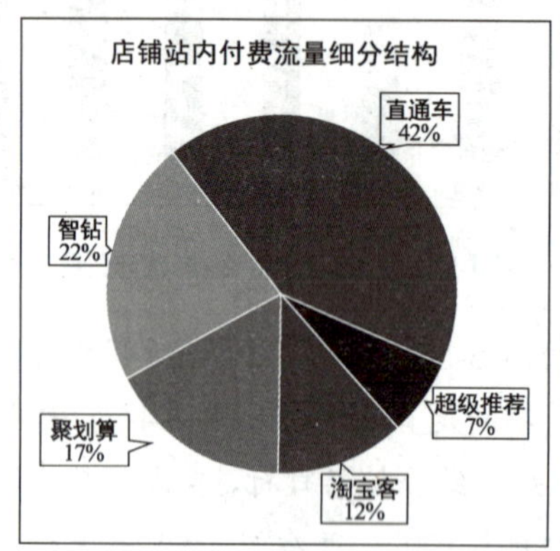

图 5-40 店铺站内付费流量细分结构分析饼图

（4）店铺流量转化分析。利用“流量数据”工作表中的数据，在新工作表中计算店铺各流量来源的下单转化率，然后利用分类汇总功能，计算各流量来源和店铺整体流量的平均下单转化率，并使用组合图对其进行可视化展现，最终效果如图 5-41 所示。

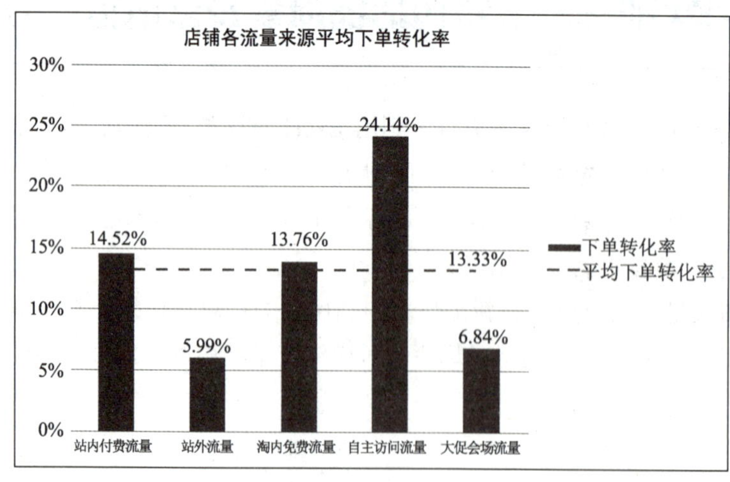

图 5-41 店铺各流量来源平均下单转化率分析柱形-折线图

（5）店铺优质流量来源评估。利用“流量数据”工作表中的数据，在新工作表中计算各流量来源的下单转化率，并使用簇状条形图对这些流量来源的下单转化率排行进行可视化展现，然后使用排序和筛选功能分别筛选自主访问流量、站内付费流量和淘内免费流量并查看各流量来源的下单转化率排行，如图 5-42 至图 5-44 所示。

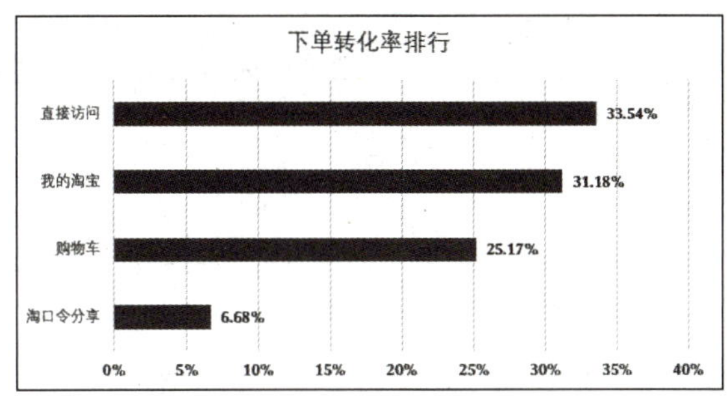

图 5-42　各自主访问流量来源的下单转化率排行条形图

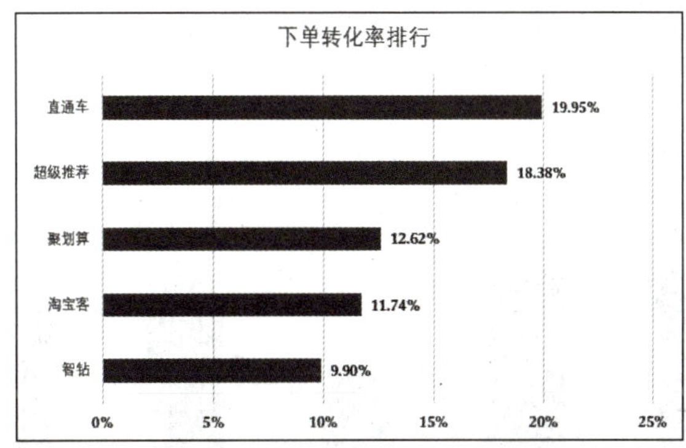

图 5-43　各站内付费流量来源的下单转化率排行条形图

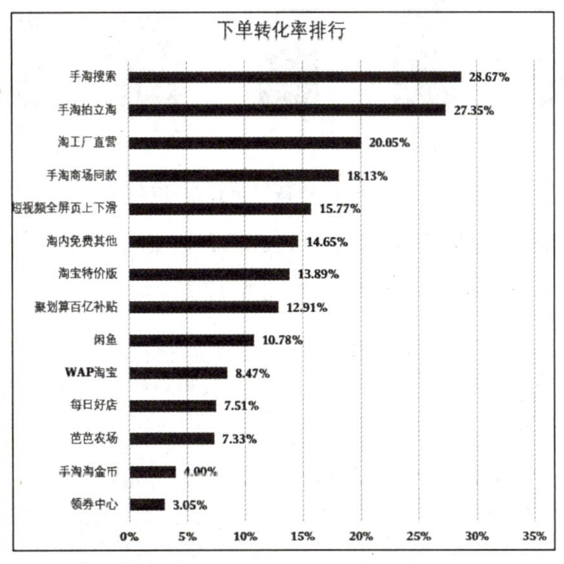

图 5-44　各淘内免费流量来源的下单转化率排行条形图

（6）对该箱包店铺的流量数据进行分析，评估店铺流量结构的合理性，筛选出优质的流量来源。

（7）切换至“营销推广数据”工作表，利用其中的数据在新工作表中分别计算出本箱包店铺的获客成本和获客率，计算结果如图 5-45 所示。

	A	B	C	D	E	F
1	营销推广渠道	访客数	下单客户数	营销推广成本(元)	获客成本（元）	获客率
2	智钻	808	80	3495	43.69	9.90%
3	淘宝客	443	52	2240	43.08	11.74%
4	聚划算	626	79	2546	32.23	12.62%
5	超级推荐	272	50	1942	38.84	18.38%
6	直通车	1529	305	12905	42.31	19.95%

图 5-45　获客成本和获客率的计算结果

（8）店铺获客分析。以获客率为主关键字对表格中的数据进行升序排序，然后使用类型为“簇状柱形图-次坐标轴上的折线图”的组合图对各营销推广渠道的获客成本和获客率进行可视化展现，如图 5-46 所示。

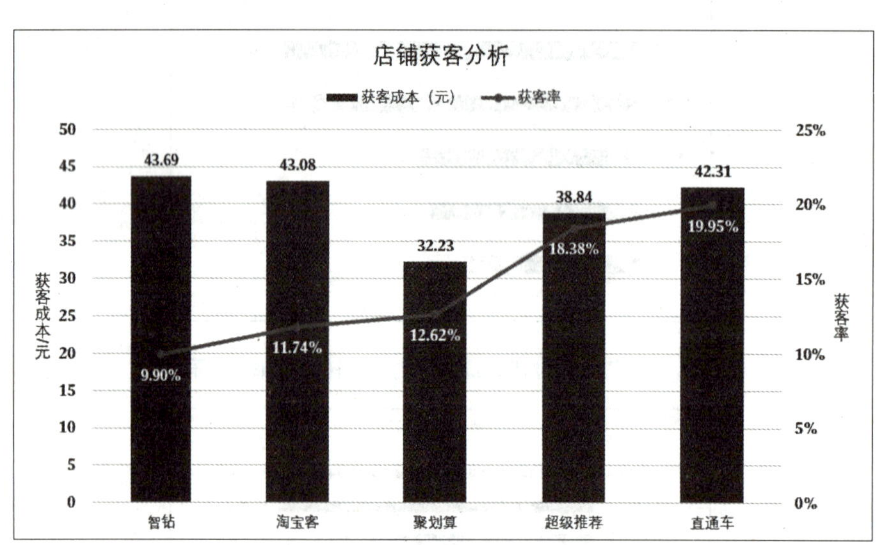

图 5-46　店铺获客分析柱形-折线图

（9）利用“营销推广数据”工作表中的数据，在新工作表中分别计算店铺营销推广数据的 ROI 和下单客户数占比，计算结果如图 5-47 所示。

	A	B	C	D	E	F
1	营销推广渠道	下单客户数	营销推广成本(元)	销售额（元）	ROI	下单客户数占比
2	直通车	305	12905	46639.4	3.6	53.89%
3	超级推荐	50	1942	5932.2	3.1	8.83%
4	淘宝客	52	2240	6571.2	2.9	9.19%
5	智钻	80	3495	15043.8	4.3	14.13%
6	聚划算	79	2546	9473.6	3.7	13.96%

图 5-47　ROI 和下单客户数占比计算结果

（10）店铺 ROI 分析。以下单客户数占比为主关键字对表格中的数据进行升序排序，然后使用类型为“簇状柱形图-次坐标轴上的折线图”的组合图对各营销推广渠道的 ROI 和下单客户数占比进行可视化展现，如图 5-48 所示。

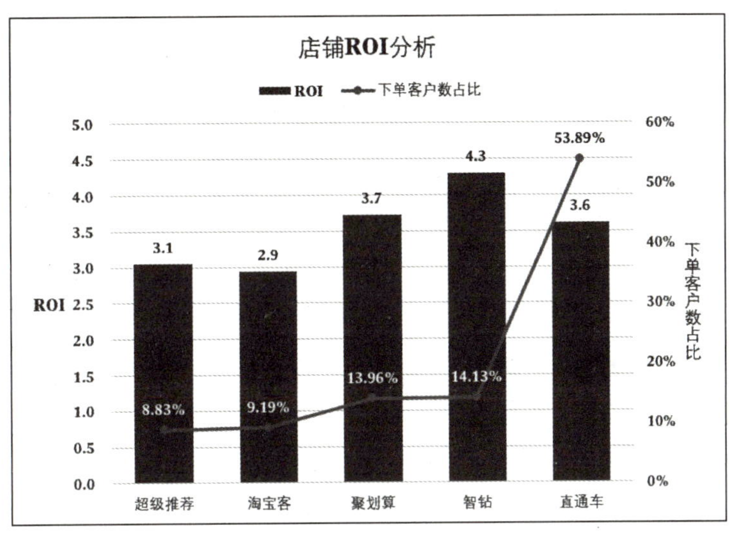

图 5-48　店铺 ROI 分析柱形-折线图

（11）对该箱包店铺营销推广数据进行分析，给出获客效果最好、性价比最高的付费推广渠道选择方案。

（12）将店铺流量分析与营销推广分析的结果整理为一份简单的店铺运营报告。

项目六

商品数据分析

项目导读

商品在销售过程中会产生大量数据，通过对商品数据进行合理地分析，商家可以清楚地知道哪些商品最为畅销，了解各类商品所处的生命周期阶段和库存情况，以便制定更加合理的营销策略和库存方案，从而适应不断变化的市场，真正做到可持续发展。

学习目标

知识目标：了解商品价格分析、商品生命周期分析及商品库存分析的基本概念和方法；熟悉商品生命周期阶段及各阶段常用的营销策略。

能力目标：能够使用 Excel 从成交量、销售额、采购成本 3 个方面入手对商品价格进行分析；能够根据商品的成交量和利润分析商品所处的生命周期阶段；能够使用 Excel 对商品的库存数量、库存占比、库存周转等进行统计与查询。

素质目标：加强实践练习，培养自己的专业技能和职业素养；培养多角度看待事物的能力，培养自己的创新和发展意识，以适应社会的不断发展。

任务一 商品价格分析

任务导入

商品价格是影响商品交易成败的关键因素，同时也是店铺运营中最难以确定的因素。商品价格不仅决定了客户的购买成本，还决定了商品的竞争力，影响着商家的资源配置。因此，商品价格分析是商品数据分析中的重要内容。本任务就带领大家了解商品价格分析的相关知识。

相关知识

一、商品价格分析的意义

商品价格是商品价值的货币表现形态，其构成要素包括生产成本、流通费用、税金和利润等。合理的商品价格既在客户接受能力之内，又让商家有利可图，从而使买卖双方达成统一决意，促成商品交易的完成。

商品价格是市场营销策略中最灵活的因素，它可以对市场做出灵敏反应。因此，对商品价格进行分析，可以帮助商家了解商品的价位情况，积极调整商品的定价策略，以寻求更加合理的商品价格，达到提高商品成交量、提升商品利润、增强商品在市场上的竞争力的目的。

二、商品价格分析的内容

通常情况下，可以从成交量、销售额、采购成本 3 个方面入手进行商品价格分析。

（一）商品价格与成交量关系分析

无论是线上还是线下，商品价格都会对其成交量产生直接影响。通常情况下，同类商品的成交量会随商品价格的增长而降低。

例如，某户外旅行用品店铺统计了 2021 年店内不同价格区间睡袋的成交量，并使用折线图对其进行了可视化处理，如图 6-1 和图 6-2 所示。由图 6-1 可知，睡袋在 51～100 元价格区间时成交量最高，之后随着睡袋价格的增长，成交量整体呈下降趋势。由图 6-2 可知，在 51～100 元的价格区间中，价格为 90 元的睡袋成交量最高。

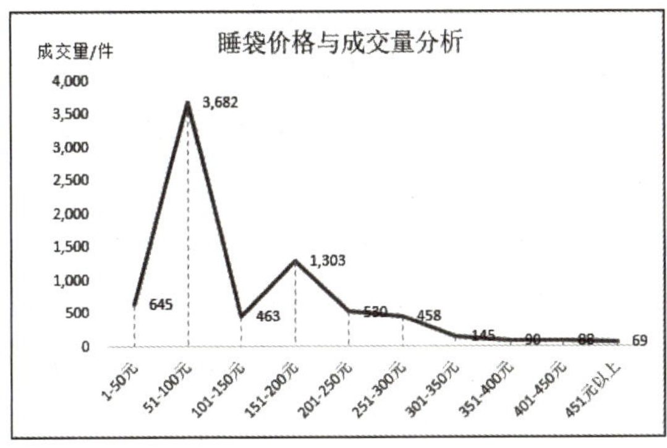

图 6-1　睡袋价格与成交量分析折线图

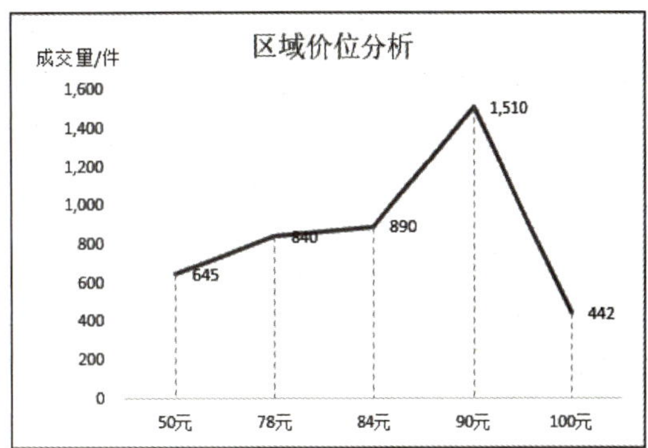

图 6-2　51～100 元区域价位分析折线图

（二）商品价格与销售额关系分析

商品价格同样影响着商品的销售额，但是两者之间并不存在必然关系，商品价格高，销售额不一定高；相反，商品价格低，销售额也不一定低。

例如，某主营男士衬衫的店铺统计了不同价位男士衬衫的销售额，并使用折线图对其进行了可视化处理，如图 6-3 所示。由图 6-3 可知，衬衫销售额没有随着衬衫价格的增长而增加，而售价为 131 元的衬衫的销售额最高。

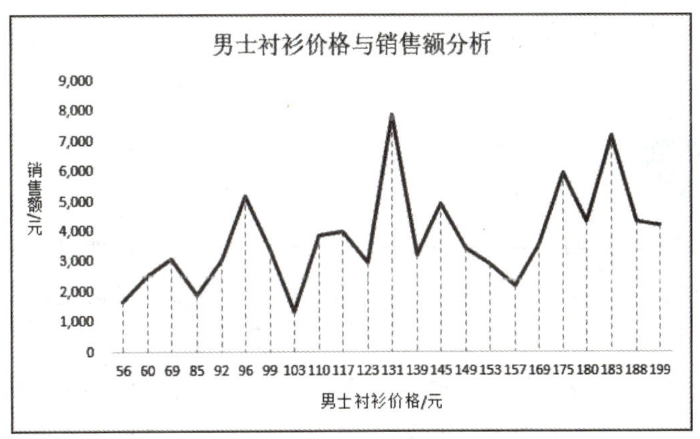

图 6-3　男士衬衫价格与销售额分析折线图

（三）商品价格与采购成本关系分析

商品采购作为店铺销售的基本前提，对店铺利润的影响至关重要。据统计，商家每节约 1%的商品采购成本，其效果接近于商品利润提高了 5%。因此，合理的采购计划可以使店铺资金得到有效利用，减少资金的流出。

商品的采购价格不是一成不变的，会受到很多因素的影响而上下波动。因此，商家要对多家供应商的商品报价进行比较，选择更有优势的供应商进行合作，并且把握好商品采购的时机，争取最大限度地降低商品采购成本，进而提升店铺的销售利润。

例如，某箱包店铺统计了市场上主流的3家供应商的商品报价（见图6-4），经过对比分析后选出了每种商品的最低报价，并制订了相应的采购计划，即双肩背包与斜挎包选择宏兴制造厂供货；手提包、旅行箱、卡包选择阳光制造厂供货；钱包选择泰恩制造厂供货，这样可以有效地降低商品的采购成本。

此外，该箱包店铺又对较为畅销的双肩背包的采购时间和价格进行了统计，并使用折线图对其进行可视化展现，如图6-5所示。由图6-5可知，双肩背包的采购成本在8—9月较高，而3—5月较低，原因在于双肩背包的主要消费群体是学生，而每年的8—9月是学生的开学季，对双肩背包的需求较大，因此双肩背包处于销售旺季，其采购成本就比较高；而3—5月双肩背包处于销售淡季，因此其采购成本就比较低。

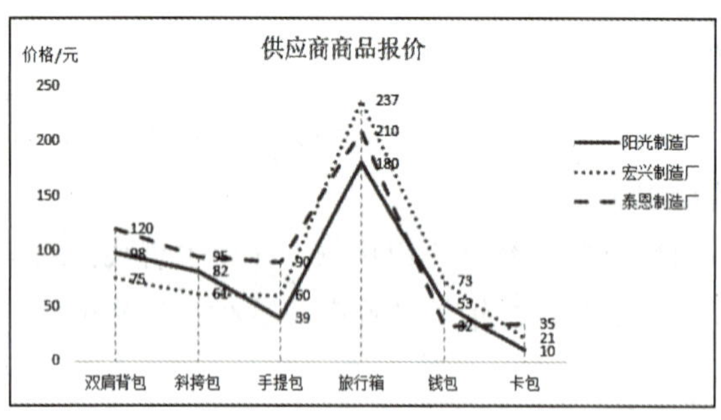

图 6-4　供应商商品报价折线图

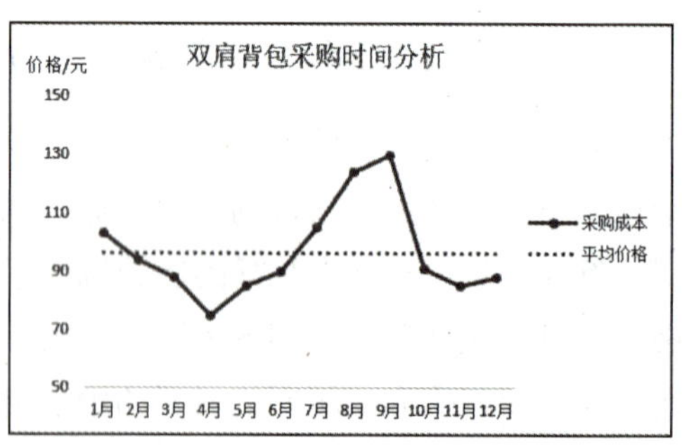

图 6-5　双肩背包采购时间分析折线图

薪火相传

近年来，价格便宜的临期食品成为年轻人的新宠，“用打折的价格，吃到不打折的美味”成了很多“临食工”的座右铭。在某社交平台上，“我爱临期食品”小组自2020年9月创建以来，短短几个月就吸引了7万多网友的加入。

研究显示，目前我国临期食品的市场规模超百亿，超四成受访消费者表示愿意购买并推荐临期食品。很多超市都设置了临期食品专柜，一些城市甚至出现了临期食品专卖店，且门庭若市，生意兴隆。

以往临期食品是不少商家的难题，如今不但不愁销，还受到越来越多年轻人的青睐。临期食品的二次上架销售既减轻了商家的库存积压，避免了食物浪费，又让消费者享受了低价，实在是一举多得。

从临期食品由滞销商品到畅销商品的反转中，可以看出我国青年实用勤俭、朴素节约的消费观，中华民族勤俭节约的传统美德在新时代青年中得到了很好的继承和弘扬。

任务实施——分析伊蔓坊女装店铺商品价格

伊蔓坊女装店铺统计了 2021 年店铺中的畅销品类——卫衣的销售信息。本任务实施将利用 Excel 对卫衣的商品价格进行分析。

商品价格与成交量关系分析

一、商品价格与成交量关系分析

步骤 1▶ 打开本书配套素材“项目六”/“任务一”/“商品销售情况.xlsx”工作簿，进入“商品销售数据”工作表，如图 6-6 所示。

	A	B	C	D	E	F	G	H	I
1	商品名称	商品尺码	商品价格（元）	采购价格（元）	成交量（件）	采购成本（元）	销售额（元）	利润（元）	利润率
2	秋冬款女装欧美个性炫彩油漆点点街拍焦点套头卫衣	S	56.6	30	347				
3	秋冬款女装欧美个性炫彩油漆点点街拍焦点套头卫衣	M	56.6	30	454				
4	秋冬款女装欧美个性炫彩油漆点点街拍焦点套头卫衣	L	56.6	30	626				
5	秋冬款女装欧美个性炫彩油漆点点街拍焦点套头卫衣	XL	56.6	30	424				
6	秋冬款女装潮牌简约百搭几何图案套头卫衣	S	79	45	345				
7	秋冬款女装潮牌简约百搭几何图案套头卫衣	M	79	45	490				
8	秋冬款女装潮牌简约百搭几何图案套头卫衣	L	79	45	357				
9	秋冬款女装潮牌简约百搭几何图案套头卫衣	XL	79	45	503				
10	秋冬款新款女装日韩甜美爱心百搭气质宽松圆领长袖卫衣上衣	S	69.8	33.8	887				
11	秋冬款新款女装日韩甜美爱心百搭气质宽松圆领长袖卫衣上衣	M	69.8	33.8	743				
12	秋冬款新款女装日韩甜美爱心百搭气质宽松圆领长袖卫衣上衣	L	69.8	33.8	456				
13	新款秋冬装女装休闲款清丽大帽檐超百搭秋季单品外单多色卫衣	M	299	164	14				
14	新款秋冬装女装休闲款清丽大帽檐超百搭秋季单品外单多色卫衣	L	299	164	28				
15	新款秋冬装女装休闲款清丽大帽檐超百搭秋季单品外单多色卫衣	XL	299	164	40				
16	新款秋冬装女装休闲款清丽大帽檐超百搭秋季单品外单多色卫衣	XXL	299	164	45				
17	秋冬款女装明星同款超美复古猫星人超爱卫衣	S	99	55.4	322				
18	秋冬款女装明星同款超美复古猫星人超爱卫衣	M	99	55.4	520				
19	秋冬款女装明星同款超美复古猫星人超爱卫衣	L	99	55.4	218				
20	秋冬款女装休闲风徽章贴布休闲羊羔毛加厚卫衣	S	119.5	80	416				
21	秋冬款女装休闲风徽章贴布休闲羊羔毛加厚卫衣	M	119.5	80	614				
22	秋冬款女装休闲风徽章贴布休闲羊羔毛加厚卫衣	L	119.5	80	486				
23	秋冬款女装休闲风徽章贴布休闲羊羔毛加厚卫衣	XL	119.5	80	312				
24	秋冬款女装灰色洋气蝙蝠宽松慵懒套头卫衣	S	148.5	87	534				
25	秋冬款女装灰色洋气蝙蝠宽松慵懒套头卫衣	M	148.5	87	842				
26	秋冬款女装灰色洋气蝙蝠宽松慵懒套头卫衣	L	148.5	87	1031				
27	秋冬款女装灰色洋气蝙蝠宽松慵懒套头卫衣	XL	148.5	87	354				
28	秋装女装新款圆领波浪下摆边米奇头像长袖卫衣	S	230	150	93				
29	秋装女装新款圆领波浪下摆边米奇头像长袖卫衣	M	230	150	105				
30	秋装女装新款圆领波浪下摆边米奇头像长袖卫衣	L	230	150	63				
31	秋冬款女装小清新必备学院派彩色时尚拼色长袖卫衣	S	175	115.5	200				
32	秋冬款女装小清新必备学院派彩色时尚拼色长袖卫衣	M	175	115.5	265				
33	秋冬款女装小清新必备学院派彩色时尚拼色长袖卫衣	L	175	115.5	169				
34	秋冬款女装小清新必备学院派彩色时尚拼色长袖卫衣	XL	175	115.5	184				
35	秋冬款女装小清新必备学院派彩色时尚拼色长袖卫衣	XXL	175	115.5	142				
36	秋季新款韩版宽松可爱圆领卫衣	XS	39.9	19.5	654				
37	秋季新款韩版宽松可爱圆领卫衣	S	39.9	19.5	446				
38	秋季新款韩版宽松可爱圆领卫衣	M	39.9	19.5	343				
39	秋季新款韩版宽松可爱圆领卫衣	L	39.9	19.5	181				

图 6-6　“商品销售情况.xlsx”工作簿的“商品销售数据”工作表

步骤 2▶ 在“商品销售数据”工作表的单元格区域 K1:Q1 中依次输入“1～40 元”“41～80 元”“81～120 元”“121～160 元”“161～200 元”“201～240 元”“241 元以上”。

步骤 3▶ 选中 K2 单元格，切换至“公式”选项卡，在“函数库”组中单击“数学和三角函数”下拉按钮，在展开的下拉列表中选择“SUMIF”选项，如图 6-7 所示。

步骤 4▶ 打开“函数参数”对话框，在“Range”编辑框中输入“C2:C39”，设置条件范围；在“Criteria”编辑框中输入“"<=40"”，设置判定条件；在“Sum_range”编辑框中输入“E2:E39”，设置求和范围，最后单击“确定”按钮，如图 6-8 所示。

图 6-7　选择“SUMIF”选项

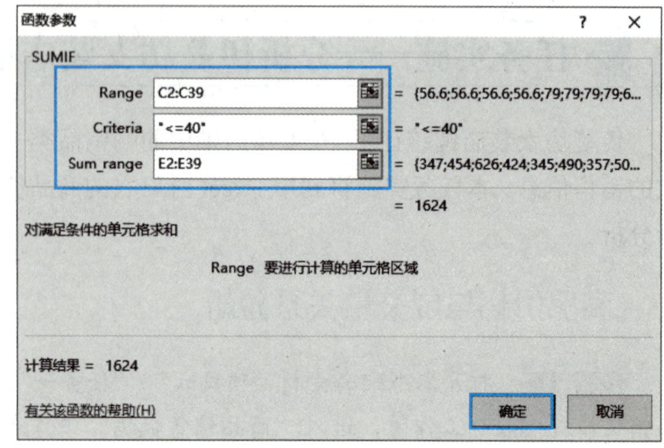

图 6-8　设置 SUMIF 函数的参数

提　示

除采用输入的方式外，用户要设置 SUMIF 函数的条件范围，也可先将光标定位至“Range”编辑框中，再用鼠标直接选中工作表中的某个单元格区域。求和范围的设置方法同上。

步骤 5▶　选中 L2 单元格，单击“数学和三角函数”下拉按钮，在展开的下拉列表中选择“SUMIFS”选项，如图 6-9 所示。打开“函数参数”对话框，参考前面的方法，设置各项参数，然后单击“确定”按钮，如图 6-10 所示。

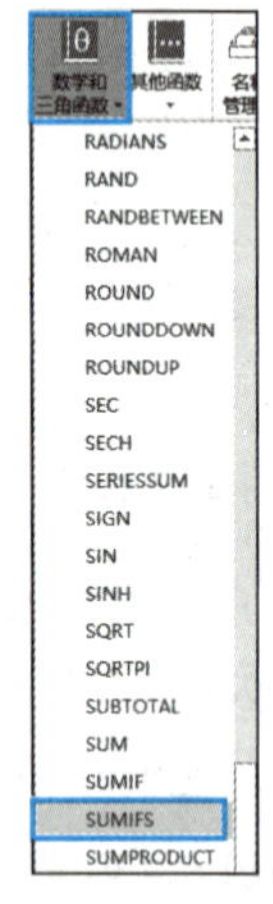

图 6-9　选择“SUMIFS”选项

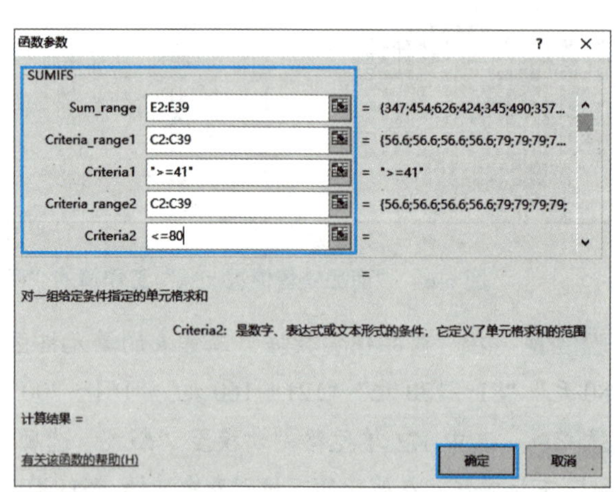

图 6-10　设置 SUMIFS 函数的参数

知识链接

与 SUMIF 函数类似，SUMIFS 函数的功能也是对满足条件的单元格进行求和。两者的区别在于，SUMIF 函数只能指定 1 个求和区域，设置 1 个求和条件，而 SUMIFS 函数则可指定多个求和区域，设置多个求和条件。SUMIFS 函数的语法为：

SUMIFS(实际求和区域,单元格区域 1,条件 1,单元格区域 2,条件 2,…)

步骤 6▶ 使用相同的方法，利用 SUMIFS 函数计算单元格区域 M2:Q2 的值，结果如图 6-11 所示。

K	L	M	N	O	P	Q
1～40元	41～80元	81～120元	121～160元	161～200元	201～240元	241元以上
1624	5632	2888	2761	960	261	127

图 6-11　成交量计算结果

步骤 7▶ 选中单元格区域 K1:Q2，然后单击“插入”选项卡“图表”组中的“插入折线图或面积图”按钮，在展开的下拉列表中选择“二维折线图”组中的“折线图”选项（见图 6-12），在工作表中插入一个折线图。参考前面的方法，对折线图进行适当美化，效果如图 6-13 所示。

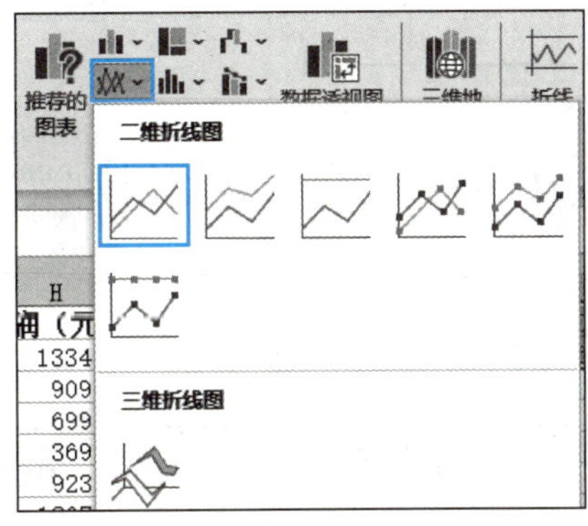

图 6-12　插入折线图

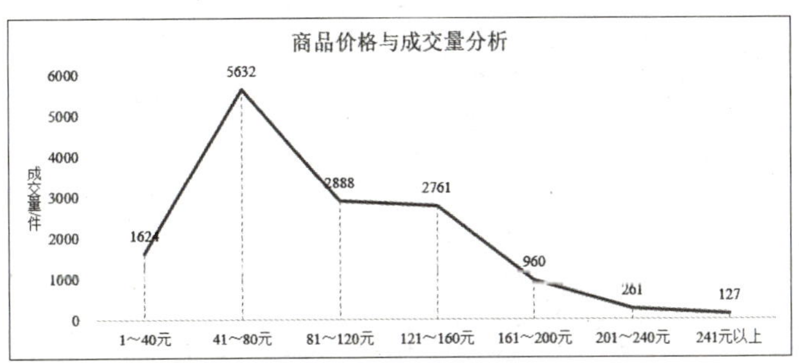

图 6-13　商品价格与成交量分析折线图

步骤 8▶ 卫衣价格与成交量分析。由图 6-13 可知，该女装店铺卫衣的成交量随着价格的增长而降低，且 41～80 元价格区间的卫衣成交量最高，价格在 241 元以上的卫衣成交量最低。

步骤 9▶ 单击工作表标签右侧的“新工作表”按钮⊕，新建一个工作表并重命名为“商品成交量分析”，然后依次将“商品销售数据”工作表中的“商品名称”“商品价格（元）”“成交量（件）”列的数据复制到新工作表的 A 列至 C 列。

步骤 10▶ 以商品价格为主关键字对“商品成交量分析”工作表中的数据进行升序排列，然后选中数据区域的任意一个单元格，切换至“数据”选项卡，在“分级显示”组中单击“分类汇总”按钮，如图 6-14 所示。

步骤 11▶ 打开“分类汇总”对话框，在“分类字段”下拉列表中选择“商品价格(元)”选项，在“汇总方式”下拉列表中选择“求和”选项，在“选定汇总项”列表中仅选中“成交量（件）”复选框，单击“确定”按钮(见图 6-15)，对工作表进行分类汇总，结果如图 6-16 所示。

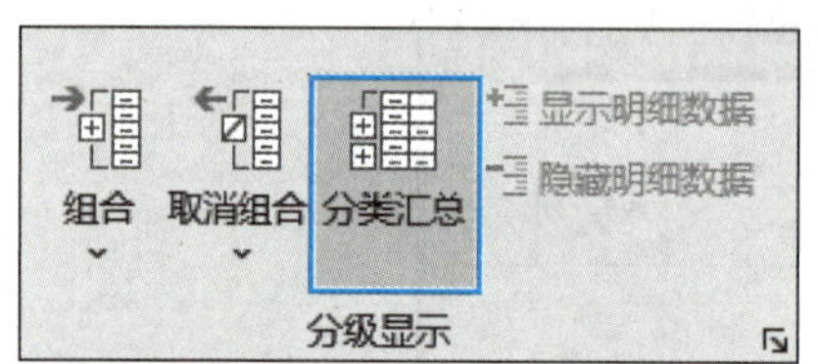

图 6-14　单击“分类汇总”按钮

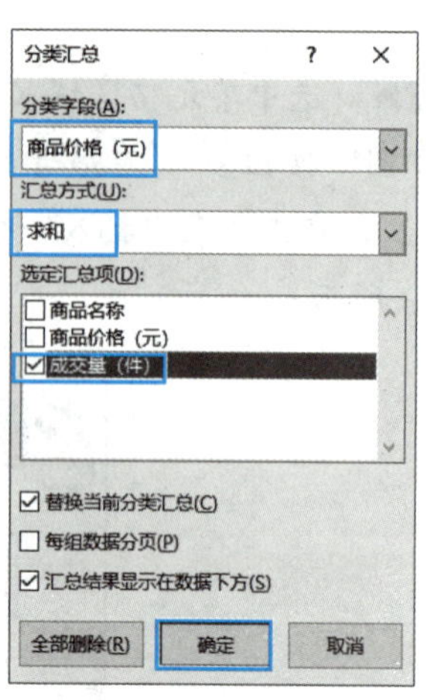

图 6-15　设置分类汇总参数

	A	B	C
1	商品名称	商品价格（元）	成交量（件）
2	秋季新款韩版宽松可爱圆领卫衣	39.9	654
3	秋季新款韩版宽松可爱圆领卫衣	39.9	446
4	秋季新款韩版宽松可爱圆领卫衣	39.9	343
5	秋季新款韩版宽松可爱圆领卫衣	39.9	181
6		39.9 汇总	1624
7	秋冬款女装欧美个性炫彩油漆点点街拍焦点套头卫衣	56.6	347
8	秋冬款女装欧美个性炫彩油漆点点街拍焦点套头卫衣	56.6	454
9	秋冬款女装欧美个性炫彩油漆点点街拍焦点套头卫衣	56.6	626
10	秋冬款女装欧美个性炫彩油漆点点街拍焦点套头卫衣	56.6	424
11		56.6 汇总	1851
12	秋冬款新款女装日韩甜美爱心百搭气质宽松圆领长袖卫衣上衣	69.8	887
13	秋冬款新款女装日韩甜美爱心百搭气质宽松圆领长袖卫衣上衣	69.8	743
14	秋冬款新款女装日韩甜美爱心百搭气质宽松圆领长袖卫衣上衣	69.8	456
15		69.8 汇总	2086
16	秋冬款女装潮牌简约百搭几何图案套头卫衣	79	345
17	秋冬款女装潮牌简约百搭几何图案套头卫衣	79	490
18	秋冬款女装潮牌简约百搭几何图案套头卫衣	79	357
19	秋冬款女装潮牌简约百搭几何图案套头卫衣	79	503
20		79 汇总	1695
21	秋冬款女装明星同款超美复古猫星人超爱卫衣	99	322
22	秋冬款女装明星同款超美复古猫星人超爱卫衣	99	520
23	秋冬款女装明星同款超美复古猫星人超爱卫衣	99	218

图 6-16　商品成交量汇总结果（部分）

步骤 12▶ 单击列标左侧的数字按钮“2”，查看二级汇总结果，即不同价位的卫衣的总成交量，如图 6-17 所示。

	A	B	C
1	商品名称	商品价格（元）	成交量（件）
6		39.9 汇总	1624
11		56.6 汇总	1851
15		69.8 汇总	2086
20		79 汇总	1695
24		99 汇总	1060
29		119.5 汇总	1828
34		148.5 汇总	2761
40		175 汇总	960
44		230 汇总	261
49		299 汇总	127
50		总计	14253

图 6-17　查看不同价位的卫衣的总成交量

步骤 13▶ 选中 41～80 元价格区间的“商品价格(元)”列和“成交量(件)”列的“汇总”行数据，为其插入一个三维簇状柱形图。参考前面的方法，对柱形图进行适当美化，效果如图 6-18 所示。

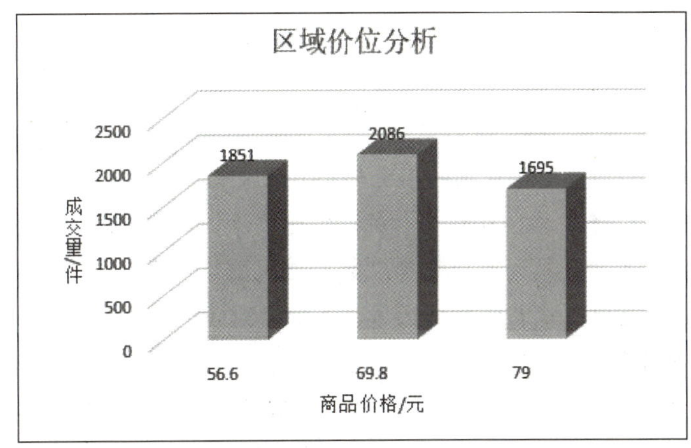

图 6-18　41～80 元区域价位分析柱形图

步骤 14▶ 41～80 元区域价位分析。由图 6-18 可知，在 41～80 元的价格区间中，价格为 69.8 元的卫衣成交量最高。

二、商品价格与销售额、采购成本关系分析

步骤 1▶ 计算商品的采购成本。切换至“商品销售数据”工作表，在 F2 单元格中输入公式“=D2*E2”，按“Enter”键计算当前商品的采购成本。双击 F2 单元格右下角的填充柄，为单元格区域 F3:F39 自动填充公式，计算其他商品的采购成本。

商品价格与销售额、采购成本关系分析

步骤 2▶ 使用相同的方法，分别计算商品的销售额（商品价格 × 成交量）、利润（销售额–采购成本）和利润率（利润 ÷ 采购成本 × 100%），最终的计算结果如图 6-19 所示。

	A	B	C	D	E	F	G	H	I
1	商品名称	商品尺码	商品价格（元）	采购价格（元）	成交量（件）	采购成本（元）	销售额（元）	利润（元）	利润率
2	秋冬款女装欧美个性炫彩油漆点点街拍焦点套头卫衣	S	56.6	30	347	10410	19640.2	9230.2	88.7%
3	秋冬款女装欧美个性炫彩油漆点点街拍焦点套头卫衣	M	56.6	30	454	13620	25696.4	12076.4	88.7%
4	秋冬款女装欧美个性炫彩油漆点点街拍焦点套头卫衣	L	56.6	30	626	18780	35431.6	16651.6	88.7%
5	秋冬款女装欧美个性炫彩油漆点点街拍焦点套头卫衣	XL	56.6	30	424	12720	23998.4	11278.4	88.7%
6	秋冬款女装潮牌简约百搭几何图案套头卫衣	S	79	45	345	15525	27255	11730	75.6%
7	秋冬款女装潮牌简约百搭几何图案套头卫衣	M	79	45	490	22050	38710	16660	75.6%
8	秋冬款女装潮牌简约百搭几何图案套头卫衣	L	79	45	357	16065	28203	12138	75.6%
9	秋冬款女装潮牌简约百搭几何图案套头卫衣	XL	79	45	503	22635	39737	17102	75.6%
10	秋冬款新款女装日韩甜美爱心百搭气质宽松圆领长袖卫衣上衣	S	69.8	33.8	887	29980.6	61912.6	31932	106.5%
11	秋冬款新款女装日韩甜美爱心百搭气质宽松圆领长袖卫衣上衣	M	69.8	33.8	743	25113.4	51861.4	26748	106.5%
12	秋冬款新款女装日韩甜美爱心百搭气质宽松圆领长袖卫衣上衣	L	69.8	33.8	456	15412.8	31828.8	16416	106.5%
13	新款秋冬装女装休闲款清丽大帽檐超百搭秋季单品外单多色卫衣	M	299	164	14	2296	4186	1890	82.3%
14	新款秋冬装女装休闲款清丽大帽檐超百搭秋季单品外单多色卫衣	L	299	164	28	4592	8372	3780	82.3%
15	新款秋冬装女装休闲款清丽大帽檐超百搭秋季单品外单多色卫衣	XL	299	164	40	6560	11960	5400	82.3%
16	新款秋冬装女装休闲款清丽大帽檐超百搭秋季单品外单多色卫衣	XXL	299	164	45	7380	13455	6075	82.3%
17	秋冬款女装明星同款超美复古猫星人超爱卫衣	S	99	55.4	322	17838.8	31878	14039.2	78.7%
18	秋冬款女装明星同款超美复古猫星人超爱卫衣	M	99	55.4	520	28808	51480	22672	78.7%
19	秋冬款女装明星同款超美复古猫星人超爱卫衣	L	99	55.4	218	12077.2	21582	9504.8	78.7%
20	秋冬款女装休闲风徽章贴布休闲羊羔毛加厚卫衣	S	119.5	80	416	33280	49712	16432	49.4%
21	秋冬款女装休闲风徽章贴布休闲羊羔毛加厚卫衣	M	119.5	80	614	49120	73373	24253	49.4%
22	秋冬款女装休闲风徽章贴布休闲羊羔毛加厚卫衣	L	119.5	80	486	38880	58077	19197	49.4%
23	秋冬款女装休闲风徽章贴布休闲羊羔毛加厚卫衣	XL	119.5	80	312	24960	37284	12324	49.4%
24	秋冬款女装灰色洋气蝙蝠宽松慵懒套头卫衣	S	148.5	87	534	46458	79299	32841	70.7%
25	秋冬款女装灰色洋气蝙蝠宽松慵懒套头卫衣	M	148.5	87	842	73254	125037	51783	70.7%
26	秋冬款女装灰色洋气蝙蝠宽松慵懒套头卫衣	L	148.5	87	1031	89697	153103.5	63406.5	70.7%
27	秋冬款女装灰色洋气蝙蝠宽松慵懒套头卫衣	XL	148.5	87	354	30798	52569	21771	70.7%
28	秋装女装新款圆领波浪下摆边米奇头像长袖卫衣	S	230	150	93	13950	21390	7440	53.3%
29	秋装女装新款圆领波浪下摆边米奇头像长袖卫衣	M	230	150	105	15750	24150	8400	53.3%
30	秋装女装新款圆领波浪下摆边米奇头像长袖卫衣	L	230	150	63	9450	14490	5040	53.3%
31	秋冬款女装小清新必备学院派彩色时尚拼色长袖卫衣	S	175	115.5	200	23100	35000	11900	51.5%
32	秋冬款女装小清新必备学院派彩色时尚拼色长袖卫衣	M	175	115.5	265	30607.5	46375	15767.5	51.5%
33	秋冬款女装小清新必备学院派彩色时尚拼色长袖卫衣	L	175	115.5	169	19519.5	29575	10055.5	51.5%
34	秋冬款女装小清新必备学院派彩色时尚拼色长袖卫衣	XL	175	115.5	184	21252	32200	10948	51.5%
35	秋冬款女装小清新必备学院派彩色时尚拼色长袖卫衣	XXL	175	115.5	142	16401	24850	8449	51.5%
36	秋季新款韩版宽松可爱圆领卫衣	XS	39.9	19.5	654	12753	26094.6	13341.6	104.6%
37	秋季新款韩版宽松可爱圆领卫衣	S	39.9	19.5	446	8697	17795.4	9098.4	104.6%
38	秋季新款韩版宽松可爱圆领卫衣	M	39.9	19.5	343	6688.5	13685.7	6997.2	104.6%
39	秋季新款韩版宽松可爱圆领卫衣	L	39.9	19.5	181	3529.5	7221.9	3692.4	104.6%

图 6-19　商品的采购成本、销售额、利润和利润率的计算结果

步骤 3▶　将“利润率”列数据的单元格格式设置为百分比，并保留 1 位小数。

步骤 4▶　选中 I2 单元格，切换至“插入”选项卡，在“图表”组中单击“数据透视图”下拉按钮，在展开的下拉列表中选择“数据透视图”选项，打开“创建数据透视图”对话框，系统会自动选中工作表的数据区域，选中“新工作表”单选钮，然后单击“确定”按钮，如图 6-20 所示。

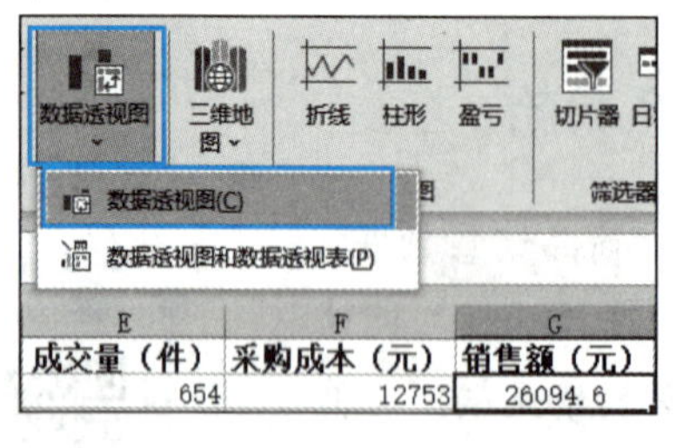

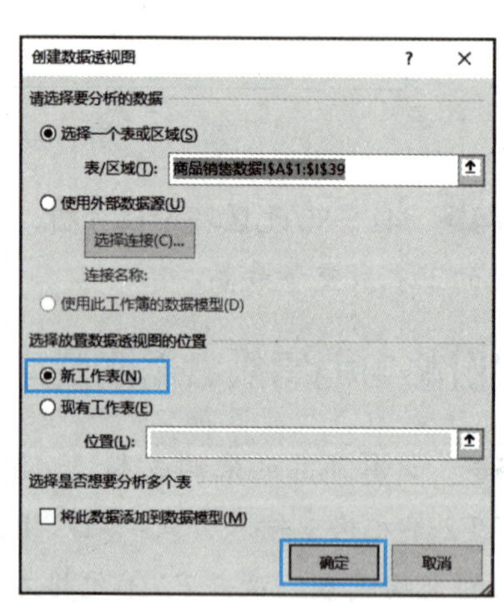

图 6-20　创建数据透视图

步骤 5▶　设置数据透视图字段。Excel 会在新工作表中创建一个空白数据透视表和数据透视图，将新工作表重命名为“商品价格与利润分析”，在“数据透视图字段”任务窗格中将“商品名称”字段拖入“轴（类别）”区域作为水平轴标签，依次将“采购成本（元）”

“销售额（元）”“利润（元）”字段拖入“值”区域，如图 6-21 所示。

步骤 6▶ 右击数据透视图的空白区域，在弹出的快捷菜单中选择“更改图表类型”选项，打开“更改图表类型”对话框，选择“组合”/“簇状柱形图-次坐标轴上的折线图”选项，单击“确定”按钮，如图 6-22 所示。

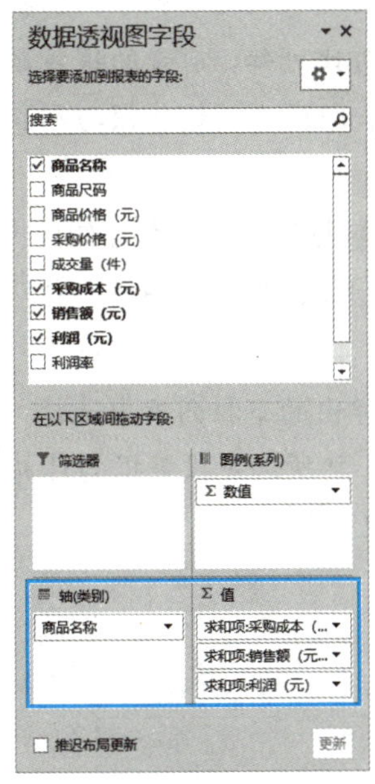

图 6-21　设置数据透视图字段

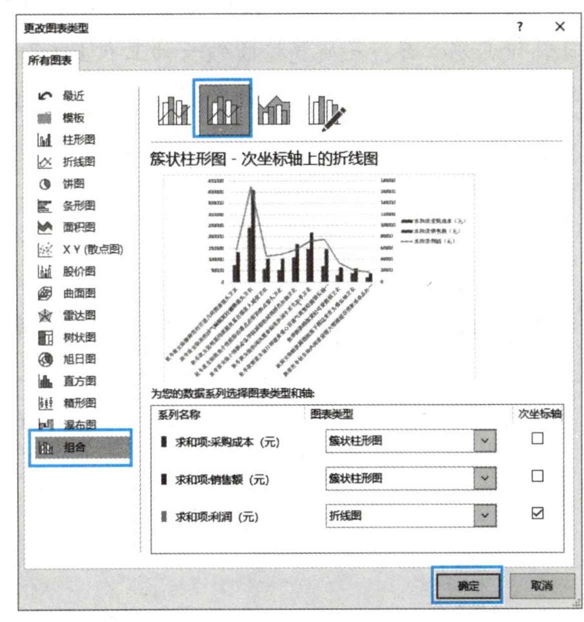

图 6-22　更改图表类型

步骤 7▶ 调整图表的位置和大小，并对数据透视图进行适当美化，效果如图 6-23 所示。

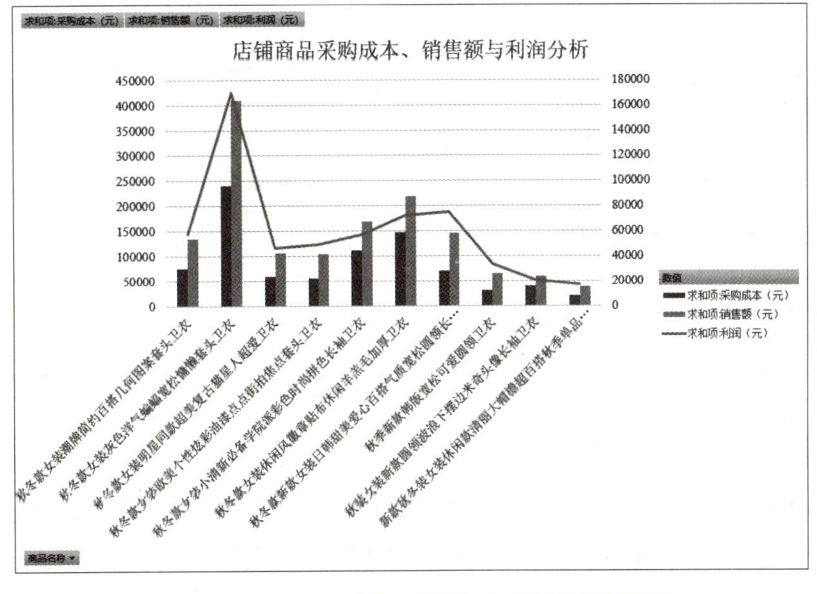

图 6-23　商品采购成本、销售额与利润数据透视图

步骤 8▶ 商品采购成本、销售额与利润分析。由图 6-23 可知，在近一年中，“秋冬款女装灰色洋气蝙蝠宽松慵懒套头卫衣”的销售额、采购成本与利润都是该店铺中最高的；“新款秋冬装女装休闲款清丽大帽檐超百搭秋季单品外单多色卫衣”的销售额、采购成本与利润都是该店铺中最低的。

此外，将“秋冬款女装小清新必备学院派彩色时尚拼色长袖卫衣”与“秋冬款新款女装日韩甜美爱心百搭气质宽松圆领长袖卫衣上衣”的数据进行对比可知，前者的销售额与采购成本都高于后者，但获得的利润却较低，由此可得出结论，即商品的销售额与利润之间并无必然关系。

步骤 9▶ 复制一份“商品价格与利润分析”工作表，选中数据透视图，在右侧的“数据透视图字段”窗格中取消选中“利润（元）”复选框，并将“利润率”字段拖入“值”区域，如图 6-24 所示。

步骤 10▶ 单击“值”区域的“求和项:利润率”字段，在弹出的下拉列表中选择“值字段设置”选项，打开“值字段设置”对话框，在“选择用于汇总所选字段数据的计算类型”列表中选择“平均值”选项，单击“确定”按钮，如图 6-25 所示。

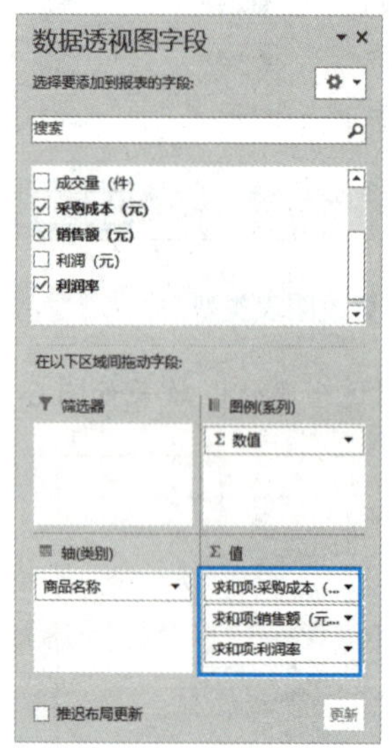

图 6-24　修改数据透视图字段

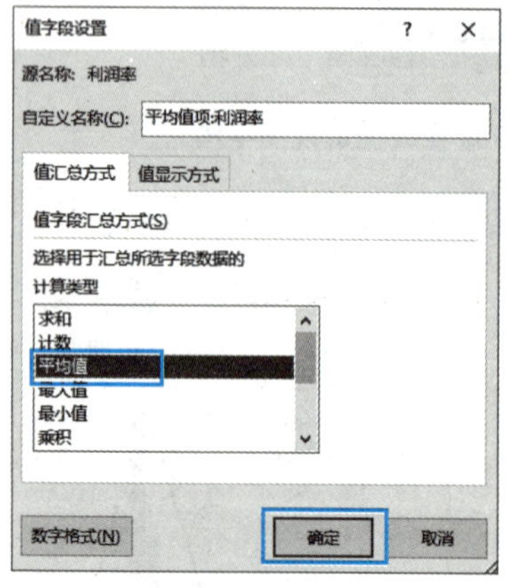

图 6-25　值字段设置

提　示

在“商品销售数据”工作表中计算的是不同尺码商品的利润率，因此按商品名称字段分类后，应对利润率求平均值，而非求和。

步骤 11▶ 参考前面的方法，修改数据透视图的图表类型为“簇状柱形图-次坐标轴上的折线图”，然后对数据透视图进行适当美化，如图 6-26 所示。

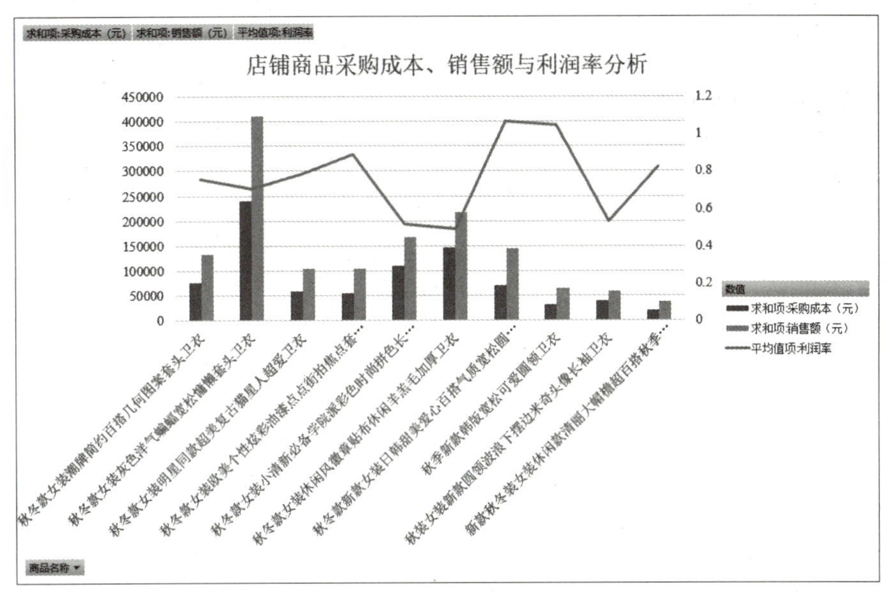

图 6-26　商品采购成本、销售额与利润率数据透视图

步骤 12▶　由图 6-26 可知，“秋冬款新款女装日韩甜美爱心百搭气质宽松圆领长袖卫衣上衣”与“秋季新款韩版宽松可爱圆领卫衣”是高利润率商品，商家可在后续经营中适当加大此类商品的营销与推广力度，以提高店铺利润。

任务二　商品生命周期分析

任务导入

商品的生命周期影响着商家对营销策略与库存方案的选择，因此商家在对商品进行分析时，不仅要分析商品的价格，还要对商品的生命周期进行分析。那么，什么是商品生命周期？商品生命周期有哪几个阶段？每个阶段应该采取哪些营销策略？本任务就带领大家了解商品生命周期分析的相关知识。

相关知识

一、商品生命周期的概念

商品生命周期是指商品从进入市场到退出市场所经历的全过程。一种商品进入市场后，其销量、利润、竞争能力等都会随着时间的推移而发生改变，呈现出一个由少到多、

再由多到少的过程，这就是商品的生命周期现象。

二、商品生命周期的阶段

一般来说，商品生命周期分为 4 个阶段，即引入期、成长期、成熟期和衰退期，如图 6-27 所示。

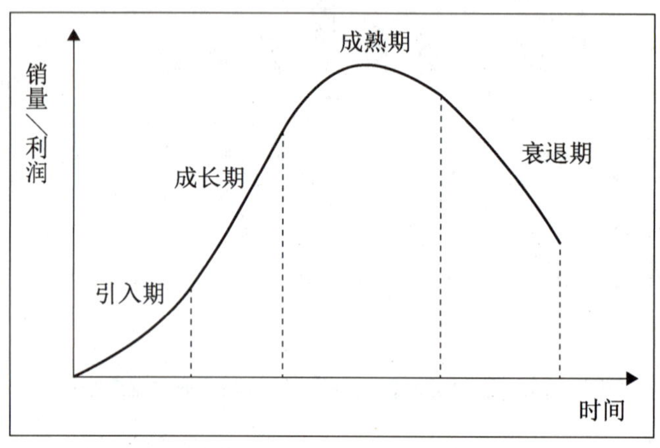

图 6-27　商品生命周期的 4 个阶段

（一）引入期

引入期是指新商品刚刚投入市场后的一段时期。处在引入期的商品尚无法给客户留下足够深刻的印象，此时购买商品的客户数量较少，因此商品的销量很低，销售额增长缓慢。此外，处在引入期的商品一般产量小、生产成本高，商家需投入大量营销推广费用来提高商品的知名度，因此商家可赚取的利润较少，甚至可能出现亏损。

（二）成长期

处在成长期的商品已经可以给客户留下深刻印象，其营销推广成本不断下降，客户数量不断增加，销量迅速增长，市场逐渐扩大，商家可建立起较为稳固的商品销售渠道。与此同时，商品的产量开始提升，生产成本降低，利润也随之增长。

（三）成熟期

处在成熟期的商品的客户数量趋于稳定，市场需求趋于饱和，销量增长逐步放缓。随后，由于竞争对手会在有利可图的情况下纷纷入市，市场上同类商品的供给量将进一步增加，甚至出现商品过剩现象，市场竞争日益激烈，为取得竞争优势，商家需要不断降低商品的价格，并重新增加营销推广费用的投入，这会导致利润的降低。

（四）衰退期

处在衰退期的商品的客户数量、市场占有率和销量等都呈逐步减少的趋势，这是因为

随着技术的发展和进步，新的迭代品及其替代品会出现，客户的兴趣开始转向这些新出现的商品，此时现有商品会失去竞争优势，价格和利润降至最低水平，大多数商家已无法通过销售此商品获得利润，被迫退出市场。

三、商品生命周期各阶段的营销策略

商品生命周期的各阶段都有其明显的特征，商家可以从这些特征出发，制定和实施相应的营销策略，从而在商品生命周期的各阶段都能获取最大利润。

（一）引入期营销策略

引入期的特征是商品的生产成本和营销推广费用较高，商品知名度、销量及利润较低，且竞争对手较少。根据这一阶段的特点，商家应采取措施，将商品直接向最感兴趣的消费群体进行推广，让客户尽快了解新商品，以缩短商品的引入期。例如，在仅考虑商品价格和营销推广费用的前提下，商家在商品引入期阶段可采取的营销策略如下：

（1）快速撇脂策略，即以高商品价格、高营销推广费用推出新商品。实施这一策略能够让商家在短期内收获高额利润，还能够让消费者快速了解新商品，帮助商品迅速占领市场。该策略的适用场景是商品的市场潜力较大，且商家正面临竞争者的威胁，需要尽早树立品牌形象。

（2）缓慢撇脂策略，即以高商品价格、低营销推广费用推出新商品。实施这一策略能够让商家以尽可能低的成本获取更多利润。该策略的适用场景是商品的市场容量较小，且商家知名度较高。

（3）快速渗透策略，即以低商品价格、高营销推广费用推出新商品。实施这一策略能够快速提高商品的销量和知名度，提高其市场占有率和品牌口碑。该策略的适用场景是商品的市场容量相当大，但竞争较为激烈，且客户对商品价格十分敏感。

（4）缓慢渗透策略，即以低商品价格、低营销推广费用推出新商品。实施这一策略能够逐步提高商品的销量，不断提高市场占有率。该策略的适用场景是商品的市场容量较大，商家已有一定的知名度，且客户对商品价格十分敏感。

（二）成长期营销策略

成长期的特征是客户已对商品较为熟悉，商品销量剧增，利润迅速增长，竞争对手开始增多。此时，商家的营销目标应转向提高商品的市场占有率，延长获取最大利润的时间。商家在商品成长期阶段可采取的营销策略如下：

（1）改进商品。商家可为商品增加新的款式或型号，开发商品的新用途等，有效提高商品的竞争力，满足更为广泛的客户需求，从而吸引更多潜在客户。

（2）寻找新的细分市场。商家可寻找当前市场中消费需求尚未获得充分满足的细分市场，并针对其中的消费需求调整商品，以帮助商品在新的细分市场中快速建立竞争优势。

（3）调整营销推广的重点。商家可将营销推广的重点从单纯的商品介绍转变为树立商品形象上，以吸引新客户，激发他们对商品的兴趣和消费欲望。

（三）成熟期营销策略

成熟期的特征是商品销量增长缓慢，商品利润开始下降，市场竞争加剧。此时，商家应先发制人，尽量延长商品的成熟期。商家在商品成熟期阶段可采取的营销策略如下：

（1）发掘潜在客户。商家可在市场调研的基础上，发掘当前商品的潜在客户，以增加商品的销量。

（2）改变营销组合。商家可通过改变一个或多个营销组合因素的方式来增加商品销量。改变营销组合的常用方法包括制定与竞争对手相抗衡的定价策略、建立分销渠道、提高服务质量等。

（3）适时降价。商家可在合适的时机（如大促活动期间）降低商品价格，吸引价格敏感型客户的兴趣，促成这类客户购买本商品。

（四）衰退期营销策略

衰退期的特征是客户的消费兴趣逐渐转向新商品，现有商品的销量急剧下降，利润降至最低，大量商家被迫退出市场。商家在商品衰退期阶段可采取的营销策略如下：

（1）继续策略。这一策略是指商家继续沿用过去的定价策略、分销渠道、促销手段等，直至该商品完全退出市场。

（2）集中策略。这一策略是指商家将资源集中在最有利的细分市场和分销渠道上，尽可能创造更多利润。

（3）收缩策略。这一策略是指商家大幅度降低商品营销推广费用，仅从该商品的忠实客户中获取利润。

（4）放弃策略。这一策略是指商家针对衰退较迅速的商品采取逐步放弃或完全放弃的手段。其中，逐步放弃是指将当前商品占用的资源逐步转向其他商品，完全放弃则是指停止生产和销售当前商品。

卓越创新

方便面曾是备受国人青睐的速食食品，但近年来，随着国民生活水平的不断提升，加之外卖行业的快速兴起，方便面行业受到了不小的冲击。世界方便面协会统计数据显示，2013 年至 2016 年，我国方便面年销量从 462 亿包减少到 385 亿包。

然而，就在人们都认为方便面要进入它的衰退期时，方便面销量却开始触底反弹。2021 年上半年，方便面销售的增长态势日趋稳健，销量增长 4.5%，销售额增长 8.6%。

方便面销量回暖的背后，是行业的发力创新：为了更健康，料包换成植物油，

还添加了更加营养的汤包；为了更有特色，小龙虾拌面、重庆小面、火鸡面等新口味层出不穷；为了应对外卖行业的冲击，推出小杯泡面主攻加餐需求；为了吸引年轻消费者，推出动漫、游戏等主题的包装。

方便面重现生机的现象告诉我们，虽然商品都具有生命周期，但生命周期并非不可逆。只要肯在创新上下功夫，深入挖掘客户需求，细分市场，“夕阳”商品也可以再次焕发活力，在市场上重新占据一席之地。

任务实施——分析伊蔓坊女装店铺商品生命周期

伊蔓坊女装店铺统计了 2021 年 8—12 月店铺中卫衣品类的成交信息。本任务实施将利用 Excel 从商品成交量和利润这两个方面对商品生命周期进行分析。

步骤 1▶ 打开本书配套素材“项目六”/“任务二”/“商品生命周期分析.xlsx”工作簿，进入“成交信息”工作表，如图 6-28 所示。

	A	B	C	D
1	商品名称	日期	成交量（件）	利润（元）
2	女款卫衣	2021/8/1	0	0
3	女款卫衣	2021/8/2	0	134
4	女款卫衣	2021/8/3	1	240
5	女款卫衣	2021/8/4	1	249
6	女款卫衣	2021/8/5	2	306
7	女款卫衣	2021/8/6	1	340
8	女款卫衣	2021/8/7	1	358
9	女款卫衣	2021/8/8	6	368
10	女款卫衣	2021/8/9	10	399
11	女款卫衣	2021/8/10	12	405
12	女款卫衣	2021/8/11	12	450
13	女款卫衣	2021/8/12	14	509
14	女款卫衣	2021/8/13	16	559
15	女款卫衣	2021/8/14	19	599
16	女款卫衣	2021/8/15	19	690
17	女款卫衣	2021/8/16	20	734
18	女款卫衣	2021/8/17	21	830
19	女款卫衣	2021/8/18	22	889
20	女款卫衣	2021/8/19	25	905

分析商品生命周期

图 6-28　“商品生命周期分析.xlsx”工作簿的“成交信息”工作表

步骤 2▶ 参考前面的方法，选中“日期”列、“成交量（件）”列和“利润（元）”列的数据，为其插入复式折线图。

步骤 3▶ 右击折线图中的“成交量”数据系列，在弹出的快捷菜单中选择“设置数据系列格式”选项，打开“设置数据系列格式”任务窗格并显示“系列选项”选项卡，单击“系列选项”下的“坐标轴”图标，在“系列选项”组中选中“次坐标轴”单选钮，如图 6-29 所示。

步骤 4▶ 单击“系列选项”下的“填充与线条”图标，在“线条”组中选中“平滑线”复选框，如图 6-30 所示。

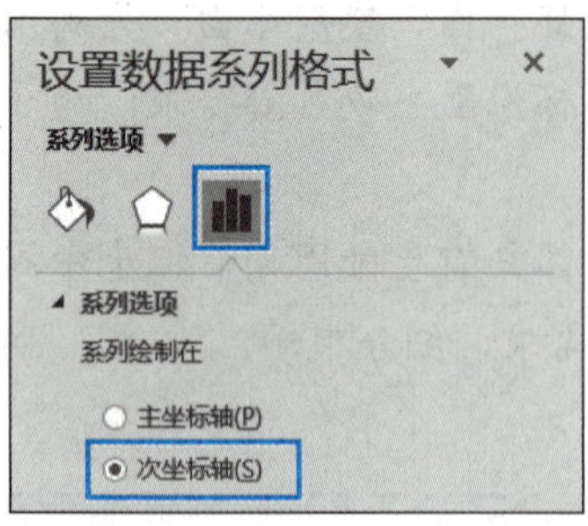

图 6-29　设置数据系列格式

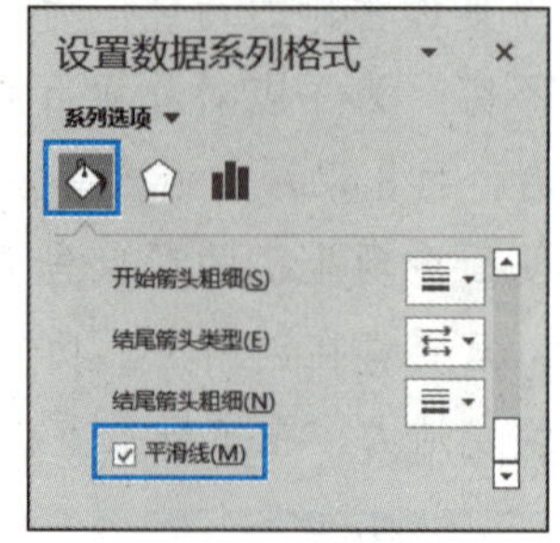

图 6-30　设置线型

步骤 5▶　采用相同的方法，将“利润”数据系列的线条也设置为平滑线。

步骤 6▶　设置次要纵坐标轴格式。在折线图中双击次要纵坐标轴，“设置数据系列格式”任务窗格会自动切换为“设置坐标轴格式”任务窗格。单击“坐标轴选项”图标，展开“坐标轴选项”组，在“边界”下方的“最小值”编辑框中输入 0，“最大值”编辑框中输入 300；在“单位”下方的“大”编辑框中输入 30，“小”编辑框中输入 6，如图 6-31 所示。

步骤 7▶　设置主要横坐标轴格式。在折线图中单击横坐标轴，在“设置坐标轴格式”选项卡中展开“坐标轴选项”组，在“单位”下方的“大”编辑框中输入 5，并在右侧的下拉列表中选择“天”选项，如图 6-32 所示。

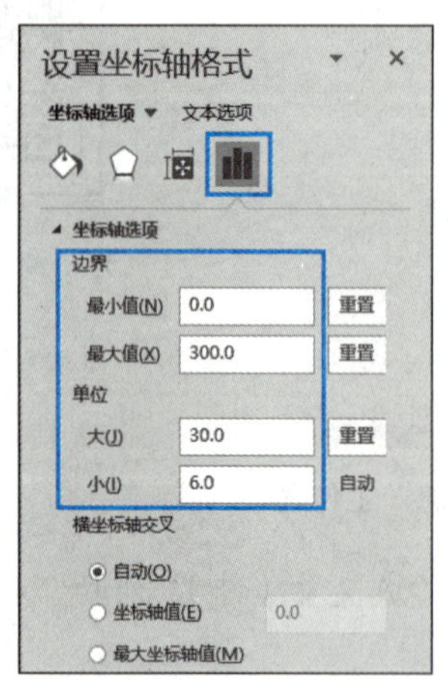

图 6-31　设置次要纵坐标轴格式

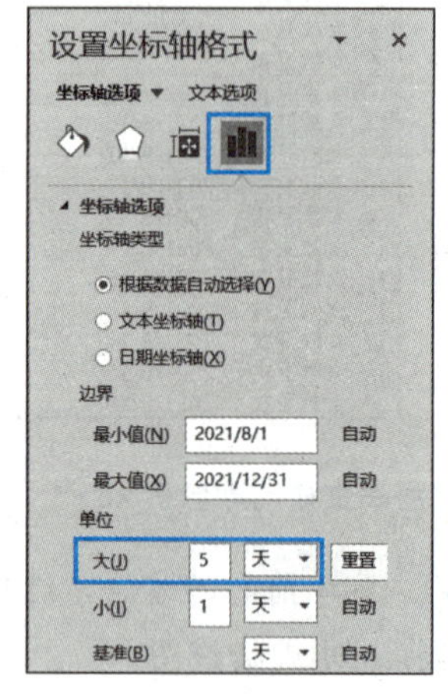

图 6-32　设置主要横坐标轴格式

步骤 8▶　切换至“插入”选项卡，在“插图”组中单击“形状”按钮，在展开的下拉列表中选择“直线”选项，在“利润”数据系列与横坐标轴之间绘制直线，划分出商品生命周期的 4 个阶段，最后对图表进行适当美化，效果如图 6-33 所示。

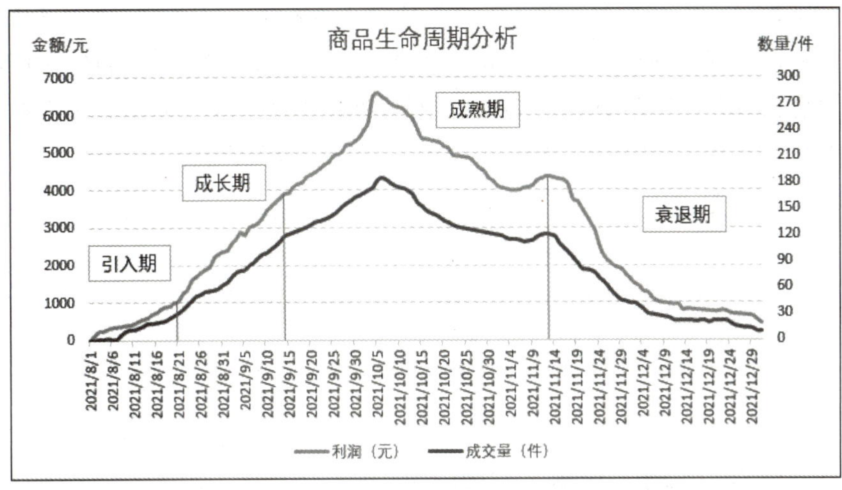

图 6-33　划分商品生命周期阶段折线图

步骤 9▶ 分析商品生命周期。由图 6-33 可知，该店铺的女款卫衣在 8 月初进入引入期，8 月 21 日左右进入成长期，9 月 15 日左右进入成熟期，11 月 13 日左右进入衰退期。根据该商品的生命周期曲线，商家可在不同时期选择相应的营销策略，以适应市场的不断发展。

任务三　商品库存分析

任务导入

库存是商品采购与销售的中转站，用于商品存取、周转和调度。商品库存分析是商务数据分析中重要的一环，它能帮助商家了解商品的库存情况，防止商品供货短缺或中断。那么，如何对商品的库存情况进行分析呢？本任务就带领大家了解商品库存分析的相关知识。

相关知识

一、商品库存统计与查询

在店铺运营中，商家应尽可能让各种商品的库存数量保持适中，即不仅要保证商品供应充足，还不能有太多的商品积压。因此，商家可以通过对一段时间内的商品库存数量进行统计分析，为下次采购提供可靠的数据支持。

例如，某护肤品店铺统计了当前店内各品牌洁面乳的库存数量，并与其库存标准量进行对比分析，如图 6-34 所示。由图 6-34 可知，A、C、F 品牌洁面乳的库存数量适中；D 品牌洁面乳的库存数量过少，应该对其进行采购；B、E 品牌洁面乳的库存数量远大于其库存标准量，需要及时调整营销策略，如对其进行降价促销等。

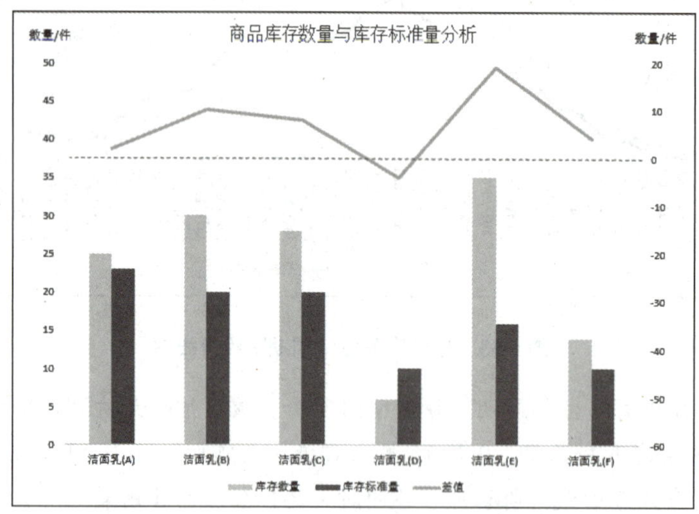

图 6-34　某店铺商品库存数量与库存标准量分析柱形-折线图

二、商品库存占比情况分析

对于商家来说，不仅要了解各种商品当前的库存情况，还应了解其在整个库存中所占的比例，以便从整体上对库存商品进行优化和调整，使得商品结构符合市场需求。

例如，某数码专卖店统计了当前店内各类商品的库存占比情况，如图 6-35 所示。

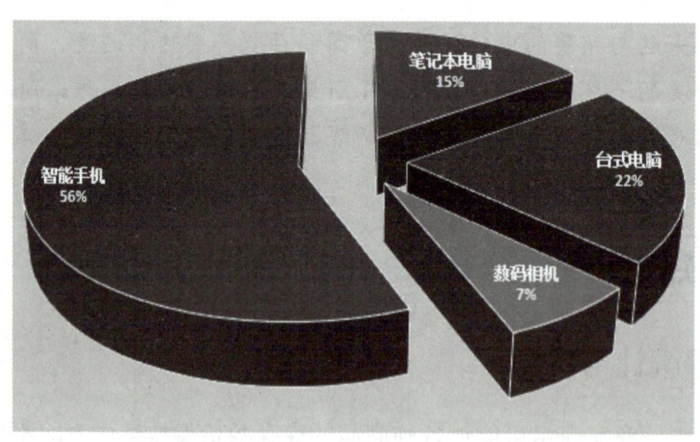

图 6-35　某数码专卖店各类商品库存占比情况三维饼图

三、商品库存周转情况分析

一般来说，商品库存周转情况分析的主要指标包括库存周转率和库存周转天数。

（1）库存周转率是指一段时间内库存周转的速度，它是反映库存周转快慢程度的重要指标。库存周转率的计算公式如下：

库存周转率 = 出库总量（或总金额）÷ 平均库存量（或平均金额）

库存周转率越高，表明商品的销售情况越好；反之，当库存周转率较低时，表明商品的销售情况较差，库存占用的流动资金较多，管理成本较高，资金的运转效率低。

（2）库存周转天数是反映库存周转快慢程度的另一重要指标，它是指商品从入库开始至消耗、销售为止所经历的天数。库存周转天数越少，表明商品变现的速度越快。其计算公式如下：

库存周转天数 = 360 ÷ 库存周转率

提　示

上述公式中的“360”也可替换为“90”或“30”，分别表示季度或月度库存周转天数。

提高库存周转率、减少库存周转天数对于店铺加快资金周转、提高资金利用率和变现能力具有积极的作用。

知类通达

库存是把双刃剑，一方面，它能保证柔性供给；另一方面，它也会占用大量资金。因此，库存管理对任何企业而言都是重中之重。一旦库存管理失败，会给企业带来资源浪费、成本增加、资金紧张乃至资金链断裂等一系列问题。

知名科技企业华为通过不断改进提升库存管理水平，形成了一套成熟且科学的库存管理方案，使其在激烈的市场竞争中始终立于不败之地，十分值得借鉴。该库存管理方案的要点如下：

（1）建立合理的库存结构。华为采用的是“枣形”这一较为合理的库存结构模型。

（2）对库存采用分类管理。

（3）对不同物料采用不同的管理策略。

（4）提高计划的准确性及加大计划的执行力度，加强齐套性管理。

（5）控制物料到货的进度与节奏，维持进出平衡。

（6）及时处理低周转率物料，避免恶性库存沉积。

任务实施——分析伊蔓坊女装店铺商品库存

伊蔓坊女装店铺统计了 2021 年 12 月店铺中卫衣、外套、裙子、裤子品类各商品的出入库数据，以及各个品类全年的销售量和平均库存数据。本任务实施将利用 Excel 对各类商品的库存数量及占比、库存周转率、库存周转天数进行统计与分析，并给出库存方案的优化建议。

一、商品库存统计与查询

商品库存统计与查询

步骤 1▶ 打开本书配套素材“项目六”/“任务三”/“商品库存分析.xlsx”工作簿中的“商品库存数据”工作表，选中 F2 单元格，输入公式“=C2+D2-E2”，按“Enter”键计算当前商品的库存数量。双击 F2 单元格右下角的填充柄，为单元格区域 F3:F31 自动填充公式，计算其他商品的库存数量。然后采用相同的方法，利用公式计算 H 列的差值数据（库存数量-库存标准量），计算结果如图 6-36 所示。

	A	B	C	D	E	F	G	H
1	商品类别	商品名称	初期数量（件）	入库数量（件）	出库数量（件）	库存数量（件）	库存标准量（件）	差值（件）
2	卫衣	女装灰色洋气蝙蝠宽松慵懒套头卫衣	211	1500	452	1259	500	759
3	卫衣	新款女装日韩甜美爱心百搭气质宽松圆领长袖卫衣上衣	312	420	123	609	350	259
4	卫衣	女装欧美个性炫彩油漆点点街拍焦点套头卫衣	173	400	156	417	200	217
5	卫衣	女装休闲风徽章贴布休闲羊羔毛加厚卫衣	329	200	111	418	150	268
6	卫衣	女装潮牌简约百搭几何图案套头卫衣	49	240	90	199	150	49
7	卫衣	新款韩版宽松可爱圆领卫衣	93	180	83	190	100	90
8	卫衣	女装明星同款超美复古猫星人超爱卫衣	435	500	321	614	400	214
9	卫衣	女装小清新必备学院派彩色时尚拼色长袖卫衣	223	500	189	534	350	184
10	卫衣	女装新款圆领波浪下摆边米奇头像长袖卫衣	24	500	251	273	220	53
11	卫衣	新款女装休闲款清丽大帽檐超百搭单品外单多色卫衣	43	340	213	170	280	-110
12	外套	新款女装迷彩工装外套国潮宽松防风冲锋衣短款夹克	134	400	234	300	100	200
13	外套	新款女装拼色运动工装潮牌宽松冲锋衣	355	200	132	423	200	223
14	外套	新款女装美式复古棒球服宽松hiphop运动外套	64	140	45	159	90	69
15	外套	新款女装摇粒绒拉链茄克保暖抓绒插肩袖长袖外套	345	480	99	726	200	526
16	外套	新款女装炸街冲锋衣外套ins潮款防风衣运动上衣	63	500	89	474	150	324
17	裙子	新款女裙针织连衣裙子毛衣裙小个子内搭打底时尚显瘦加厚裙子	134	150	50	234	200	34
18	裙子	新款女裙长袖连衣裙宽松慵懒风潮设计感小众长款过膝女神范裙子	532	320	245	607	100	507
19	裙子	新款女裙波点碎花连衣裙v领长袖法式复古收腰显瘦雪纺裙子	545	150	350	345	500	-155
20	裙子	新款女裙长袖雪纺连衣裙白色修身裙子气质优雅长裙	342	1000	245	1097	800	297
21	裙子	新款女裙中长款直筒裙千鸟格半身裙洋气优雅复古时尚加绒半身裙	34	280	100	214	410	-196
22	裤子	新款束脚工装裤女显瘦高腰宽松中性百搭黑色休闲裤	245	1000	780	465	800	-335
23	裤子	新款女裤收腹高腰弹力紧身字母印花黑色运动打底裤	456	430	215	671	280	391
24	裤子	女裤黑色牛仔裤微喇叭裤商务高腰显瘦韩版修身阔腿长裤	32	300	107	225	100	125
25	裤子	抖音同款女裤五分裤街头高腰休闲阔腿黑色居家运动短裤	123	410	77	456	400	56
26	裤子	新款女裤休闲韩版显瘦直筒高腰宽松九分哈伦运动裤	135	250	103	282	350	-68
27	裤子	女裤宽松显瘦抽绳束脚百搭休闲直筒ins风卫裤	23	580	201	402	150	252
28	裤子	网红同款女裤裤子女原宿风宽松显瘦高街高腰束脚运动卫裤	89	200	63	226	390	-164
29	裤子	新款女裤修身牛仔小脚休闲潮流显瘦时尚牛仔裤女裤	45	300	130	215	400	-185
30	裤子	女裤复古灯芯绒宽松直筒休闲裤显瘦百搭阔腿长裤	64	420	53	431	500	-69
31	裤子	女裤复古千鸟格纹女宽松显瘦百搭抽绳束脚阔腿长裤	56	370	74	352	450	-98

图 6-36　计算各类商品的库存数量及与库存标准量的差值

步骤 2▶ 参考前面的方法，在新工作表中为“商品库存数据”工作表中的数据插入数据透视图。将新工作表重命名为“商品库存情况分析”，并在“数据透视图字段”任务窗格中设置数据透视图字段，如图 6-37 所示。

步骤 3▶ 右击数据透视图的空白区域，在弹出的快捷菜单中选择“更改图表类型”选项，在打开的“更改图表类型”对话框中选择“组合”/“自定义组合”选项，然后将

"库存数量(件)"和"库存标准量(件)"的图表类型设置为"簇状柱形图","差值(件)"的图表类型设置为"折线图"并选中其右侧的"次坐标轴"复选框，最后单击"确定"按钮。

步骤 4▶ 在数据透视图上双击次要纵坐标轴，打开"设置坐标轴格式"任务窗格并自动切换至"坐标轴选项"选项卡，单击"坐标轴选项"图标，展开"坐标轴选项"组，在"边界"下方的"最小值"编辑框中输入"-3000"，在"最大值"编辑框中输入"1000"，如图 6-38 所示。

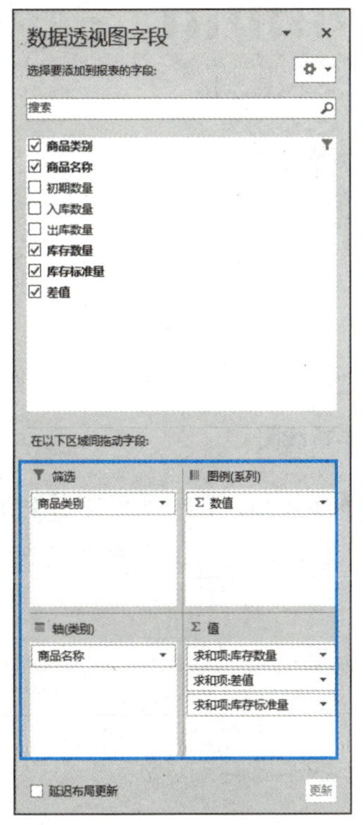

图 6-37 设置数据透视图字段

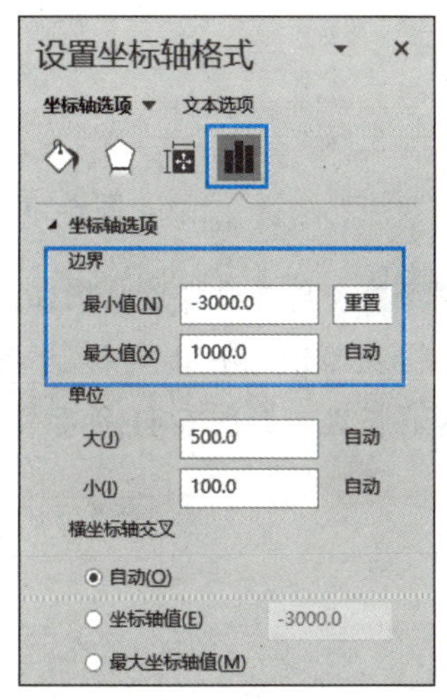

图 6-38 设置次要纵坐标轴格式

步骤 5▶ 切换至"插入"选项卡，在"插图"组中单击"形状"按钮，在展开的下拉列表中选择"直线"选项，在次要纵坐标轴的"0"处绘制一条与横坐标轴平行的直线，然后将直线的线条类型设置为点划线，最后对数据透视图进行适当美化，如图 6-39 所示。

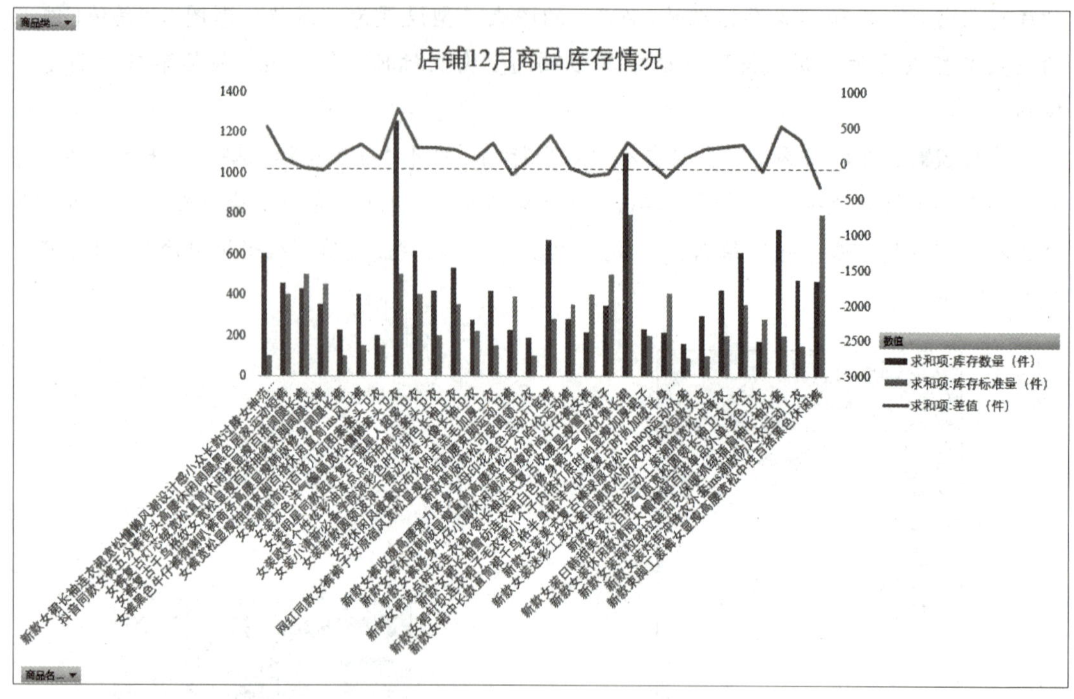

图 6-39　商品库存情况分析柱形-折线图

步骤 6▶　单击数据透视图左上角的“商品类别”筛选按钮，在展开的下拉列表中仅选中“卫衣”复选框，单击“确定”按钮（见图 6-40），可在数据透视图中查看卫衣品类所有商品的库存情况，如图 6-41 所示。

图 6-40　筛选商品类别

图 6-41　卫衣品类的库存情况柱形-折线图

步骤 7▶　采用相同的方法，分别查看裤子、裙子、外套品类的库存情况。

步骤 8▶ 商品库存情况分析。由图 6-41 可知，“新款女装休闲款清丽大帽檐超百搭单品外单多色卫衣”的库存数量略低于其库存标准量，商家应及时补货，以免库存不足。此外，“女装灰色洋气蝙蝠宽松慵懒套头卫衣”的库存数量远高于其库存标准量，商家应及时对该款卫衣采取促销措施（如打折、大促活动等），以免造成商品积压。

二、分析商品库存占比情况

分析商品库存占比情况

步骤 1▶ 复制一份“商品库存数据”工作表，将其重命名为“商品库存占比分析”，选中数据区域中的任意一个单元格，切换至“数据”选项卡，在“分级显示”组中单击“分类汇总”按钮，打开“分类汇总”对话框，在其中设置分类字段、汇总方式和汇总项，具体参数如图 6-42 所示。

步骤 2▶ 单击“确定”按钮，对各类商品的库存数据进行分类汇总，结果如图 6-43 所示。

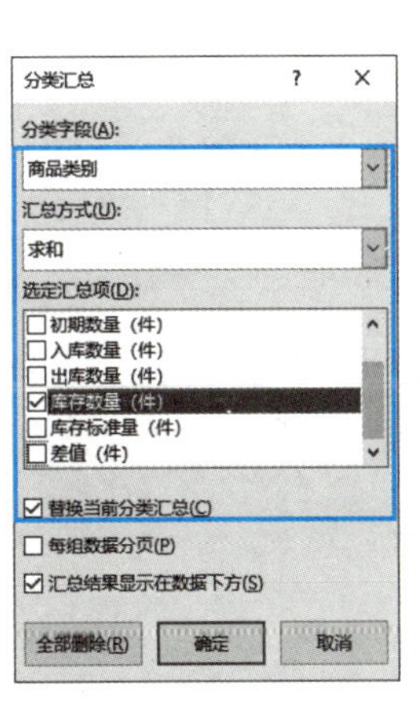

图 6-42　设置分类汇总参数

	商品类别	商品名称	初期数量（件）	入库数量（件）	出库数量（件）	库存数量（件）	库存标准量（件）	差值（件）
2	卫衣	女装灰色洋气蝙蝠宽松慵懒套头卫衣	211	1500	452	1259	500	759
3	卫衣	新款女装日韩甜美爱心百搭气质宽松圆领长袖卫衣上衣	312	420	123	609	350	259
4	卫衣	女装欧美个性炫彩油漆点点街拍焦点套头卫衣	173	400	156	417	200	217
5	卫衣	女装休闲风徽章贴布休闲羊羔毛加厚卫衣	329	200	111	418	150	268
6	卫衣	女装潮牌简约百搭几何图案套头卫衣	49	240	90	199	150	49
7	卫衣	新款韩版宽松可爱圆领卫衣	93	180	83	190	100	90
8	卫衣	女装明星同款超美复古猫星人超爱卫衣	435	500	321	614	400	214
9	卫衣	女装小清新必备学院派彩色时尚拼色长袖卫衣	223	500	189	534	350	184
10	卫衣	女装新款圆领波浪下摆边米奇头像长袖卫衣	24	500	251	273	220	53
11	卫衣	新款女装休闲款清丽大帽檐超百搭单品外单多色卫衣	43	340	213	170	280	-110
12	卫衣 汇总					4683		
13	外套	新款女装迷彩工装外套国潮宽松防风冲锋衣短款夹克	134	400	234	300	100	200
14	外套	新款女装拼色运动工装潮牌宽松冲锋衣	355	200	132	423	200	223
15	外套	新款女装美式复古棒球服宽松hiphop运动外套	64	140	45	159	90	69
16	外套	新款女装摇粒绒拉链茄克保暖抓绒插肩袖长袖外套	345	480	99	726	200	526
17	外套	新款女装炸街冲锋衣外套ins潮款防风衣运动上衣	63	500	89	474	150	324
18	外套 汇总					2082		
19	裙子	新款女裙针织连衣裙子毛衣裙小个子内搭打底时尚显瘦加厚裙子	134	150	50	234	200	34
20	裙子	新款女裙长袖连衣裙宽松慵懒风潮设计感小众长款过膝女神范裙子	532	320	245	607	100	507
21	裙子	新款女裙波点碎花连衣裙v领长袖法式复古收腰显瘦雪纺裙子	545	150	350	345	500	-155
22	裙子	新款女裙长袖雪纺连衣裙白色修身裙子气质优雅长裙	342	1000	245	1097	800	297
23	裙子	新款女裙中长款直筒裙千鸟格半身裙洋气优雅复古时尚加绒半身裙	34	280	100	214	410	-196
24	裙子 汇总					2497		
25	裤子	新款束脚工装裤女显瘦高腰宽松中性百搭黑色休闲裤	245	1000	780	465	800	-335
26	裤子	新款女裤收腹高腰弹力紧身字母印花黑色运动打底裤	456	430	215	671	280	391
27	裤子	女裤黑色牛仔裤微喇叭裤商务高腰显瘦韩版修身阔腿长裤	32	300	107	225	100	125
28	裤子	抖音同款女裤五分裤街头高腰休闲阔腿黑色居家运动短裤	123	410	77	456	400	56
29	裤子	新款女裤休闲韩版显瘦直筒高腰宽松九分哈伦运动裤	135	250	103	282	350	-68
30	裤子	女裤宽松显瘦抽绳束脚百搭休闲直筒ins风卫裤	23	580	201	402	150	252
31	裤子	网红同款女裤裤子女原宿风宽松显瘦高街高腰束脚运动卫裤	89	200	63	226	390	-164
32	裤子	新款女裤修身牛仔小脚休闲潮流显瘦时尚牛仔裤女裤	45	300	130	215	400	-185
33	裤子	女裤复古灯芯绒宽松直筒休闲裤显瘦百搭阔腿长裤	64	420	53	431	600	[illegible]
34	裤子	女裤复古千鸟格纹女宽松显瘦百搭抽绳束脚阔腿长裤	56	370	74	352	450	-98
35	裤子 汇总					3725		
36	总计					12987		

图 6-43　商品库存数据汇总结果

步骤 3▶ 单击列标左侧的数字按钮“2”，查看二级汇总结果，如图 6-44 所示。

	商品类别	商品名称	初期数量（件）	入库数量（件）	出库数量（件）	库存数量（件）	库存标准量（件）	差值（件）
12	卫衣 汇总					4683		
18	外套 汇总					2082		
24	裙子 汇总					2497		
35	裤子 汇总					3725		
36	总计					12987		

图 6-44　查看二级汇总结果

步骤 4▶ 选中从“商品类别”列和“库存数量（件）”列的标题到“汇总”行的数据，切换至“插入”选项卡，单击“图表”组中的“插入饼图或圆环图”按钮，在展开的下拉列表中选择“三维饼图”选项，在工作表中插入一个三维饼图。

步骤 5▶ 设置三维饼图的起始角度和分离程度。选中饼图的扇区并右击，在弹出的快捷

菜单中选择“设置数据系列格式”选项（见图 6-45），打开“设置数据系列格式”任务窗格并自动切换至“系列选项”选项卡，单击“系列选项”图标，在“第一扇区起始角度”编辑框中输入“250°”并按“Enter”键，在“饼图分离”编辑框中输入“10%”，如图 6-46 所示。

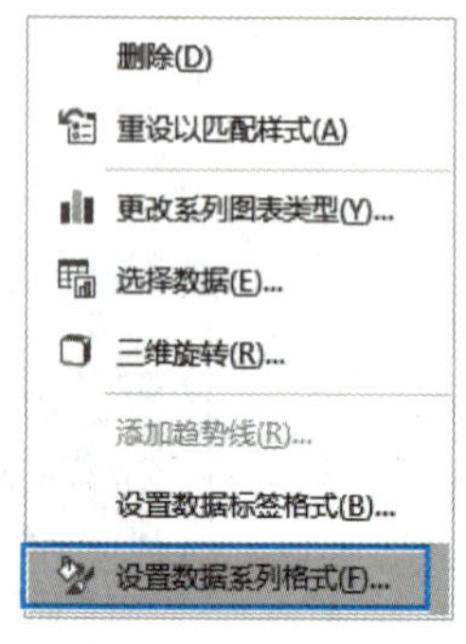

图 6-45　选择“设置数据系列格式”选项

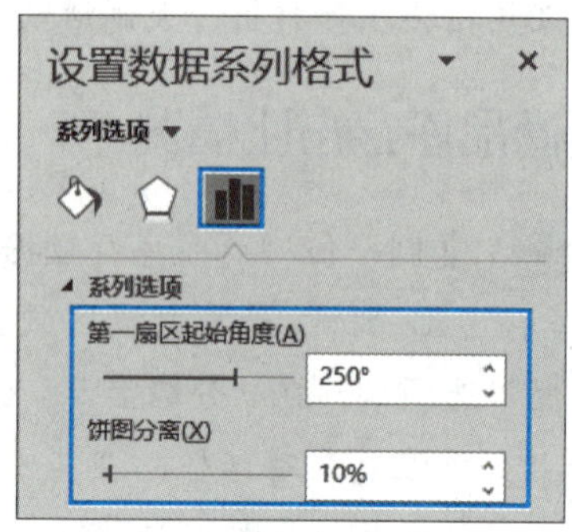

图 6-46　设置三维饼图的起始角度和分离程度

步骤 6▶　参考前面的方法，删除“汇总”字样并对三维饼图进行适当美化，效果如图 6-47 所示。

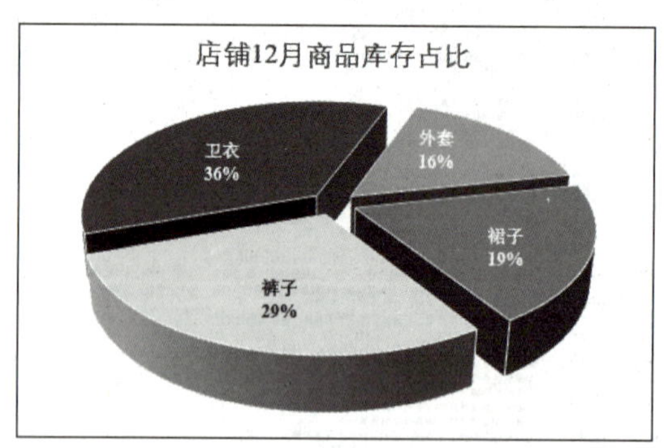

图 6-47　店铺 12 月商品库存占比分析三维饼图

步骤 7▶　商品库存占比情况分析。由图 6-47 可知，店铺 12 月的商品库存中，卫衣的库存占比较高，外套的库存占比较低。此外，由项目五对店铺销售情况的分析结果可知，在店铺的所有品类中，卫衣品类作为爆款商品需求量旺盛，其全年成交量占比达到了店铺全年总成交量的 77%，而卫衣品类的库存占比仅为 36%，远远无法与卫衣的成交量相匹配。因此，商家后续应进一步扩大卫衣的库存占比，避免出现缺货的情况。

三、分析商品库存周转情况

分析商品库存周转情况

步骤 1▶　切换至“商品库存周转率与周转天数”工作表，在 K3 单元格中输入公式“=C3/G3”，按“Enter”键计算卫衣 1 月的库存周转率，双击 K3 单元格右下角的填充柄，为单元格区域 K4:K14 自动填充公式，计算卫衣其他各月的库存周转率。

步骤 2▶ 采用相同的方法，计算外套、裙子、裤子全年的库存周转率，并将“库存周转率”列数据的单元格格式设置为百分比，不保留小数，如图 6-48 所示。

	A	B	C	D	E	F	G	H	I	J	K	L	M	N	O	P	Q	R
1	月份	天数（天）	销售量（件）				平均库存（件）				库存周转率				库存周转天数（天）			
2			卫衣	外套	裙子	裤子	卫衣	外套	裙子	裤子	卫衣	外套	裙子	裤子	卫衣	外套	裙子	裤子
3	2021-1	31	521	356	414	425	2050	2090	570	590	25%	17%	73%	72%				
4	2021-2	28	389	427	367	367	2800	2000	600	600	14%	21%	61%	61%				
5	2021-3	31	281	425	526	542	2360	1560	820	850	12%	27%	64%	64%				
6	2021-4	30	201	389	544	559	1800	991	650	630	11%	39%	84%	89%				
7	2021-5	31	153	378	543	526	2400	635	670	690	6%	60%	81%	76%				
8	2021-6	30	92	280	447	456	1090	960	700	720	8%	29%	64%	63%				
9	2021-7	31	158	160	570	565	1630	830	900	923	10%	19%	63%	61%				
10	2021-8	31	773	380	591	590	2560	2650	900	911	30%	14%	66%	65%				
11	2021-9	30	3510	3798	624	634	3200	4300	800	825	110%	88%	78%	77%				
12	2021-10	31	4678	5689	620	629	4330	6200	700	689	108%	92%	89%	91%				
13	2021-11	30	2836	3645	571	567	2860	3900	600	596	99%	93%	95%	95%				
14	2021-12	31	717	4780	634	623	2956	4560	660	667	24%	105%	96%	93%				

图 6-48　计算库存周转率

步骤 3▶ 在 O3 单元格中输入公式“=ROUND($B3/K3,0)”，按“Enter”键计算卫衣 1 月的库存周转天数，然后双击 O3 单元格右下角的填充柄，计算卫衣其他各月的库存周转天数。选中单元格区域 N3:R3，然后双击右下角的填充柄填充公式，计算其他品类各月的库存周转天数，如图 6-49 所示。

	A	B	C	D	E	F	G	H	I	J	K	L	M	N	O	P	Q	R
1	月份	天数（天）	销售量（件）				平均库存（件）				库存周转率				库存周转天数（天）			
2			卫衣	外套	裙子	裤子	卫衣	外套	裙子	裤子	卫衣	外套	裙子	裤子	卫衣	外套	裙子	裤子
3	2021-1	31	521	356	414	425	2050	2090	570	590	25%	17%	73%	72%	122	182	43	43
4	2021-2	28	389	427	367	367	2800	2000	600	600	14%	21%	61%	61%	202	131	46	46
5	2021-3	31	281	425	526	542	2360	1560	820	850	12%	27%	64%	64%	260	114	48	49
6	2021-4	30	201	389	544	559	1800	991	650	630	11%	39%	84%	89%	269	76	36	34
7	2021-5	31	153	378	543	526	2400	635	670	690	6%	60%	81%	76%	486	52	38	41
8	2021-6	30	92	280	447	456	1090	960	700	720	8%	29%	64%	63%	355	103	47	47
9	2021-7	31	158	160	570	565	1630	830	900	923	10%	19%	63%	61%	320	161	49	51
10	2021-8	31	773	380	591	590	2560	2650	900	911	30%	14%	66%	65%	103	216	47	48
11	2021-9	30	3510	3798	624	634	3200	4300	800	825	110%	88%	78%	77%	27	34	38	39
12	2021-10	31	4678	5689	620	629	4330	6200	700	689	108%	92%	89%	91%	29	34	35	34
13	2021-11	30	2836	3645	571	567	2860	3900	600	596	99%	93%	95%	95%	30	32	32	32
14	2021-12	31	717	4780	634	623	2956	4560	660	667	24%	105%	96%	93%	128	30	32	33

图 6-49　计算库存周转天数

提　示

ROUND 函数的功能是按指定位数对数值进行四舍五入，其语法为：

ROUND(要进行四舍五入的数字,四舍五入的位数)

公式“= ROUND($B3/K3, 0)”意为，对 B3 单元格与 K3 单元格数据的比值取 0 位小数，即对结果进行取整操作。

步骤 4▶ 对库存周转率进行可视化展现。选中单元格区域 K3:N14，在“开始”选项卡的“样式”组中单击“条件格式”下拉按钮，在展开的列表中选择“数据条”/“渐变填充”/“浅蓝色数据条”选项，如图 6-50 所示。

步骤 5▶ 对库存周转天数进行可视化展现。选中单元格区域 O3:R14，在“样式”组中单击“条件格式”下拉按钮，在展开的列表中选择“图标集”/“其他规则”选项，如图 6-51 所示。

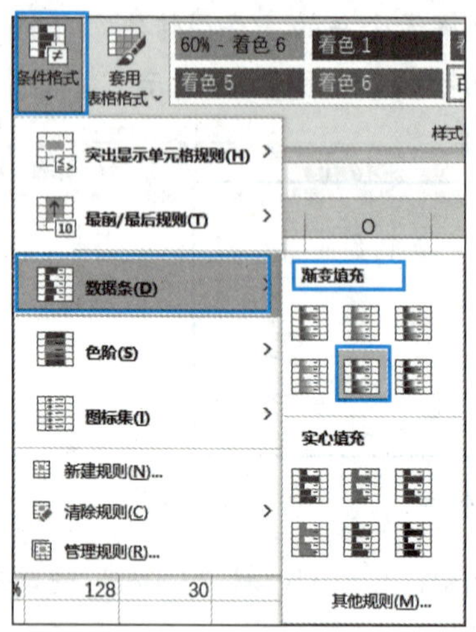

图 6-50　选择“数据条”/“渐变填充”/“浅蓝色数据条”选项

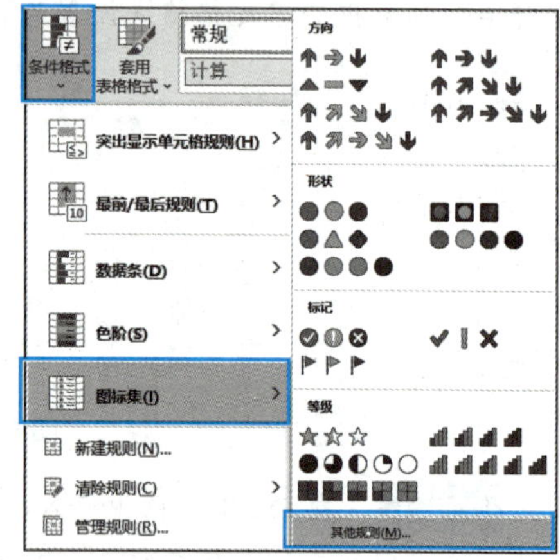

图 6-51　选择“图标集”/“其他规则”选项

步骤 6▶ 打开“新建格式规则”对话框，在其中分别设置不同条件的图标、条件和类型，然后单击“确定”按钮，如图 6-52 所示。

步骤 7▶ 设置完成后，在“商品库存周转率与周转天数”工作表中可以一目了然地查看商品库存周转率的高低及库存周转天数的长短，如图 6-53 所示。

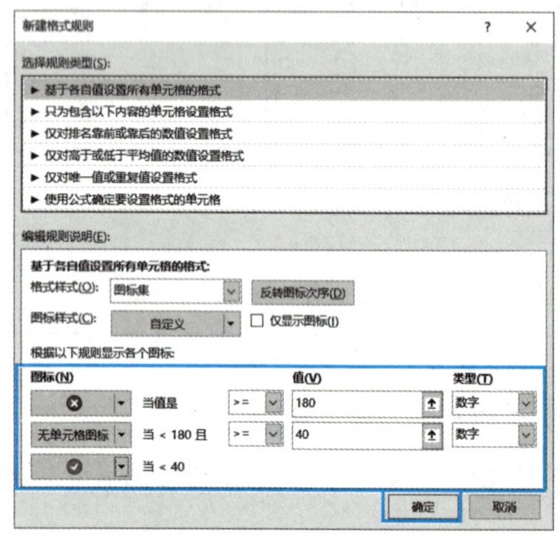

图 6-52　编辑图标集规则

K	L	M	N	O	P	Q	R
库存周转率				库存周转天数（天）			
卫衣	外套	裙子	裤子	卫衣	外套	裙子	裤子
25%	17%	73%	72%	122	182	43	43
14%	21%	61%	61%	202	131	46	46
12%	27%	64%	64%	260	114	48	49
11%	39%	84%	89%	269	76	36	34
6%	60%	81%	76%	486	52	38	41
8%	29%	64%	63%	355	103	47	47
10%	19%	63%	61%	320	161	49	51
30%	14%	66%	65%	103	216	47	48
110%	88%	78%	77%	27	34	38	39
108%	92%	89%	91%	29	34	35	34
99%	93%	95%	95%	30	32	32	32
24%	105%	96%	93%	128	30	32	33

图 6-53　商品库存周转分析效果

步骤 8▶ 商品库存周转情况分析。由图 6-53 可知，卫衣在 9—11 月的库存周转率较高，库存周转天数较短，表明卫衣在这 3 个月的销售情况较好，库存周转效率较高；外套在 10—12 月的库存周转率较高，库存周转天数较短，表明外套在这 3 个月的销售情况较好，库存周转效率较高；裤子和裙子的全年库存周转率均较高，且全年库存周转天数处于中高水平，这一方面表明裤子和裙子的全年销售情况较好，库存周转效率均较高，另一方面也印证了项目三中的分析结果，即裤子销售受季节的影响较小。此外，卫衣在 2—7 月的库存周转率较低，库存周转天数较长，这说明卫衣在较长的周期内库存效率偏低，商家应在后续的店铺运营中采取措施来改善这一情况。

项目实训——箱包类商品价格与库存分析

请选择一个自己感兴趣的商品类目，使用 Excel 对该类目下的商品价格和库存数据进行分析。本实训以箱包类商品为例介绍分析思路。

（1）打开本书配套素材“项目六”/“项目实训”/“箱包类商品数据.xlsx”工作簿，进入“箱包商品数据”工作表。

（2）商品价格与成交量分析。在当前工作表中利用 SUMIF 函数和 SUMIFS 函数分别统计店铺不同品类商品在各价格区间的成交量，并使用折线图对统计数据进行可视化展现。其中，旅行箱品类的价格与成交量分析折线图如图 6-54 所示。

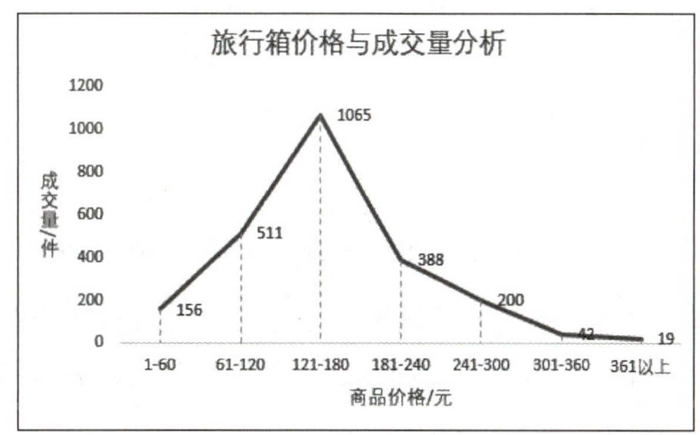

图 6-54　旅行箱价格与成交量分析折线图

（3）区域价位分析。复制一份“箱包商品数据”工作表，利用排序和分类汇总功能对箱包商品的成交量数据进行分类汇总，并将各品类成交量最高的价格区间的商品成交量制作为三维柱形图。其中，旅行箱的 121～180 元区域价位分析柱形图如图 6-55 所示。

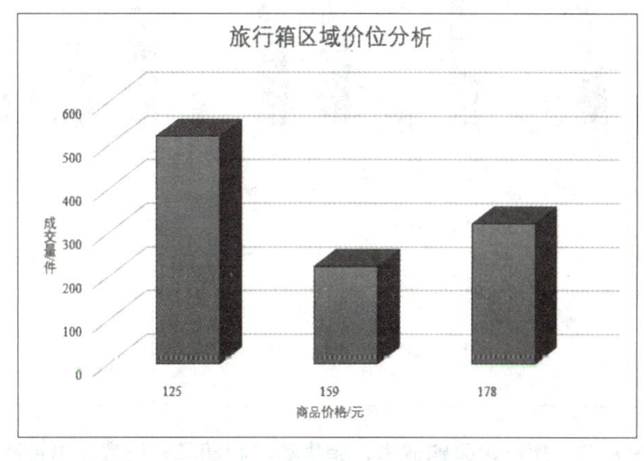

图 6-55　旅行箱区域价位分析柱形图

（4）商品利润与销售额、采购成本分析。在新工作表中为“箱包商品数据”工作表插入数据透视图，并以组合图的形式对各类商品的采购成本、销售额与利润进行分析。其中，旅行箱的分析数据透视图如图 6-56 所示。

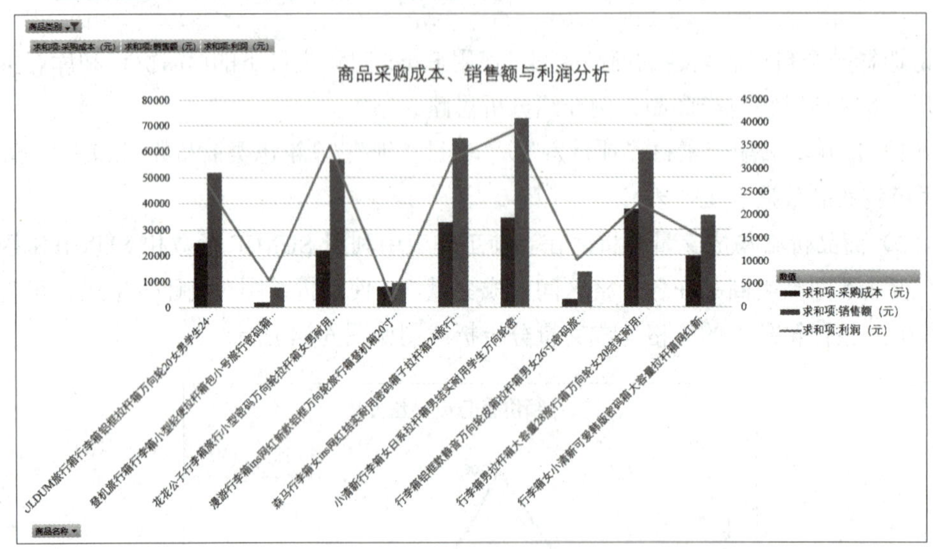

图 6-56　旅行箱采购成本、销售额与利润分析数据透视图

（5）在新工作表中为“箱包商品数据”工作表插入数据透视图，并以组合图的形式对各类商品的采购成本、销售额与利润率进行分析。其中，旅行箱的分析数据透视图如图 6-57 所示。

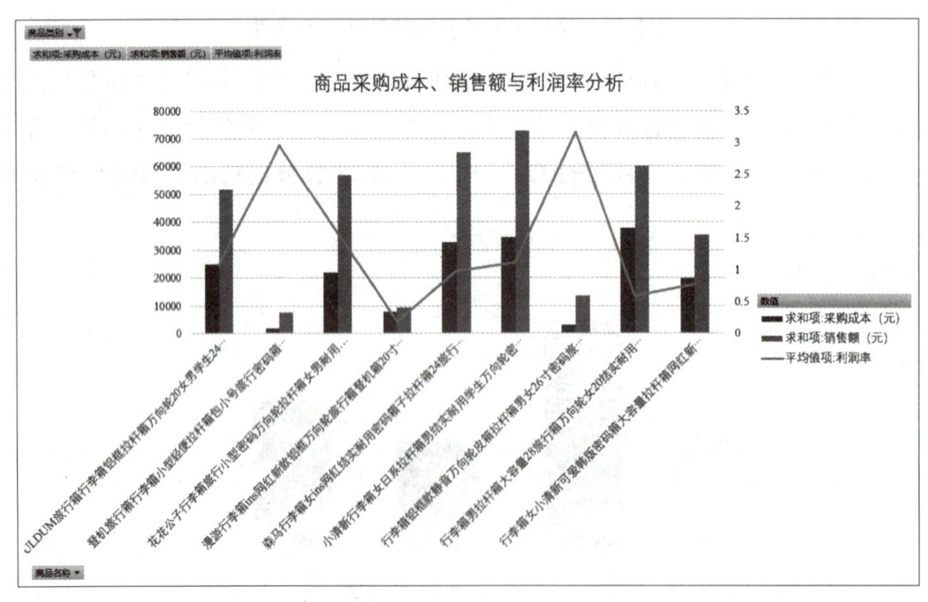

图 6-57　旅行箱采购成本、销售额与利润率分析数据透视图

（6）商品库存情况分析。在新工作表中为“箱包商品数据”工作表插入数据透视图，并以组合图的形式对各类商品的库存标准量、库存数量和差值等商品库存情况数据进行分析。其中，旅行箱的分析数据透视图如图 6-58 所示。

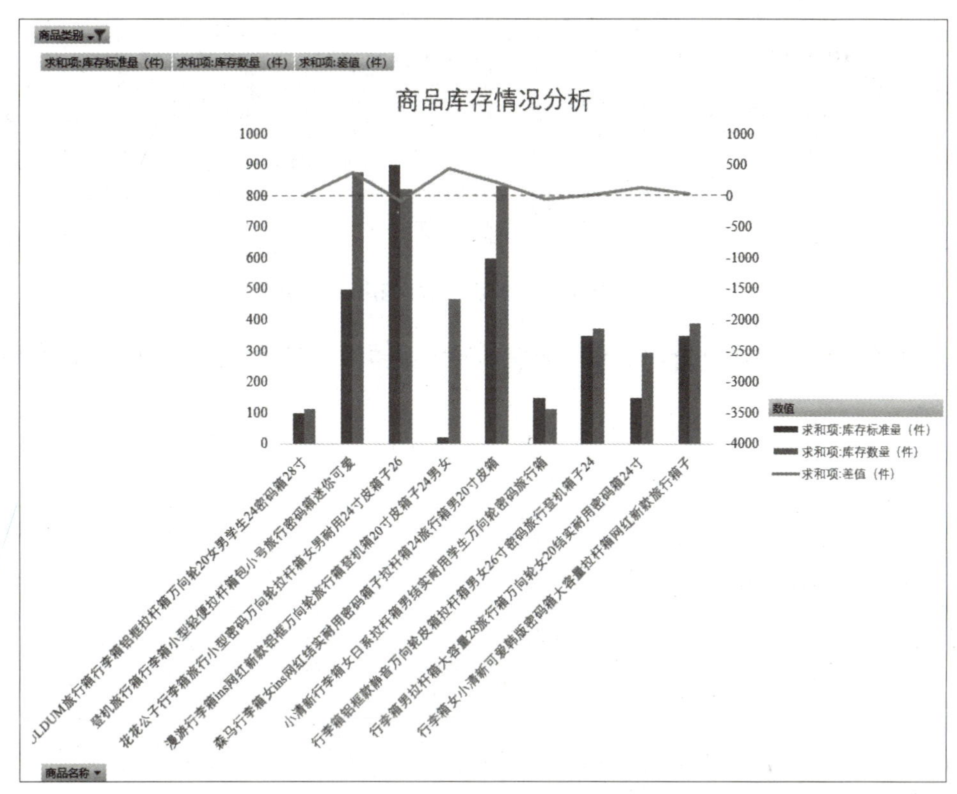

图 6-58　旅行箱库存情况分析数据透视图

（7）商品库存占比情况分析。复制一份“箱包商品数据”工作表，利用排序与分类汇总功能对各品类的库存数量进行分类汇总，并利用三维饼图对各品类的库存占比情况进行分析展示，效果如图 6-59 所示。

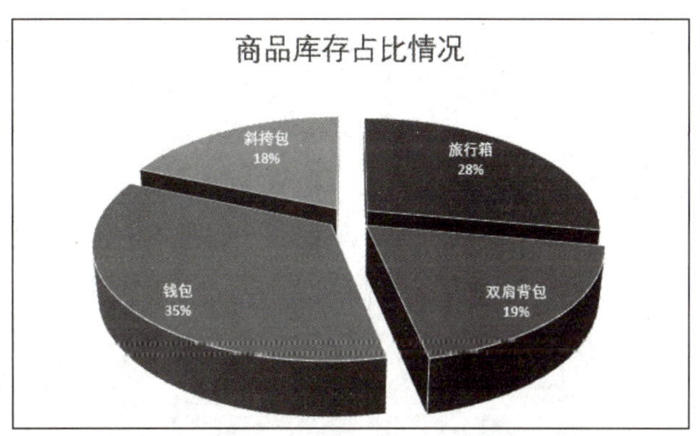

图 6-59　商品库存占比情况分析三维饼图

（8）切换至“商品库存周转率与周转天数”工作表，计算各品类的库存周转率和库存周转天数，并利用条件格式对各品类的库存周转率与库存周转天数进行可视化展现，如图 6-60 所示。

月份	天数（天）	销售量（件）				平均库存（件）				库存周转率				库存周转天数（天）			
		旅行箱	双肩背包	钱包	斜挎包	旅行箱	双肩背包	钱包	斜挎包	旅行箱	双肩背包	钱包	斜挎包	旅行箱	双肩背包	钱包	斜挎包
2021-1	31	553	611	201	425	1250	2090	2189	3425	44%	29%	9%	12%	70	106	338	250
2021-2	28	421	621	153	367	1800	2000	3510	3210	23%	31%	4%	11%	120	90	642	245
2021-3	31	313	871	92	542	2360	1560	4678	4503	13%	56%	2%	12%	234	56	1576	258
2021-4	30	233	651	389	559	1800	991	2836	1230	13%	66%	14%	45%	232	46	219	66
2021-5	31	185	711	378	526	2400	635	717	4537	8%	112%	53%	12%	402	28	59	267
2021-6	30	124	741	280	456	1090	960	2475	1249	11%	77%	11%	37%	264	39	265	82
2021-7	31	190	944	521	565	1630	830	160	2345	12%	114%	326%	24%	266	27	10	129
2021-8	31	805	932	389	590	2560	2650	380	945	31%	35%	102%	62%	99	88	30	50
2021-9	30	542	846	281	634	3200	4300	2210	126	17%	20%	13%	503%	177	152	236	6
2021-10	31	160	710	410	629	4330	6200	3531	2310	4%	11%	12%	27%	839	271	267	114
2021-11	30	380	617	268	567	2860	3900	4699	3520	13%	16%	6%	16%	226	190	526	186
2021-12	31	749	688	342	623	2956	4560	3421	2351	25%	15%	10%	26%	122	205	310	117

图 6-60　各类商品的库存周转率与库存周转天数

（9）根据上述商品价格分析和商品库存分析的结果，为商家后续的店铺经营提出优化建议。

项目七

商务数据分析报告

项目导读

商务数据分析报告是商务数据分析结果的最终呈现，可以帮助决策者更直观、更全面地把握市场及自身的发展现状与未来趋势，为其之后的决策提供可靠的参考和依据。因此，企业或商家的相关人员应该定期呈报商务数据分析报告，阐述企业或店铺的发展现状及存在的问题，为企业或店铺未来的发展提出指导性建议。

学习目标

知识目标：了解商务数据分析报告的含义、作用和类型；熟悉商务数据分析报告的结构。

能力目标：能够根据数据内容和报告目的正确选择商务数据分析报告的类型；能够根据商务数据分析结果撰写商务数据分析报告。

素质目标：提高分析和解决问题的能力，在不断的学习中提升自己的专业技能和职业素养；培养脚踏实地的工作作风和科学严谨的优良品格。

相关知识

一、商务数据分析报告的含义

商务数据分析报告是通过对大量商务数据进行收集、整理和分析，以报告的形式罗列数据、阐述现阶段发展状况、指出现阶段的优势与不足、分析未来发展趋势等，并提出可供企业参考的优化建议的数据分析结果呈现形式。简单来说，商务数据分析报告实质上是一种沟通与交流的形式，其主要目的在于将分析结果、可行性建议及其他有价值的信息传递给决策者（或管理人员）。

一份优秀的商务数据分析报告除了要帮助决策者（或管理人员）了解相关数据及分析结果外，还需要做到以下 3 点：针对企业的不足提出优化方案；帮助企业发现新机会；为企业创造新的商业价值。

自信中国

1997 年，国家主管部门研究决定由中国互联网络信息中心（CNNIC）牵头组织开展中国互联网络发展状况统计调查，形成了每年年初和年中定期发布《中国互联网络发展状况统计报告》(以下简称《报告》) 的惯例，截至 2021 年已持续发布 48 次。《报告》力图通过核心数据反映我国制造强国和网络强国的建设历程，已成为我国政府部门、国内外行业机构、专家学者等了解中国互联网发展状况、制定相关政策的重要参考。

第 48 次《报告》显示，我国工业和信息化发展成绩斐然，制造强国和网络强国建设迈出坚实步伐；互联网行业实现跨越式发展，基础支撑、创新驱动、融合引领作用更加凸显，在国民经济和社会中的地位显著提升；工业互联网正在推动数字技术与传统实体经济深度融合，赋能千行百业数字化转型，成为助推经济社会高质量发展的重要引擎。

二、商务数据分析报告的作用

商务数据分析报告的作用主要体现在以下 3 个方面。

（1）展示分析结果。商务数据分析报告最重要的作用就是以特定的形式将数据分析结果展示给决策者（或管理人员）。一份商务数据分析报告如果没有数据分析结果部分，而是需要阅读者自己总结才能得出结论，那么这份分析报告也就没有多大的阅读价值。

（2）提高沟通效率。一份专业的商务数据分析报告要有各部门的相关数据作支撑，

并最终呈给各部门管理者，这样可以加强企业内部的沟通与交流，提高相关人员的工作效率。

（3）为企业决策提供重要的参考依据。现代企业管理要求企业能够做出科学决策，而商务数据分析报告可让决策者在决策时真正做到有据可查，用数据说话，以避免跟风决策或盲目决策。

三、商务数据分析报告的类型

根据数据分析对象、方法、内容等的不同，适用的商务数据分析报告类型也不尽相同。下面对常见的 3 种商务数据分析报告类型进行介绍。

（一）日常运营报告

日常运营报告是一种定期（如每日、每周、每月、每季）呈报的商务数据分析报告，如“××年××月运营分析报告”“××转化率日报”“××营销数据季报”等。其主要内容包括计划执行的基本情况、计划完成或未完成的原因、计划执行过程中的经验或教训、存在的问题及相应的改进措施或建议等，以帮助决策者及时掌握事物发展的最新动态。

此外，日常运营报告主要反映的是较短时间内的数据，因此具有较强的时效性。

（二）综合分析报告

综合分析报告是一种将互相关联的现象、问题等综合起来进行系统分析，从而全面评价某个地区、单位、行业等综合发展情况的商务数据分析报告，如“××年××企业运营分析报告”“××年××行业分析报告”等。

通常情况下，综合分析报告是从全局的角度来分析总体的发展情况，并做出综合评价，如分析电商行业的整体情况等。需要注意的是，综合分析报告不是对数据的简单罗列，而是在系统分析各指标的基础上，发掘现象之间的关系，分析总体是否协调发展。

（三）专题分析报告

专题分析报告是一种对社会经济现象的某个方面或某个问题进行专项研究的商务数据分析报告，如“××企业流量异常分析报告”“××活动效果报告”等。

专题分析报告的重点不在于反映事物的全貌，而是针对某一具体的方面或问题进行透彻分析，主要包括问题的具体描述、原因分析，以及解决方案或思路等。

知识链接

对于大多数企业来说，商务数据分析报告主要是通过 Microsoft Office 中的 Word、Excel 和 PowerPoint 软件进行展示，这 3 种软件的适用范围不同，如表 7-1 所示。

表 7-1　3 种软件的适用范围对比

软件	项目		
	优势	劣势	适用范围
Word	易于排版、可打印装订成册	缺乏交互性、不适合汇报演示	日常运营报告、综合分析报告、专题分析报告
Excel	可包含动态图表、结果可实时更新、交互性更强	不适合汇报演示	日常运营报告
PowerPoint	可加入丰富的元素、适合汇报演示、交互性非常强	不适合展现大篇幅文字	综合分析报告、专题分析报告

四、商务数据分析报告的结构

商务数据分析报告具有一定的结构，但是这种结构会根据企业业务或需求的变化而调整，其中最经典的结构就是“总—分—总”结构，主要包括开篇、正文和结尾 3 个部分。

（一）开篇部分

开篇部分通常包括标题、目录和前言。

（1）标题。

标题是对报告基本内容的概括和总结，在报告中占有重要的地位。一份优秀的商务数据分析报告的标题要文字精练，能够清晰地表达数据分析的主题，让读者读完标题就能大概知道这份报告要说明什么问题，同时还能引起读者的阅读兴趣。

常见的商务数据分析报告的标题类型有观点型、概括型、分析型和疑问型。

① 观点型。观点型标题往往表明了数据分析报告的基本观点，如“服务客户是公司的生存之本”“××产业是企业发展的重要支柱”等。

② 概括型。概括型标题注重用数据说话，如“××公司××商品的利润比去年增长 10%”。

③ 分析型。分析型标题可以反映研究的对象、范围、时间和分析内容等，但并不点明撰写报告者的看法，如“2021 年××企业运营分析报告”“新能源行业分析报告”等。

④ 疑问型。疑问型标题以提问的方式提出报告所要分析的问题，以引起读者的注意和思考，如“为什么线下店铺举步维艰？”“客户都去哪了？”等。

知识链接

有的商务数据分析报告的标题还会采用正、副标题的形式，即用正标题表达分析的主题，用副标题表明要具体分析的对象或问题等，如“奢侈品类电商企业的销售分析报告——以××公司为例”。

（2）目录。

目录是对报告正文框架的浓缩，可以帮助读者快速了解报告的主体结构和主要内容。如果一份报告比较长，目录的重要性就不言而喻了，读者通过目录可以快速找到所需要的内容。

通常情况下，目录中会列出报告主要章节的名称，对于一些比较重要的二级标题也会有所体现，如图 7-1 所示。但是，目录也不能过于详细，否则不利于读者快速浏览和查找。

图 7-1　分析报告目录示例

提　示

如果报告是通过 Word 展现的，那么目录中的章节名称后还可以加上对应的页码，方便读者查找。此外，当报告中含有大量图表时，可以考虑为图表单独制作目录，方便读者查找。

（3）前言。

前言是商务数据分析报告的重要组成部分，一般包括分析背景、分析目的和分析思路等。

① 分析背景。对数据分析背景进行简要说明，有助于读者了解整体的分析研究前提。除分析背景外，还可以简要阐述此次分析的原因、意义及其他相关内容。

② 分析目的。对分析目的进行阐述主要是让读者了解，通过此次分析能够带来什么效果或解决什么问题。一些简单的商务数据分析报告会将分析背景和分析目的合二为一。

③ 分析思路。分析思路主要用来说明此次分析的主要内容或指标，以及分析过程中主要采用的方法等，让读者对分析的完整过程有一个大致的了解。

优秀前言的基本要求有 3 点：一是吸引读者；二是为全文的展开做好铺垫，并为全文的叙述理清脉络；三是文字精练，如图 7-2 所示。

前 言

外卖便利、快捷的行业特征使其一次性消费倾向明显。以通用塑料材质为市场主流的餐盒、餐具和包装袋在不足一小时的使用寿命后立即进入废弃环节，引发了显著的环境压力与社会关注。2020 年 1 月，《关于进一步加强塑料污染治理的意见》（发改环资〔2020〕80 号）（以下简称《意见》）发布，标志着中国塑料污染防治开始迈向推进全生命周期高效管理的新时期。截至 2021 年 1 月，全国 31 个省、自治区、直辖市相继颁布各地塑料污染管控政策。各级政策中，"外卖"均作为塑料消耗新兴行业被重点关注与讨论。

作为互联网业态下的新兴行业，除分析互联网业态运营模式外[1,2]，关注行业环境影响的研究逐渐增多。如基于行业调研评估包装物使用情况[3, 4]，开展包装物能耗评估[5]，量化行业环境影响[6]，揭示包装物微塑料泄漏风险[7]，

图 7-2　分析报告前言示例

（二）正文部分

正文部分是商务数据分析报告的核心部分，需要全面、系统地对论点进行分析和论证。一份高质量的商务数据分析报告，其正文部分必须准确地阐明相关依据，包括论证的全部过程、研究方法、研究成果的核心和撰写报告者的见解等。因此，正文部分通常会占据报告的大半篇幅。

通常情况下，商务数据分析报告的正文部分会运用各种图表让分析结果简洁明了，如图 7-3 所示。此外，还需注意报告正文各部分的逻辑关系要紧密；论证要科学严谨，这样得出的结论才具有可信度和合理性；论述过程要简明扼要，尽量避免使用过于专业的词汇，以便读者理解。

1.1 外卖包装物使用现状

外卖市场中，餐饮商户选用的包装物一般包括餐盒、餐具、外包装袋三部分，各部分使用材质、规格、重量、颜色等都存在差异，市场多元。由于行业尚缺少规范标准，且没有统计渠道，各类外卖包装物的市场使用数据多依据行业实际调研获取。本研究通过对外卖餐饮商户进行实际调研，分析包装物使用现状如图 1。

图 1 餐饮外卖包装物材质使用分布

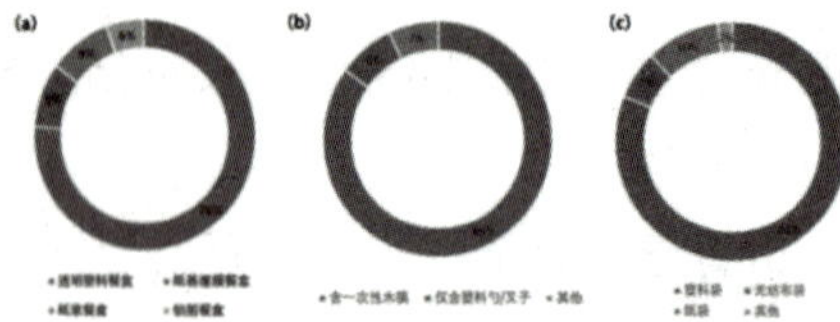

在 2019 年，76%受访商户使用透明塑料餐盒（多为 PP 材质，少数餐盒盖、冷饮餐盒为 PS 材质），18%商户使用纸浆或纸基覆膜餐盒，另有少部分商户使用铝箔餐盒等其他材质（图 1(a)）。

在餐具配送中，饿了么平台提供"无需餐具"选项，但仍有 88%商户为每份外卖订单默认提供一次性餐具。图 1(b)显示 85%的外卖订单包含一次性竹木筷子，是最为常见的餐具；另有 15%的外卖订单由于菜品特征等因素仅包含塑料勺/叉或塑料手套。40%的外卖订单未考虑餐具实际利用率，直接配送"餐具四件套"（一次性竹木筷子、塑料勺/叉、牙签、餐巾纸/餐巾纸）。

图 7-3　分析报告正文图表示例

知识链接

实际撰写过程中，一般会利用金字塔原理来组织报告正文的逻辑，即表明整个报告的中心论点是什么，由哪些分论点构建，支持每个分论点的数据是什么，如图 7-4 所示。

金字塔原理的原则是：结论先行，以上统下，归组分类，逻辑递进；先重要后次要，先全局后细节，先结论后原因，先结果后过程。

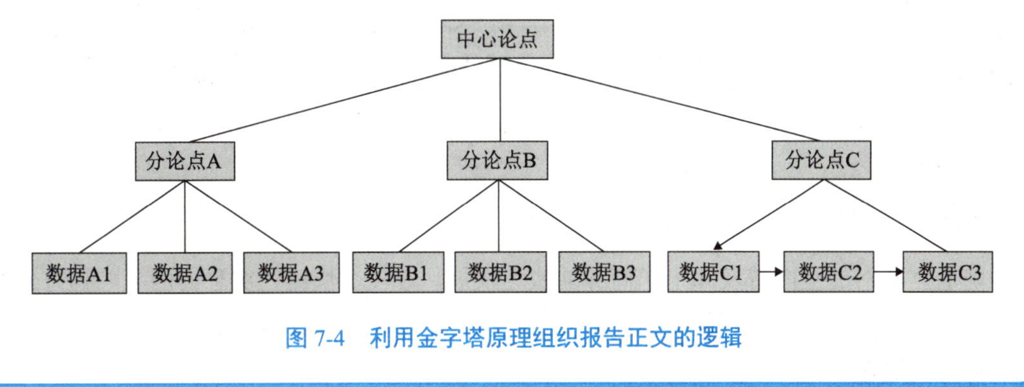

图 7-4　利用金字塔原理组织报告正文的逻辑

（三）结尾部分

结尾部分是对整个商务数据分析报告的总结，是整个报告得出结论、提出建议的关键，也是决策者进行决策的重要依据，如图 7-5 所示。好的结尾应该首尾呼应，措辞严谨，并能加深读者的认识，引起读者思考。

结尾不是对报告正文数据分析结果的简单重复，而是结合企业的实际情况，经过综合分析、合理推理得出的总体论点及改进措施或建议等。另外，也可以在结尾部分总结说明意义、展望未来前景等。

主要结论

外卖包装物使用现状

外卖包装物一般包括餐盒、餐具、外包装袋三部分。餐盒以 PP、PS 透明塑料餐盒为主，占 76%；纸浆或纸基覆膜餐盒占比 18%。88%商户为每份外卖订单默认提供一次性餐具。包装袋中 HDPE 塑料包装袋占 81%，纸袋占 10%，另有少部分无纺布袋、保温袋等材质。各类包装物中一次性塑料占比较高。

商户包装物选购因素

商户进行包装物材质选购时，会重点考虑主营餐点、包装效果、包装成本、包装品牌效益。其中，在提高外卖商户对包装物重要性的认知、改变商户采购原则等方面具有引导空间。

政策宣传效果

2020 年 7 月，仅有 23%外卖餐饮商户了解最新的塑料污染防治政策并认为其与自身密切相关，30%完全不了解相关政策。政策宣传效果不足。

减量手段

24%商户认为可以不予提供一次性餐具包，“无需餐具”手段仍有进一步推广的必要。44%商户认为可以减少一次性餐具包的内含物，如非液体态餐品在配送筷子后可以不再配送一次性叉勺，该减量手段直接有效。

替代手段

尽管新政策中鼓励可降解材料替代，但 72%商户在担忧替代材质会导致渗水洒漏无法满足食品包装需求、成本较高、采购渠道不方便等各类负面影响。其中，对包装性能与消费者使用体验的质疑最为突出，说明可降解材质推广需充分考虑中国饮食习惯，保证密封、防油、防洒、保温等基本性能。此外，推广可降解材质还需匹配后端的单独回收处置机制，应谨慎推广。

政策建议

外卖行业绿色转型方向包括减量、材质替代、回收利用、共享餐具、能源化利用等不同路径，涉及相关主体：外卖行业涉及餐盒、餐具、包装袋生产厂商，商户，外卖平台，消费者，环卫系统，回收处理厂商等多个主体，需产业链多主体协同。

图 7-5　分析报告结尾示例

知识链接

商务数据分析报告还有一个部分不可忽视，那就是附录。附录一般包括报告中涉及的专业名词解释、计算方法、重要的原始数据、地图，以及一些正文中涉及却未阐述的相关资料，目的是为读者提供一条深入研究报告的途径。

附录是对报告的补充，因此可以结合实际情况决定是否包含附录部分。

项目实战——为伊蔓坊女装店铺撰写商务数据分析报告

一、实战背景

随着互联网的全面普及和电子商务的快速发展，方便、快捷、实惠的网上购物方式使得消费者足不出户就能买到称心如意的商品，而这种购物方式在服装行业尤其是女装行业的发展尤为迅速。

伊蔓坊女装店铺是一家好评率达 99.3%，店铺评分为 4.8 分，粉丝数超 10 万，运营时间超 20 年的电商店铺。该店主营女装服饰，包含外套、裤子、卫衣、裙子等商品，风格涵盖轻熟风、日系、港风、街头潮流、法式风格、职场风等，可以满足不同消费者的消费需求。

二、实战目标

结合本书介绍的各种数据分析方法，依据前面各项目得出的数据分析结果，为伊蔓坊女装店铺撰写一份商务数据分析报告，使学生初步具备撰写商务数据分析报告的能力。

三、实战步骤

（一）前期准备

在正式撰写商务数据分析报告前，需要明确此次数据分析的目的和内容。本次数据分析的目的是了解 2021 年伊蔓坊女装店铺的发展状况，包括女装行业、店铺客户、店铺运营、店铺商品 4 个方面，并为店铺今后的发展提出可行性建议。

根据此次数据分析的目的和内容，可选择综合分析报告作为此次报告的类型。

提　示

本次实战使用本书配套素材“项目七”/“项目实战”文件夹下的数据作为原始数据。

（二）拟定标题

标题是对报告内容的概括和总结，基于本次数据分析的目的，可采用分析型标题。因此，可拟标题“2021 年伊蔓坊女装店铺数据分析报告”，如图 7-6 所示。

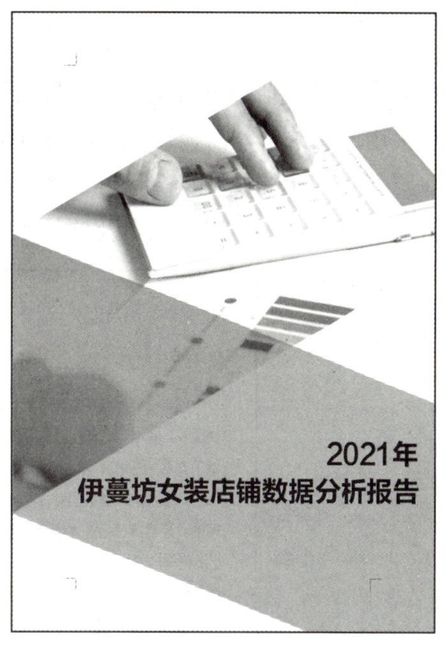

图 7-6 《2021 年伊蔓坊女装店铺数据分析报告》封面

（三）编制目录

目录是报告正文框架的浓缩。在《2021 年伊蔓坊女装店铺数据分析报告》的目录中，可以将体现报告框架的店铺简介、报告目的、报告内容、报告总结作为一级标题；将报告内容中的行业数据分析、客户数据分析、店铺运营数据分析、店铺商品数据分析 4 个方面作为二级标题；将各个方面的具体内容作为三级标题，并为各级标题名称加上对应的页码以方便读者查找，如图 7-7 所示。

目 录

前 言 …… 1
第一章 店铺简介 …… 2
第二章 报告目的 …… 2
第三章 报告内容 …… 2
一、行业数据分析 …… 2
（一）市场数据分析 …… 2
（二）竞争对手分析 …… 5
二、客户数据分析 …… 7
（一）客户画像 …… 7
（二）客户价值分析 …… 11
三、店铺运营数据分析 …… 12
（一）店铺流量分析 …… 12
（二）店铺销售数据分析 …… 17
（三）店铺营销推广分析 …… 18
四、店铺商品数据分析 …… 19
（一）商品价格分析 …… 19
（二）商品生命周期分析 …… 21
（三）商品库存分析 …… 22
第四章 报告总结 …… 23

图 7-7 《2021 年伊蔓坊女装店铺数据分析报告》目录

（四）编写前言

前言一般包括分析背景、分析目的和分析思路等，主要是帮助读者了解报告的主要内容和采用的方法等。在编写《2021 年伊蔓坊女装店铺数据分析报告》的前言时，首先可以对我国女装行业的发展状况进行简要说明，然后对其主要消费群体进行介绍，最后对此次分析的主要内容、采用的工具及要达到的目的等进行说明，如图 7-8 所示。

前　言

服装是我国起步最早、规模最大、发展最为成熟的行业，目前依然保持着较快增长。其中，女装行业是服装行业的重要子行业，随着国民收入水平的提高及电子商务的迅速发展，我国女装市场的线上销售呈现持续增长的趋势。

调查显示，在中国女性群体的消费中，购买服饰的花费排在第一位，现在中国的女装品牌已经基本满足了各个年龄段女性的需求。目前，大多数女装品牌企业都把焦点放在 18～35 岁年龄段的消费群体，她们紧跟时尚潮流的变化，购买欲较强，追求流行、个性化，容易冲动购物，占据了女装市场消费者的半壁江山。

根据年轻时尚人群的特点，女装市场变化迅速，各种各样的服装品牌形成了非常激烈的竞争局面，而想要让自己的品牌服饰在女装市场中占据一定的地位，就要形成自己独特的品牌形象，能够满足时尚人群不同程度的消费需求。

本次报告分别从女装行业，以及伊蔓坊店铺的客户、运营、商品方面出发，利用生意参谋和 Excel 等分析工具对收集的相关数据进行分析，从而阐述伊蔓坊店铺在 2021 年的发展状况，并为店铺的可持续发展提出可行性建议。

图 7-8　《2021 年伊蔓坊女装店铺数据分析报告》前言

（五）撰写正文

正文是商务数据分析报告的核心部分，主要包括论证过程、研究方法、分析结果，以及撰写报告者的见解等。在撰写《2021 年伊蔓坊女装店铺数据分析报告》的正文部分时，可以按照如图 7-9 所示的分析思路进行安排。

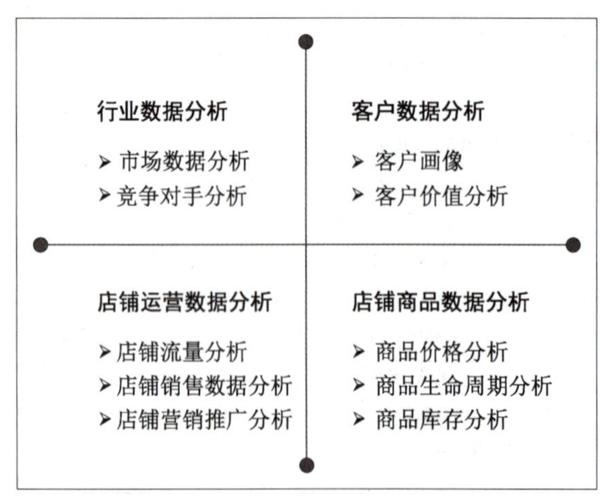

图 7-9　正文部分分析思路

（1）在撰写行业数据分析结果时，可以从市场数据分析和竞争对手分析两个方面进行叙述。

① 市场数据分析。例如，对女装市场各项行业趋势数据的分析结果如下：2021 年 9 月 14 日—2021 年 10 月 13 日，女装市场的各项行业趋势数据指标较前 30 日均呈增长趋势，如图 7-10 所示。淘宝女装行业处于稳定期，市场中消费者的消费需求旺盛，行业发展空间较好，是十分适合商家进入的行业。

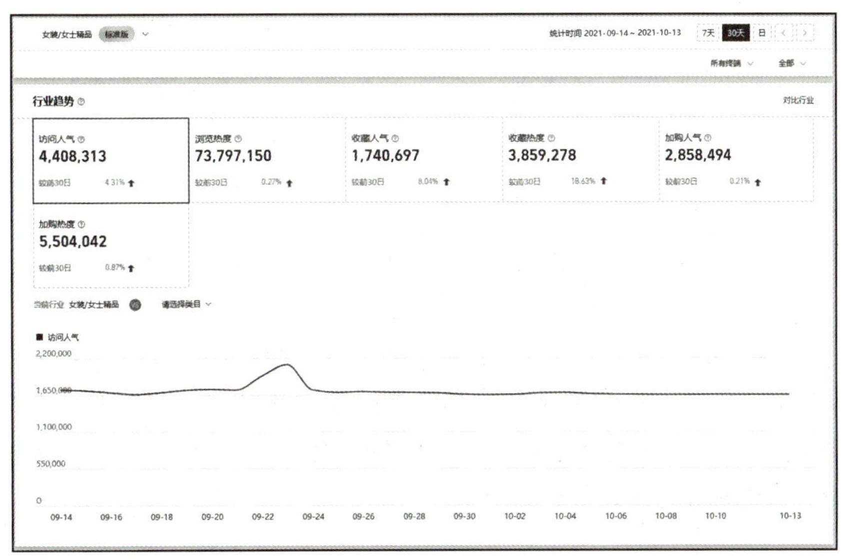

图 7-10　女装市场近 30 天的行业趋势数据和访问人气数据变化情况

提　示

限于篇幅，本项目实战仅展示部分分析结果，扫描下方二维码可查看完整数据分析报告。

扫码查看完整报告

② 竞争对手分析。对本店和竞争对手依百盛女装店铺的分析结果如下：本店的竞争对手依百盛女装店铺近 30 天与流量相关的关键指标均远高于本店，表明竞店可能投入了比本店更多的推广费用，使自家店铺获得了更多的曝光和流量，如图 7-11 所示。

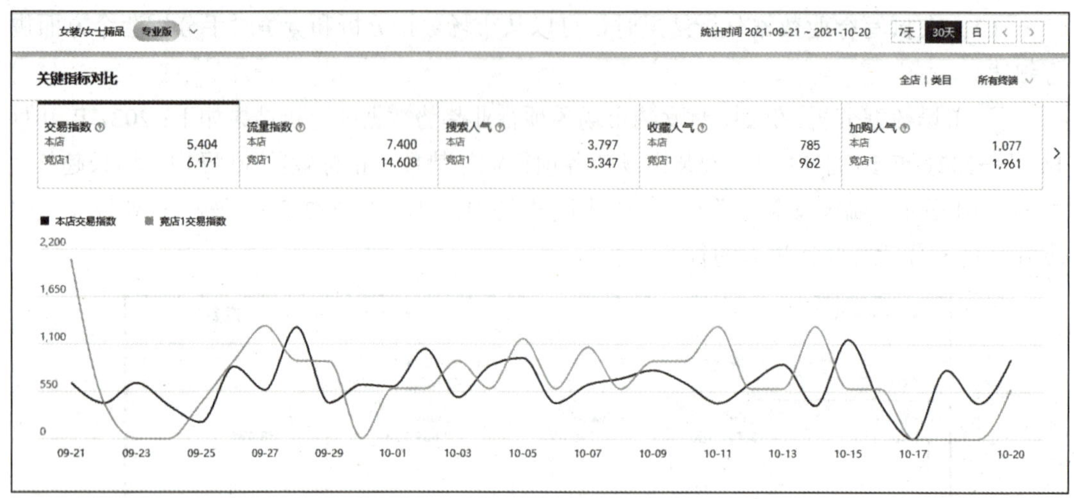

图 7-11　本店与竞店近 30 天的关键指标与交易指数对比情况

（2）在撰写客户数据分析结果时，可以从客户画像和客户价值分析两个方面进行叙述。

① 客户画像。伊蔓坊女装店铺的客户以 30 岁以下的年轻女性为主，她们大多来自经济发展水平较高的地区，从事朝 9 晚 6 的工作，习惯在夜间使用手机购物，这些客户多为本店新客，对兼具潮流时尚和实用价值的商品情有独钟，她们的消费水平大多为 100～300 元。该店铺的客户画像标签词云如图 7-12 所示。

图 7-12　店铺客户画像

② 客户价值分析。例如，对新老客户相关数据的分析结果如下：伊蔓坊女装店铺近两个月的全部客户中，新客户占比达到七成，但仅占三成的老客户却贡献了超六成的总交易额。此外，老客户的客单价是新客户的 4 倍，如图 7-13 至图 7-15 所示。

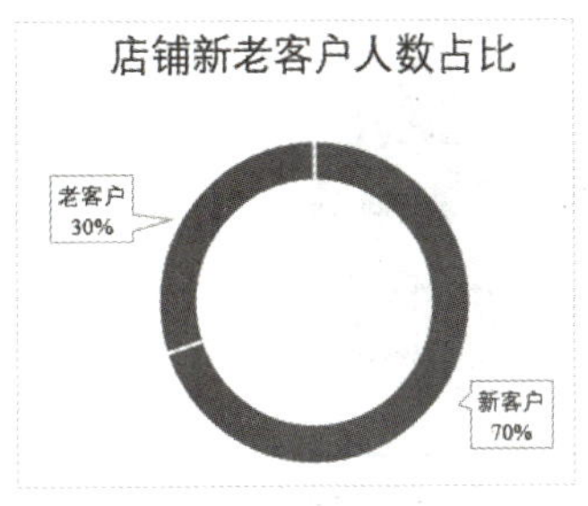

图 7-13　店铺新老客户人数占比环形图

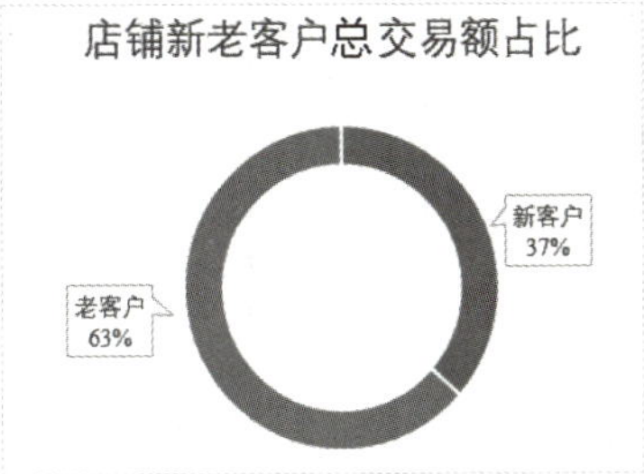

图 7-14　店铺新老客户总交易额占比环形图

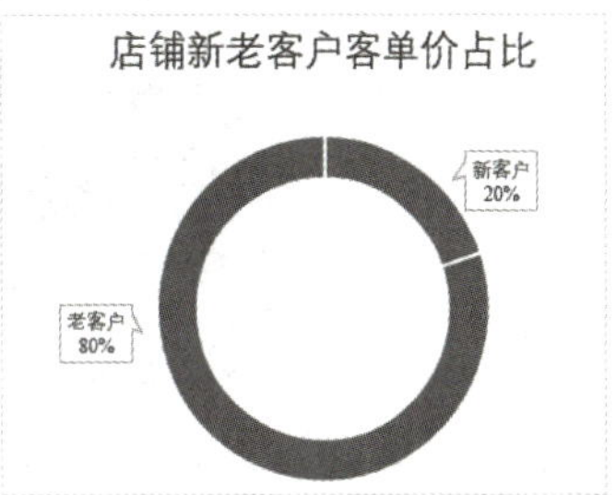

图 7-15　店铺新老客户客单价占比环形图

又如，对重要价值客户的分析结果如下：本店 9—10 月的重要价值客户有 3 位，其昵称分别是“相濡以沫”“顾奈”“麻将达人”，如图 7-16 所示。由于这类客户的价值较高，应为其倾斜更多资源，向其提供 VIP 服务、高级定制服务等，以达到营销成本的最大化利用。

	A	B	C	D	E	F
1	买家昵称	下单日期	历史总订单数（单）	总交易金额（元）	下单日期间隔	客户价值
96	相濡以沫	2021/10/4	10	3621.5	28	重要价值客户
102	顾奈	2021/10/6	10	2846	26	重要价值客户
118	麻将达人	2021/10/11	8	790.7	21	重要价值客户

图 7-16　利用 RFM 分析模型筛选重要价值客户

（3）在撰写店铺运营数据分析结果时，可以从店铺流量分析、店铺销售数据分析和店铺营销推广分析 3 个方面进行叙述。

① 店铺流量分析。例如，本店流量结构的分析结果如下：站内免费流量占比 81%，站内付费流量占比 14%，站外流量占比 5%，流量的整体结构较为合理，如图 7-17 所示。

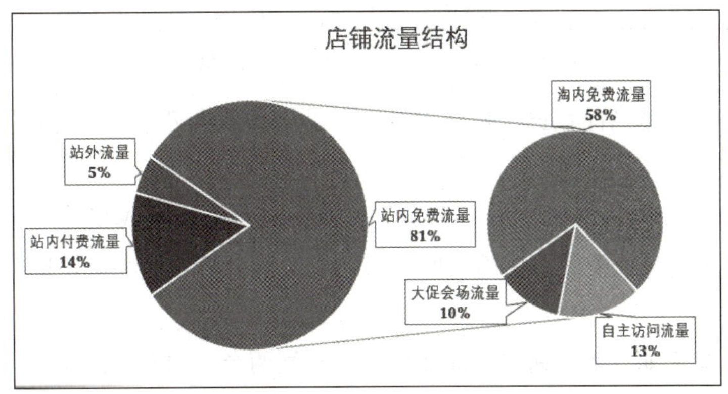

图 7-17　店铺流量结构分析子母饼图

② 店铺销售数据分析。例如，对本店各品类商品成交量和销售额的分析结果如下：

在本店各品类商品中，卫衣的成交量和销售额占比最高，对店铺销量的贡献率最高，如图 7-18 和图 7-19 所示。

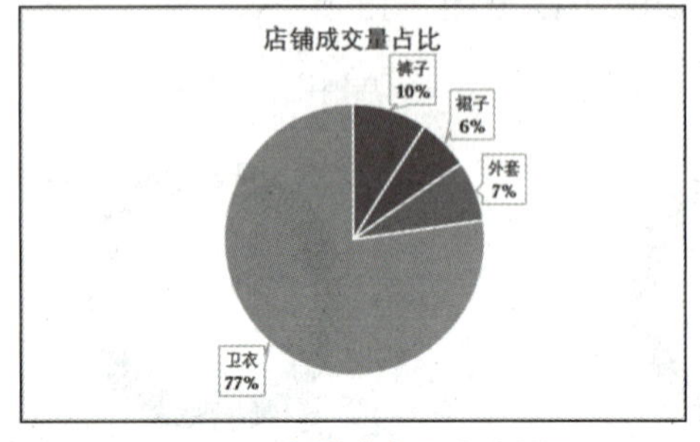

图 7-18　店铺成交量占比饼图

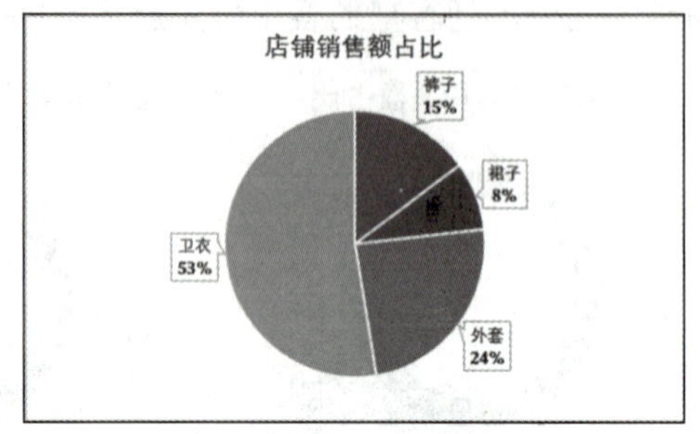

图 7-19　店铺本店销售额占比饼图

③ 店铺营销推广分析。例如，获客分析的结果如下：在本店所有付费推广渠道中，获客成本最低的是超级推荐，获客率最高的是直通车；直通车、万相台的获客成本较低、获客率较高，综合获客效果较理想，如图 7-20 所示。

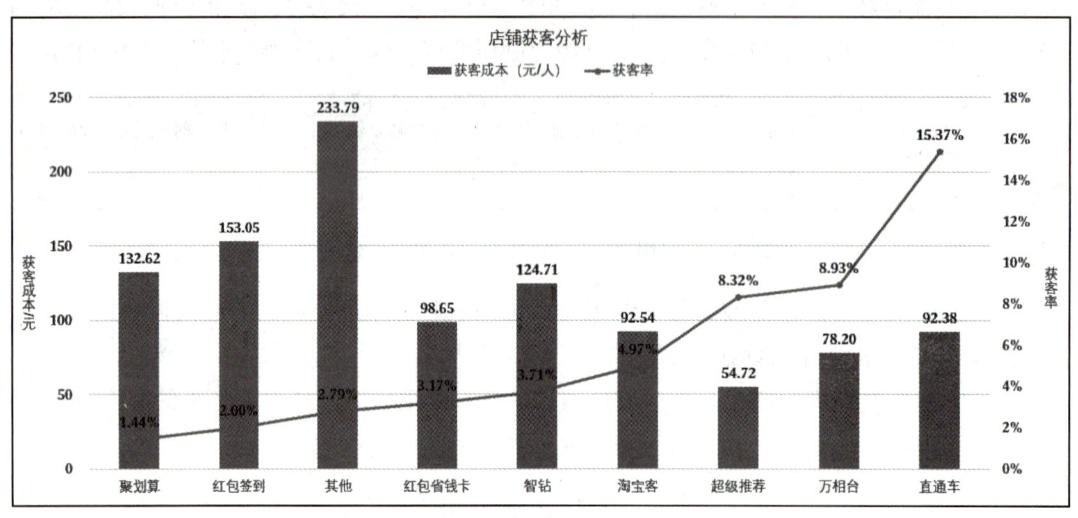

图 7-20　店铺获客分析柱形-折线图

（4）在撰写店铺商品数据分析结果时，可以从商品价格分析、商品生命周期分析和商品库存分析 3 个方面进行叙述。

① 商品价格分析。例如，对本店畅销品类卫衣的价格与成交量的分析结果如下：2021 年，本店的卫衣品类最为畅销，但卫衣的成交量会随着商品价格的增长而降低，如图 7-21 所示。

② 商品生命周期分析。通过商品成交量和利润两个方面对商品生命周期的分析结果如下：本店的卫衣在 8 月初进入引入期，8 月 21 日左右进入成长期，9 月 15 日左右进入成熟期，11 月 13 日左右进入衰退期，如图 7-22 所示。商家可以根据商品的生命周期曲线，在不同时期选择不同的营销策略，从而适应市场的不断发展。

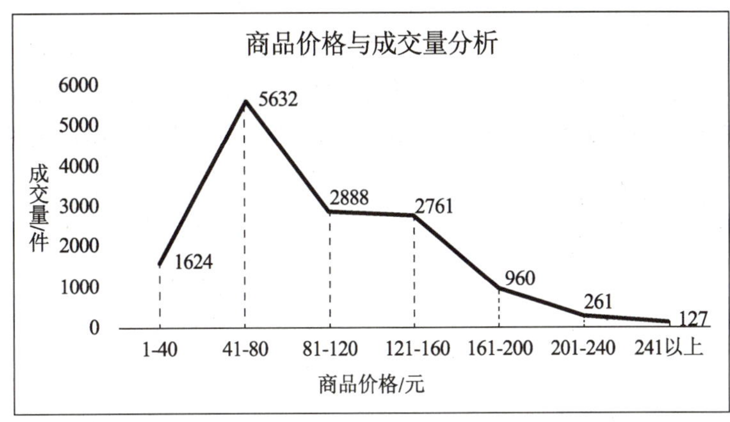

图 7-21　2021 年本店畅销品类卫衣的价格与成交量分析折线图

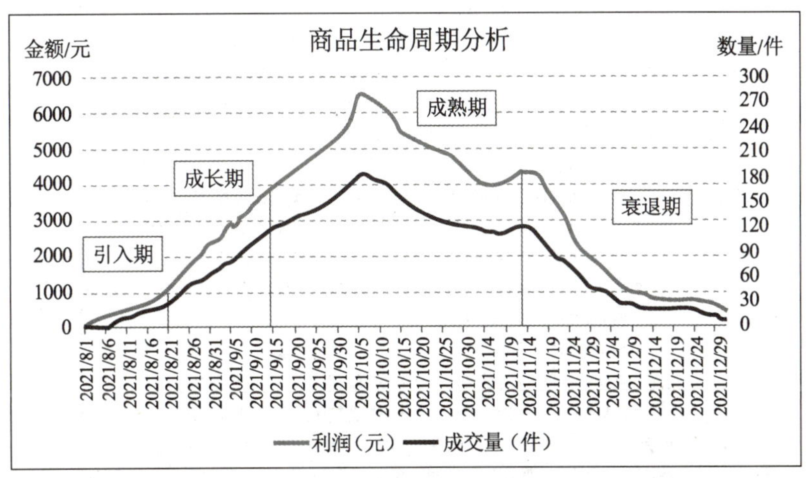

图 7-22　本店卫衣品类的生命周期阶段折线图

③ 商品库存分析。例如，针对库存占比的分析结果如下：截至 2021 年 12 月，店铺中卫衣的库存占比最高，为 36%；外套与裙子的库存占比较低，分别为 16%、19%，如图 7-23 所示。

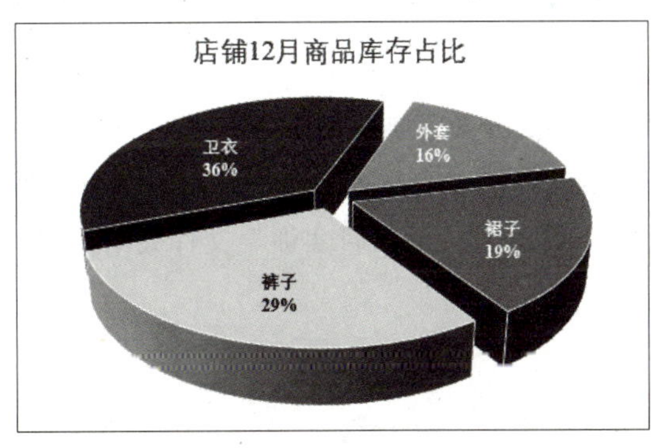

图 7-23　店铺 12 月商品库存占比分析三维饼图

（六）得出结论

结尾部分是对报告的总结，通常包括得出结论、提出建议等。在撰写《2021 年伊蔓坊女装店铺数据分析报告》的报告总结时，首先可以对女装行业的发展前景进行分析，然后从客户、店铺运营、店铺商品 3 个方面对本店经营情况进行总结并提出相应的改进建议和措施，以帮助店铺更好地发展下去，如图 7-24 所示。

第四章　报告总结

随着女装行业的不断发展，消费者的消费需求持续旺盛，并且对消费品质的要求逐渐变高，女装行业具有十分广阔的发展前景。为使本店继续保持良好的发展势头，可以从以下 3 个方面进行优化。

（1）客户：本店客户中女性群体占绝大多数，且年龄多在 30 岁以下，大多数来自经济发展水平较高的地区，对兼具潮流时尚和使用价值的商品感兴趣，可以注重满足其消费需求。此外，在本店的客户群体中，老客户是店铺保持稳定盈利的重要保障，为进一步提高这部分客户的忠诚度，应对其进行优先的资源配置，如让其享受专属折扣、会员福利、回馈活动等。

（2）店铺运营：在本店的推广渠道中，获客成本最低的是超级推荐，获客率最高的是直通车，因此在今后的营销推广中，应结合实际情况重点布局这两种推广渠道，以达到投资回报最大化的目的。此外，本店应继续将卫衣作为引流产品，为店铺吸引更多的流量；将裙子、裤子和外套作为利润产品，并制定合理的价格，使店铺获得尽可能高的利润。

（3）店铺商品：本店的卫衣作为引流产品，其销售量最高，因此可以利用卫衣的高销量，采取诸如穿搭建议、凑满减等手段，将卫衣与其他商品搭配销售，从而提高其他商品的成交量。此外，在日常的经营过程中，还要根据商品的生命周期曲线，在恰当的时间进行商品采购，时刻关注商品的库存情况，避免造成商品积压，并在不同时期选择不同的营销策略，以适应市场的不断发展。

图 7-24　《2021 年伊蔓坊女装店铺数据分析报告》报告总结

项目实训——为箱包类店铺撰写商务数据分析报告

请选择一个自己感兴趣的商品类目或店铺，为其撰写一份商务数据分析报告。本实训以箱包类店铺为例，可以参考项目实战的实战步骤为其撰写一份商务数据分析报告，相关数据可以从本书配套素材“项目七”/“项目实训”文件夹中获取。

参考文献

[1] 王艳萍．商务数据分析与应用［M］．上海：上海交通大学出版社，2020.

[2] 吴洪贵．商务数据分析与应用［M］．北京：高等教育出版社，2019.

[3] 沈凤池．商务数据分析与应用［M］．北京：人民邮电出版社，2019.

[4] 叶子．电子商务数据分析与应用［M］．北京：电子工业出版社，2019.

[5] 杨从亚，邹洪芬，斯燕．商务数据分析与应用［M］．北京：中国人民大学出版社，2019.

[6] 邵贵平．电子商务数据分析与应用［M］．北京：人民邮电出版社，2018.

[7] 胡华江，杨甜甜．商务数据分析与应用［M］．北京：电子工业出版社，2018.

[8] 夏榕，高伟籍，胡娟．Excel 商务数据分析与应用［M］．慕课版．北京：人民邮电出版社，2018.